编著 / 刘建军 张新平 李正元

GANSU HONGSEWENHUA SHIJIANG

甘肃红色文化
十讲

甘肃人民出版社

甘肃·兰州

图书在版编目（CIP）数据

甘肃红色文化十讲 / 李正元，张新平，刘建军编著
. -- 兰州 ：甘肃人民出版社，2024.12
ISBN 978-7-226-06038-4

Ⅰ . ①甘… Ⅱ . ①李… ②张… ③刘… Ⅲ . ①革命传
统教育－研究－甘肃 Ⅳ . ①D642

中国国家版本馆CIP数据核字(2024)第026813号

责任编辑：王建华
封面设计：孔庆明珠

甘肃红色文化十讲

李正元　张新平　刘建军　编著

甘肃人民出版社出版发行

（730030　兰州市读者大道568号）

兰州万易印务有限责任公司印刷

开本710毫米×1020毫米　1/16　印张17　插页2　字数245千
2024年12月第1版　　2024年12月第1次印刷
印数：1~1000
ISBN 978-7-226-06038-4　　定价：68.00元

序　言

习近平总书记指出："中国式现代化是物质文明和精神文明相协调的现代化，要弘扬中华优秀传统文化，用好红色文化，发展社会主义先进文化，丰富人民精神文化生活。"红色文化是中国共产党在马克思主义指导下领导中国人民在革命、建设、改革时期所创造的物质文化、精神文化、制度文化的结晶，是中国特色社会主义文化的重要组成部分，代表和引领中国特色社会主义文化发展方向，植根于中华优秀传统文化和中华五千年文明的沃土。红色文化蕴含着极其丰富的红色基因、优良作风、精神动力和厚重内涵，具有政治引领、价值塑造、涵养道德、铸魂育人功能，是我们在新时代新征程上战胜各种困难和挑战、不断夺取新胜利的强大动力，是我们取之不尽用之不竭的精神食粮，也是我们无比珍贵的"教科书""营养剂""必修课"。

2019年8月习近平总书记在甘肃考察时动情地说，"甘肃是一片红色的土地，在中国革命历史进程中发挥了不可替代的重要作用"。甘肃红色文化资源富集、积淀厚重、特色鲜明，无论在时间维度上还是在空间分布上，无论在数量上还是在质量上，无论在形式上还是在内容上，都具有深沉的韵味和不可替代的作用。甘肃是西北最早成立党的组织的省区之一。刘志丹、谢子长、习仲勋等创建的陕甘边革命根据地是土地革命战争后期全国硕果仅存的完整根据地，是党中央和红军长征的落脚点，是八路军主力奔赴抗日前线的出发点。甘肃是红军长征经过地域较广、时间较长、过境部队最多的省区，是胜利结束长征、三大主力会师之地，也是实现党的重大战略转移的决策地。在甘肃长征期间，毛主席创作了《七律·长征》《念奴娇·昆仑》《清平乐·六盘山》等著名诗篇。甘肃是中国工农红军西路军征战祁连、血战国民党马家军的主要战场。抗日战争时期，甘肃是抗战的战略大后方，八路军驻甘办事处承担着"革命的接待站""战斗的指挥所"的重要任务。甘肃也是西北较早获得解放的省区，兰州战役是人民解放军奠定西北战局的决战之役。甘肃还是中华人民共和国成立以后156个重点建设项目重点布局省区，共有16个项目落户陇原。甘肃是我国第一个石油化工基地，第一个有色金属基地，第一个火箭发射基地和世界三大载人航天基地之一所在地。甘肃是我国重要生态安全屏障和黄河上游生态保护主要省区，也是我国打好"三西扶贫开发""扶贫攻坚""脱贫攻坚"之战的主要省区之一。

进入新时代，踏上新征程，在中国共产党团结带领全国各族人民以中国式现代化推进强国建设、民族复兴的热潮中， 如何深入贯彻落实习近平文化思想和党的二十大精神，"传承红色基因，赓续红色血脉"，如何发挥甘肃独特的红色资源优势，弘扬红色文化，传承红色血脉，推进大思政课和大中小思政教育一体化建设，培养堪当民族复兴大任的时代新人，是我们宣传思想文化教育工作者必须思考的问题。

在省委宣传部、省委教育工委的精心指导和大力支持下，天水师范学院马克思主义学院和红色文化研究院联合兰州大学马克思主义学院和红色文化传承研究中心，于2022年9月开设了《甘肃红色文化概论》系列专题课程，并在此基础上编著了这本《甘肃红色文化十讲》。

《甘肃红色文化十讲》以党的三个历史性决议为依据，以中国共产党历史和中共甘肃党史为基础，以红色文化为主线，以不同历史阶段甘肃重大事件、重要人物、重大工程为重点，生动阐释陇原儿女在党的领导下为民族独立、人民解放、国家富强、人民幸福而不懈奋斗的红色历程和红色故事，揭示蕴含其中的思想价值、红色精神和奋斗力量，推进红色文化与大思政课建设、与立德树人深度融合，使广大青年学生从甘肃波澜壮阔的革命历程中，深刻领悟理想信念的精神光辉和真理的伟大力量，深刻领悟红色政权来之不易、新中国来之不易、中国特色社会主义来之不易，深刻领悟中国从站起来到富起来、到强起来经历的风雨历程和历史必然，筑牢信仰之基，补足精神之钙，把稳思想之舵，坚定奋斗之志，把爱国情、强国志、报国行自觉融入强国建设、民族复兴的伟大事业之中，努力成为有理想、敢担当、能吃苦、肯奋斗的堪当民族复兴大任的新时代好青年。

作者

2023 年 12 月 13 日

目　录

绪　论

习近平总书记强调指出，"回望过往历程，眺望前方征途，我们必须始终赓续红色血脉，用党的奋斗历程和伟大成就鼓舞斗志、指引方向，用党的光荣传统和优良作风坚定信念、凝聚力量，用党的历史经验和实践创造启迪智慧、砥砺品格，继往开来，开拓前进……讲好党的故事、革命的故事、英雄的故事，彰显时代特色，使之成为教育人、激励人、塑造人的大学校"①。党的二十大报告指出，"传承红色基因，赓续红色血脉"。红色文化作为中国共产党百余年征程的文化结晶是当代中国的先进文化，它根植于中华传统文化和五千年文明沃土，是马克思主义中国化时代化进程中中华优秀传统文化的传承和发展，是社会主义先进文化的重要组成部分，代表和引领了中国特色社会主义文化发展方向。甘肃是一片红色土地，红色文化积淀厚重，资源富集，特色鲜明，无论在时间维度上还是在空间分布上，无论在数量上还是在质量上，无论是形式上还是在内容上，都具有深沉的韵味和不可替代的作用，是新时代新征程高校传承红色基因血脉，坚持正确政治方向，加强思想政治教育，培养担当民族复兴大任时代新人的不可替代的重要资源。

一、红色文化概述

（一）红色文化的概念

"红色文化"从其字面理解，包括"红色"和"文化"两部分。红色作为一种自然色彩在中国传统文化中具有热烈、忠诚、吉祥、幸福、喜庆、

---

① 习近平：《用好红色资源赓续红色血脉　努力创造无愧于历史和人民的新业绩》，求是网 http://www.qstheory.cn/dukan/qs/2021-09/30/c_1127915721.htm.［2021-09-30］［2023-06-11］.

勇气、斗志等含义。在"红色文化"中则被赋予了丰富的政治内涵，成为中国共产党的鲜明视角标识之一，旗帜为"红旗"，部队为"红军"，政权为"红色政权"，"红色"成为中国共产党具有特定象征意义的符号。文化则是一个很宽泛的概念，内涵丰富，外延广泛，表现形式丰富多样，具有很强的独特性、多样性、民族性和传承性。从广义来讲，文化就是指人类在社会历史发展过程中所创造的物质财富和精神财富的总和，狭义来讲就是指精神财富，包括文学、艺术、教育、科学等。①毛泽东同志在《新民主主义论》中指出的"一定的文化是一定社会的政治和经济在观念形态上的反映"②就是狭义的含义，而梁启超在《什么是文化》中所说的"文化者，人类心能所开释出来之有价值的共业也"③则是指广义的含义。"红色文化"则是"红色"和"文化"的结合，具有特定含义，就是中国共产党团结带领中国人民在革命、建设、改革实践斗争中所创造的先进文化。

但对于红色文化的时间界定和范围，学术界则有不同的认识，概括起来主要包括三类。第一类观点认为，红色文化就是中国共产党带领中国人民在革命、建设、改革时期所形成的先进文化。如红色文化就是"中国共产党领导全国各族人民在长期革命、建设、改革进程中创造的以中国化马克思主义为核心的先进文化，可以凝练地称呼为'红色文化'"④。第二类观点认为，红色文化就是中国共产党领导中国人民在新民主主义革命时期所形成的先进文化。如"红色文化是在新民主主义革命时期，在中国共产党的领导下，由中国共产党人、一切先进分子和人民群众共同创造的、具有中国特色的先进文化"⑤。"红色文化是指从中国共产党诞生至中华人民共和国成立这一历史时期，由中国共产党、先进分子和人民群众共同创

---

① 《现代汉语辞海》编纂委员会:《现代汉语辞海》,新华出版社,2002 年,第 706 页。
② 《毛泽东选集》第二卷,人民出版社,1952 年,第 655 页。
③ 教育部高教司组编,张岱年、方克立主编:《中国文化概论》,北京师范大学出版社,2004 年,第 2 页。
④ 刘润为:《红色文化与文化自信》,《红旗文稿》2017 年第 12 期。
⑤ 王以第:《"红色文化"的价值内涵》,《理论界》2007 年第 8 期。

造并极具中国特色的先进文化，蕴含着丰富的革命思想和厚重的历史文化内涵。"①显然这一类观点认为，红色文化仅指党和人民在新民主主义革命时期所创造的先进文化。第三类观点认为，红色文化是一种特殊的历史文化，反映的是近代以来中国各民族、各阶级、各阶层人民在谋求民族独立、人民解放和国家富强、人民幸福的斗争中，所创造的各种物质和精神财富的总和。这种观点以中共中央办公厅、国务院办公厅联合下发的《2011—2015 年全国红色旅游发展规划纲要》为依据，该文件指出，"1840 年以来我国所发生的以爱国主义与革命传统精神为主题、有代表性的重大事件，以及重要人物的历史文化遗存"要纳入红色旅游发展范围，据此认为红色文化应该始自 1840 年近代以来的文化。②

综上可以看出，几类不同的观点仅是红色文化时间范围上划分的不同，在红色文化本身概念的理解上并没有实质的不同。我们认为，"红色文化"有广义和狭义之分，广义上来讲，红色文化就是中国共产党在马克思主义指导下，团结带领中国人民在革命、建设、改革实践斗争中所形成的先进文化，是中华优秀传统文化的传承和发展，是代表和引领中国特色社会主义文化发展方向的先进文化。时间范围上不仅包括党领导人民在新民主主义革命时期所创造的先进文化，也包括在社会主义革命和建设、改革开放和社会主义现代化建设新时期、中国特色社会主义新时代所创造的先进文化，即从俄国"十月革命"开始，"尤其是五四运动以后马克思主义在中国的早期传播并一直延续至今"③。狭义上来讲，红色文化就是中国共产党在马克思主义指导下团结带领中国人民在新民主主义革命时期所形成的先进文化。时间节点上起点与前者相同，而结束则是新民主主义结束时。当然，无论是广义还是狭义的理解，红色文化都是中国共产党在马克思主义指导下领导中国人民所创造的代表文化发展方向的先进文化，是中华优

---

① 王建南主编：《福建红色文化读本》(大学版)，福建人民出版社，2020 年，第 3 页。
② 胡守勇：《红色文化：概念、特征与新时代价值》，《攀枝花学院学报》第 35 卷第 4 期，2018 年 7 月。
③ 张忠家、曾成等著：《红色文化学概论》，人民出版社，2022 年，第 15 页。

秀传统文化的创造性转化、创新性发展，是中国共产党和中华民族的文化瑰宝，具有亘古不变、穿越时空的价值力量和精神伟力。

（二）红色文化的类型

红色文化就其类型而言，因视角和角度不同也有多种不同的理解。有两种类型说，认为红色文化包括物质形态、精神形态（非物质形态）两类①；有三种类型说，认为红色文化包括红色物质文化、红色精神文化、红色制度文化三类②；有四种类型说，认为红色文化不仅包括红色物质文化、红色精神文化、红色制度文化，还包括红色行为文化③。也有五种类型说，即红色文化包括红色物质文化、红色精神文化、红色制度文化、红色行为文化和红色符号文化④。我们采用红色物质文化、红色精神文化、红色制度文化三种构成说。

红色物质文化是红色文化产生和发展的物质载体、物质形态，包括党和人民在革命、建设、改革不同时期所形成、传承、遗留下来的物质实体，如革命遗物、遗址、遗迹、文献、历史资料、纪念馆等，也包括在原有基础上所挖掘、整理、修复、复原的实物和根据历史史料整合或新建而成的纪念馆、纪念碑、烈士陵园、纪念地、红色公园等。诸如中共一大会址、会宁红军会师旧址、八路军兰州办事处纪念馆、南梁革命纪念馆、哈达铺红军长征纪念馆等，以及在不同历史时期形成的文稿、报纸、文件等都属于红色物质文化范畴。红色物质文化可分为"可移动的"和"不可移动的"，也可分为"物质类形态和符号类形态"，符号类的形态又分为"文字符号类和非文字符号类两类"。⑤

红色精神文化是红色文化的精神形态，是对红色文化所蕴含的丰富内

---

① 邓显超、杨章文：《红色文化软实力的内涵及构成要素探析》，《毛泽东思想研究》2016年第2期，第106—110页。

② 张锋：《中国共产党红色文化基本理论》，南京师范大学博士论文，2021年，第1页。

③ 王建南主编：《福建红色文化读本》（大学版），福建人民出版社，2020年，第3页。

④ 张忠家、曾成等著：《红色文化学概论》，人民出版社，2022年，第17页。

⑤ 张锋：《中国共产党红色文化基本理论》，南京师范大学博士论文，2021年，第84页。

涵、精神实质、理论意义、价值追求的高度概括和高度凝练，是红色文化的核心，也是红色物质文化和制度文化在精神层面的集中体现和反映，包括了革命精神、理想信念、知识道德和优良传统与作风、核心价值等。党在百余年奋斗中形成的伟大建党精神及中国共产党人精神谱系，都是红色精神文化的重要组成部分。红色精神文化当然也包括党领导人民在不同地区和不同斗争中形成的不同具体形态的精神，如甘肃人民在党的领导下在陇原大地创造生成的南梁精神、莫高精神、八步沙精神、庄浪梯田精神等。红色精神文化一定程度上通过文学、戏剧、电影、电视、音乐、舞蹈、美术、摄影、书法、曲艺以及民间文艺、群众文艺等形式表现出来。

红色制度文化是红色文化在制度层面的表现形态，是红色文化在长期的历史发展中形成的规定规矩、规章制度，包括法律制度、政治制度、经济制度以及人与人之间的各种关系准则等，反映了红色物质文化和红色精神文化的约束性、强制性和规定性要求。"制度是红色文化的载体，红色文化的基本属性是制度和规范。"①包括中国共产党在百年奋斗中形成的党规党纪、条例制度、规定规矩，也包括党的理论、路线、方针、政策等。某种程度上讲，制度形态的红色文化是精神形态、物质形态红色文化的固化和提升，良好的传统、作风、行为、理念、认识和规律通过制度的方式固化和规范化，上升到党和国家大政方针的高度。和红色物质文化、红色精神文化一样，红色制度文化随着发展在新的历史时期被不断赋予其新的内涵，不断得到传承和发展。

红色物质文化、红色精神文化、红色制度文化三者作为红色文化的存在形态既相互独立，自成一体，又相互联系，互为补充，互为交叉，具有其内在的统一性、一致性，共同构成红色文化体系。

（三）红色文化的特点

马克思认为："物质生活的生产方式制约着整个社会生活、政治生活

---

① 张锋:《中国共产党红色文化基本理论》,南京师范大学博士论文,2021 年,第 82 页。

和精神生活的过程。不是人们的意识决定人们的存在，相反，是人们的社会存在决定人们的意识。"①文化是人类特有的现象，是人之为人、人区别于动物的根本标志，是民族的血脉，人类的精神家园。中国五千年的文明史造就了浩瀚无比、丰富多样、精彩绝伦的文化形态。而党和人民所创造的红色文化，不同于各类历史文化、民俗文化、传统文化、现实文化，具有其生成的特定历史条件、丰富内涵和层次结构。红色文化除了具有一般文化所具有的普遍特性之外，还具有革命性、先进性、民族性、实践性、人民性和科学性的特点。

革命性是红色文化的基本特征。红色文化就是以"革命文化"为基础发展而来的。"一般认为革命文化是旧民主主义革命、新民主主义革命和社会主义革命时期的文化。"②没有中国共产党领导的人民革命斗争就没有红色文化的产生和发展。红色文化的革命性，一方面体现在以革命的方式反对帝国主义、封建主义和官僚资本主义，推翻旧的社会制度，摧毁旧的封建文化和帝国主义侵略的买办文化的暴力斗争中。苏区文化、根据地文化、抗日文化和解放区文化就是这一时期红色文化的典型代表。另一方面，革命性体现在和平年代，就是通过改革，从根本上改变生产关系中束缚生产力发展的一切桎梏，建立起充满生机和活力的新制度新机制，以生产关系的变革促进生产力的发展，推动人民富裕国家富强，反映在文化领域就是形成的特区文化、建设文化、改革文化、开放文化，以及在社会主义建设中涌现出的"两弹一星"精神、科学家精神、脱贫攻坚精神、抗疫精神等等。

先进性是红色文化的核心特征。红色文化是中国共产党以马克思主义为指导，中国共产党领导中国人民在革命、建设、改革的伟大实践中产生和发展的先进文化，"其中，指导思想——马克思主义是灵魂。这里的马

---

① 马克思：《马克思恩格斯选集》(第2卷)，人民出版社，2012年，第2页。
② 张忠家、曾成等著：《红色文化学概论》，人民出版社，2022年，第55页。

克思主义，主要是指中国化马克思主义，它是中国红色文化经过近百年的艰难建设所取得的最为伟大的成就"①。马克思主义和中国化马克思主义不仅是红色文化的科学指导思想，更是红色文化的核心理论。"红色文化的核心内容，首先是马克思主义及其中国化理论。马克思主义及其中国化理论是红色文化的指导思想，是其灵魂。"②红色文化的先进性根源于马克思主义和中国化马克思主义的科学性，是符合人类社会发展规律、体现先进生产力发展要求、代表最广大人民根本利益、反映时代进步潮流的文化，也是被实践证明了的科学真理。

民族性是红色文化的根本特征。习近平总书记指出："中华文明绵延数千年，有其独特的价值体系。中华优秀传统文化已经成为中华民族的基因，植根在中国人内心，潜移默化影响着中国人的思想方式和行为方式。"③一方面，红色文化根植于中华优秀传统文化，是中华优秀传统文化的创造性转化、创新性发展，可以说，中华优秀传统文化是红色文化的基因源头，红色文化是中华优秀传统文化的继承和发展。中华优秀传统文化中民为贵、社稷次之、君为轻的民本思想，天下兴亡、匹夫有责的家国情怀，苟利国家生死以、岂因祸福避趋之的为国牺牲精神，大同世界、兼爱天下的仁爱精神，天行健、君子以自强不息的奋斗精神……这些深刻体现中国人民坚韧意志、高尚品质和家国情怀的思想，在红色文化中都得到传承和发展。中国共产党正是受中华优秀传统文化的熏陶，把这些伟大的精神融进自己的血液中，铸成了不屈的品格、坚强的意志。另一方面，一百余年来，中国共产党团结带领中国人民进行的一切奋斗、一切牺牲、一切创造，最根本的就是一个主题：实现中华民族伟大复兴。红色文化是民族复兴的持久动力，它所反映的根本主题正是中华民族的伟大复兴，传承好和弘扬好中

---

① 刘润为：《当代思潮论集》，研究出版社，2018年，第135页。

② 全根先：《红色文化的理论渊源与核心内容——读刘润为〈当代思潮论集〉有感》，《中华魂》2020年第11期，第43—49页。

③ 习近平：《青年要自觉践行社会主义核心价值观——在北京大学师生座谈会上的讲话》，《人民日报》2014年5月5日，第2版。

华民族的爱国情怀，是中华民族赖以存在和发展的情感纽带与精神支柱。

实践性是红色文化的基础特征。马克思说："人们总是以不同的方式解释世界，问题的关键在于改造世界。"①马克思主义是以实践为基础的科学性和革命性相统一的理论。红色文化反映党和人民波澜壮阔的革命实践，随着马克思主义中国化时代化的伟大实践和人民群众运动的变化而变化、发展而发展，守正创新，与时俱进。其生成既离不开党的坚强领导，也离不开人民群众的广泛支持。人民群众是历史的创造者，红色文化即是党领导人民共同团结奋斗伟大实践的结果。正如党的十九大报告指出的："中国特色社会主义文化，源自于中华民族五千多年文明历史所孕育的中华优秀传统文化，熔铸于党领导人民在革命、建设、改革中创造的革命文化和社会主义先进文化，植根于中国特色社会主义伟大实践。"②因此红色文化的实践性一方面来自红色文化产生于人民群众的伟大实践，另一方面红色文化又在人民群众的伟大实践中不断释放凝聚人心、鼓励激励、指导引领的作用。

人民性是红色文化的本质特征。江山就是人民，人民就是江山。党性与人民性高度统一。人民选择了党，党选择了人民。从上海石库门出发，从嘉兴南湖起航，我们党自创建之日起就把"人民"二字铭刻在心，把为人民谋幸福明写于旗、勇扛于肩、致知于行，始终牢记人民公仆是第一身份，人民利益是第一目标，为民服务是第一职责，坚持为人民服务的宗旨，牢记人民至上，践行人民对美好生活的向往就是我们的奋斗目标的誓言。党从成立之日起就把为人民谋幸福作为自己的奋斗目标，依靠人民，为了人民。它来自于人民大众，服务于人民大众，代表了人民大众的意志和愿望。百余年的征程，党领导人民创造了红色文化，并不断创新发展，丰富壮大，所反映的主线就是为人民幸福而奋斗。人民群众是红色文化产生发

---

① 《马克思恩格斯选集》（第 1 卷），人民出版社，2012 年，第 140 页。
② 习近平系列重要讲话，数据库 http://jhsjk.people.cn/article/29613660.［2017-10-28］［2023-01-24］.

展的深厚基础，又是红色文化的创造主体。党领导人民大众所创造的丰富多彩的红色文化又反过来服务于人民大众，代表了人民群众的利益和愿望。因而，本质上红色文化就是人民大众文化，人民性是红色文化的最本质特征。

科学性是红色文化的重要特征。红色文化就是马克思主义中国化时代化过程中中华优秀传统文化的创造性转化和创新性发展，是以马克思主义为指导的先进文化。红色文化的产生和传承、创新、发展所取得的一切成就反映了马克思主义真理的科学性和不可替代性，是被实践证明了的客观真理，代表了新生事物的发展方向。红色文化就是要反对一切落后观念和腐朽思想，尊重历史发展逻辑和演进脉络，反映和遵循社会发展规律、人类文化发展规律。正是在其科学引领下，红色文化才具有科学性，才会在新时代新征程展现出旺盛的生命力，才会不断反映中国共产党一步一个脚印践行崇高理想和使命的红色印记并为之提供源源不断精神食粮的伟大实践。

二、《甘肃红色文化十讲》架构

红色文化蕴含了极其丰富的精神内核和思想价值，是在以中国式现代化推进中华民族伟大复兴征程上取之不尽用之不竭的精神财富和力量源泉。站在全面建设社会主义现代化国家新的起点上，如何把红色资源利用好、红色传统发扬好、红色基因传承好，如何把红色资源充分赋能立德树人，利用在培养堪当民族复兴大任的建设者接班人的伟大实践中，推进红色文化与大思政课的深度融合，是我们必须思考的重大问题。

《甘肃红色文化十讲》即是我们对这一问题的尝试回答。本书以党的三个历史性决议为依据，以中共党史和中共甘肃党史为基础，以红色文化为主线，以不同历史阶段重大红色事件、人物、工程为重点，阐释甘肃人民在党的领导下为民族独立、人民解放、国家富强、人民幸福而奋斗的红色历程和红色故事，展现蕴含其中的思想价值、红色精神和奋斗力量。本书共包括三部分，第一部分为绪论，主要介绍红色文化的概念、分类和特点，使大家对红色文化知识有基本了解；介绍本书的架构和学习本书的意义。第二部分为主体部分，共十讲：第一讲，甘肃是一片红色土地，主要包括甘肃红色文化简述，甘肃红色文化资源的分布，甘肃红色文化资源的特点，以及甘肃红色文化的时代价值，使大家对甘肃红色文化有大概的了解。第二讲，革命火种播陇原，主要介绍甘肃早期革命思想的传播和党组织的建立、党的活动开展的情况。第三讲，红色南梁矗丰碑，主要介绍陕甘边根据地的创建、"两点一存"和南梁精神的内涵、意义。第四讲，红军长征会陇原，主要介绍红军长征以及俄界会议、哈达铺会议、榜罗镇会议、会宁红军长征会师、会师重大意义等。第五讲，八办抗战"接待站"，主要介绍抗战时期八路军驻甘办事处活动和红色事迹。第六讲，兰州解放定西北，主要介绍解放战争中兰州战役状况以及重大意义。第七讲，"一五"建设奠基础，主要介绍新中国成立后国家在甘肃实施 16 个重点项目以及"三线建设"情况，为甘肃今后工业发展奠定基础。第八讲，"两弹一星"铸辉煌，主要介绍酒泉卫星基地建设以及在"两弹一星"研发中的红色故事，"两弹一星"精神内涵等。第九讲，脱贫攻坚兴"三农"，主要介绍甘肃人民脱贫攻坚的主要历程、贡献和重大意义，脱贫攻坚精神内涵。第十讲，生态建设筑屏障，主要介绍甘肃在国家发展中的生态屏障地位和在黄河上游、河西走廊等生态建设中的主要成就和贡献。第三部分为结语，富民兴陇谱新篇，主要介绍甘肃取得的历史性成就、发生的历史性变化，传承红色基因，赓续红色血脉，谱写以中国式现代化推进中华民族伟大复兴甘肃实践新篇章，和当代青年尤其是当代大学生如何在红色传承中做有理想、敢担当、能吃苦、肯奉献的新时代好青年。

三、学习《甘肃红色文化十讲》的意义

红色文化是中华文化独特鲜明的标识。这些独特的红色标识因文化自

身所具有的强烈感染力、渗透力、影响力和穿透力，对学生的世界观、价值观和人生观产生多方面影响。学习《甘肃红色文化十讲》，把握红色文化精髓以及红色文化在甘肃的表现、特点、资源分布和蕴含其中的丰富思想、时代价值，对于广大青年学生坚定听党话、跟党走的信心，坚定中国特色社会主义道路自信、理论自信、制度自信、文化自信，树立正确理想信念、加强品德修养、锻炼意志品质、增长知识见识、锤炼本领能力，成长为担当中华民族复兴大任的新时代建设者和接班人都具有重要意义。

（一）有利于坚定理想信念

理想信念是人生奋斗的明灯、前行的灯塔。没有理想信念，一个人就会缺钙失魂，既不能立，更不能为。列夫·托尔斯泰曾说："理想是指路明灯，没有理想，就没有坚定的方向；没有方向，就失去前进的力量。"人民有信仰，国家才有力量，民族才有希望。一百余年来，一代代中国共产党人把青春奋斗融入党和人民事业，前仆后继、接续奋斗，用青春之火、生命热血铸就了百年红色历史，最根本的就在于心中始终具有为中国人民谋幸福、为中华民族谋复兴的坚定理想信念。中国共产党的百年奋斗史，就是一代代中国热血青年为理想为信念不懈努力的奋斗史，也是一部中国红色基因、红色文化的传承史。历史进入新时代，中华民族伟大复兴进入不可逆转的重要时期，广大青年学生要成为堪当民族复兴大任的建设者接班人，就要继续弘扬光荣传统、赓续红色血脉，从丰富的红色文化资源中汲取营养，坚定理想信念，树立正确世界观、人生观、价值观，点亮心中的理想明灯，扣好人生的第一粒扣子，始终把自己的理想与国家与民族的命运熔铸在一起，听党话，跟党走；从党的百年红色奋斗史中汲取智慧力量，弘扬以伟大建党精神为源头的中国共产党人精神谱系，克服前进道路上的种种困难和挫折，勇于斗争，敢于胜利；从共产党人可歌可泣的红色故事中涵养正气，深刻认识红色政权来之不易、新中国来之不易、中国特色社会主义来之不易，深刻理解"两个确立"的决定性意义，增强"四个意识"，坚定"四个自信"，做到"两个维护"，传承好红色接力棒，奋进新征程，建功新时代。

（二）有利于加强品德修养

国无德不兴，人无德不立。"厚德载物，自强不息"。红色文化为我们修养品德、涵养自我提供了取之不尽、用之不竭的源泉。广大青年学生要从浩瀚丰厚的红色文化中涵养品德，学习和传承团结进取、艰苦奋斗、守正创新的精神，厚植家国情怀，加强爱国主义、集体主义、社会主义教育，做社会主义核心价值观的信仰者、拥护者、践行者。加强品德修养，坚定理想信念，怀抱梦想又脚踏实地，敢想敢为又善作善成，立志做有理想、敢担当、能吃苦、肯奋斗的新时代好青年。练就实干兴邦、求真务实的作风。坚持真理，不唯书、不唯上，不盲从、不蛮干；坚持讲实话、出实招、办实事、务实效。发扬党的优良传统和作风，增强廉洁自律意识，管住自己的"手"和"口"，守得住清贫，抵得住诱惑，努力做到慎独、慎始、慎微、慎欲，自重、自省、自警、自励，务必不忘初心、牢记使命，务必谦虚谨慎、艰苦奋斗，务必敢于斗争、善于斗争，坚定历史自信，增强历史主动。品德修养没有止境，必须持之以恒、久久为功，活到老、学到老、改造到老，坚持不懈地进行品德修养，矢志不移地为人民服务、为共产主义奋斗，让青春在全面建设社会主义现代化国家的火热实践中绽放绚丽之花。

（三）有利于锻炼意志品质

习近平总书记指出："历史是最好的教科书。对我们共产党人来说，中国革命历史是最好的营养剂。多重温这些伟大历史，心中就会增加很多正能量。"[1]意志品质是人在长期的社会实践与社会生活中形成的较为稳定的心理素质，体现在日常的学习、劳动、活动和社会实践之中，形成于自生的困难、挫折、失败和不断的奋斗之中，主要包括自觉性、果断性、自

---

[1] 习近平：《党面临的"赶考"远未结束——习近平总书记再访西柏坡侧记》，《人民日报》2013年7月14日，第1版。

制性和坚韧性。人生成长过程就是人意志品质磨炼的过程，意志磨炼的过程也就是吃苦耐劳、艰苦奋进的过程。现代青年学生成长的条件优越，缺少艰苦环境、艰难岁月的磨炼，而红色资源中充满意志品质磨炼的各类励志故事、励志精神，为我们提供了丰富的学习养料。《孟子》云："天将降大任于是人也，必先苦其心志，劳其筋骨，饿其体肤，空乏其身，行拂乱其所为，所以动心忍性，曾益其所不能。"告诉我们成就大事的过程就是意志磨炼的过程，意志磨炼的过程就是吃苦耐劳、艰苦奋斗的过程。中华民族复兴大任的神圣使命当然地落在了当代青年的肩上，而前进道路上不可能一帆风顺，存在许多困难和问题、挑战与矛盾，我们要练就坚韧意志品质，增强自信信心，勇敢正视问题，主动迎接挑战，在困难面前顽强不屈，百折不挠，敢于斗争，善于斗争，善始善终，善作善成；从先辈的奋斗中、苦难中用心体会和感受革命的艰辛和不易，练就不畏艰险、勇于牺牲、无私奉献的品质意志和坚韧不拔的毅力、勇气，传承红色基因，勇担时代使命，以实现中华民族伟大复兴为己任，增强做中国人的志气、骨气、底气，不负历史，不负时代，不负人民。

（四）有利于增长见识学识

习近平总书记在全国教育大会上谆谆教导我们，"要在增长知识见识上下功夫，教育引导学生珍惜学习时光，心无旁骛求知问学，增长见识，丰富学识，沿着求真理、悟道理、明事理的方向前进"[①]。当代青年生逢其时，施展才华的舞台无比广阔，实现梦想的前景无比光明，但时代对人才对青年也提出更高的要求。当代青年，不仅要树立远大理想、热爱伟大祖国，又要练就过硬本领、锤炼品德修为；不仅要有丰富的理论知识，扎实的专业基础，还得有娴熟的动手能力、突出的实践能力，优秀的综合素质；不仅要有知识的宽度，又要有学习的深度、知识的厚度；不仅要指向"上

---

① 习近平：《坚持中国特色社会主义教育发展道路　培养德智体美劳全面发展的社会主义建设者和接班人》，《人民日报》2018年9月11日，第1版。

下五千年"，更要围绕"纵横八万里"；不仅要有中国情怀，而且要有世界眼光和国际视野。价值塑造、知识传承、能力提升，协同发展，才能在积累知识的基础上形成卓越的见识。红色文化的天地极其广阔，红色资源的内涵极其博大，广大青年要在红色的海洋里滋润初心使命，增长知识见识，"用脚步丈量祖国大地，用眼睛发现中国精神，用耳朵倾听人民呼声，用内心感应时代脉搏，把对祖国血浓于水、与人民同呼吸共命运的情感贯穿学业全过程、融汇在事业追求中"①，在增长知识见识上下功夫，不断锤炼干事创业的真本领。

（五）有利于提高本领能力

文化的滋养，不仅来自我们悠远的历史、深厚的土地，也来自中国共产党领导中国人民在民族独立、人民解放和国家富强、人民幸福奋斗中所形成的红色文化。红色文化滋养着一代代共产党人，已经成为我们党领导人民凝聚人心、战胜困难、奋勇向前的精神支柱，是鼓励中华儿女为实现中国梦奋起向前的精神动力。广大青年学生要顺应历史大势，练就过硬本领，把个人梦想与国家梦想有机结合起来，把个人奋斗融入党和国家伟大事业，在红色文化和中华优秀传统文化、社会主义先进文化的滋养中淬炼品行、锤炼本领、提高能力。在实践中历练，在风雨中成长，向英雄学习、向前辈学习、向榜样学习，锤炼为党和人民服务的本领能力。广大青年学生是国家的希望，民族的未来，在民族复兴的伟大征程上要勇挑重担，传承红色基因，接续砥砺奋斗，以奋斗成就梦想，以实干铸就辉煌，让青春在不懈奋斗中绽放绚丽之花。

---

① 《坚持党的领导传承红色基因扎根中国大地　走出一条建设中国特色世界一流大学新路》，《人民日报》2022年4月26日，第1版。

第一讲 甘肃是一片红色土地

习近平总书记指出，"甘肃是一片红色土地，在中国革命历史进程中发挥了不可替代的重要作用"①。甘肃是一个具有光荣革命传统的省份，蕴含着深厚的革命情感和厚重的历史文化内涵，集中体现了甘肃在党的历史上创造的辉煌业绩、作出的巨大贡献。甘肃红色文化厚重，红色资源富集，特色鲜明，分布广泛，具有独特优势，在全国红色资源宝库中具有不可替代的重要地位，是我们弥足珍贵的巨大精神财富。

一、甘肃红色文化简述

甘肃是红色文化大省，众多的红色资源展示了中国共产党在甘肃的革命斗争运动和甘肃人民在党的领导下建设社会主义的生动实践，意蕴深厚，价值深远。

甘肃是西北较早成立党的组织并开展活动的省区。1925 年年底，甘肃最早的党的组织——中共甘肃特别支部在兰州正式成立，张一悟任支部书记，宣侠父、钱崝泉任支部委员，从此革命火焰在陇原大地燃起。甘肃特别支部成立后，积极领导人民群众开展革命斗争，宣传革命思想，发展党员，成立党在各地的组织，号召和带领人民群众进行反帝反封建反压迫的斗争。1927 年 4 月，中共兰州特别支部在原中共甘肃特别支部的基础上成立，胡廷珍任书记。同年 4 月，中共平凉特支成立，吴天长任书记。同年 4 月，中共导河（甘肃临夏）特别支部成立，负责人李印平。②

---

① 《习近平同志〈论中国共产党历史〉主要篇目介绍》，2021 年 2 月 22 日，第 2 版。
② 中共甘肃省委党史研究室编：《中国共产党甘肃历史知识简明读本（一）》，甘肃文化出版社，2011 年，第 25 页。

20 世纪 30 年代初，刘志丹、谢子长、习仲勋等共产党人在甘陕发动和领导了十多起武装起义，先后创建了南梁游击队、西北反帝同盟军、中国工农红军陕甘游击队和红二十六军，建立起陕甘边革命根据地。1934 年 11 月，以习仲勋为主席的陕甘边区苏维埃政府正式成立。陕甘边根据地和陕北根据地发展成为以后的陕甘革命根据地，成为土地革命战争后期全国"硕果仅存"的革命根据地，也是党中央和中央红军长征的落脚点和八路军挺进抗日前行的出发点。

甘肃是红军长征到达的第 10 个省份，足迹遍及甘肃 50 个县。1935 年 9 月，毛主席率中央红军从四川北上进入甘肃，突破天险腊子口，翻越岷山，经哈达铺到榜罗镇、再到吴起镇与陕北红军会师，其间召开具有重大意义的俄界会议、哈达铺会议、榜罗镇会议，作出了以陕甘根据地为红军长征落脚点，领导中国革命大本营的战略决策。毛主席在此期间创作了著名的《七律·长征》《清平乐·六盘山》《念奴娇·昆仑》等诗词。1936 年 10 月，中国工农红军第一、二、四方面军三大主力在会宁会师，标志着红军长征的伟大胜利。之后，红四方面军一部奉中央命令从靖远西渡黄河，执行宁夏战役计划，后组成西路军两万余人进军河西，在河西走廊与国民党马家军鏖战半年之久，几乎全军覆没，血沃祁连。红军长征到达甘肃对于最后实现战略转移，对于开创中国革命的新局面都有重要意义。

1937 年 8 月 25 日，八路军驻甘肃办事处（简称"八办"）成立。八办成立后，和中共甘肃工委发表一系列文章，宣传党的正确主张，为人民争取言论、集会、结社和出版自由；宣传民族抗日统一战线，开展抗日救亡活动，输送进步人士到延安，指导和创建了一大批进步团体，以兰州为中心的群众性抗日救亡团体纷纷成立，遍布甘肃城乡，推动了甘肃救亡运动的蓬勃兴起，"甘肃出征前线将士达 41 万余人，有 4746 名陇原儿女血洒抗日前线"[①]。八办迎送接待了许多往来于陕甘宁边区、新疆和苏联的我

[①] 甘肃省延安精神研究会著，《甘肃是一片红色土地》，甘肃人民出版社，2022 年，第 3 页。

党领导人经甘肃境内通达四方，作为中转站将苏联的大批援华物资运送各地，有力支持了兰州空战和国际援华大通道抗战物资的转运。八办还营救了 2000 多名西路军被俘和失散人员，使其重返革命队伍，投入抗日洪流。

1945 年 9 月，中共甘肃工委在庆阳恢复，1946 年 11 月至 1948 年 11 月，甘肃工委恢复中共徽县工委，新开辟了陇右地区党的组织工作和武装斗争，组建了甘南民变工作委员会，并在此基础上创建陇渭工委，恢复和建立了平东工委、皋榆工委、海固工委以及宁县直属工委，接通了清水、武山等地的组织关系，使党的活动遍布于除河西以外的整个甘肃地区。到 1949 年 6 月，中共甘肃工委下辖地级工委 5 个，县级工委 17 个，区工委 30 个，党支部 1300 余个，地下党员 1.6 万余人，比 1948 年年底增加了 1 倍多，使党的力量基本上遍布全省各地，工作渗透到各阶层，为迎接甘肃解放发挥了巨大作用。[①]1949 年 8 月 4 日，彭德怀下达进军兰州的命令，兰州战役拉开帷幕。8 月 16 日，榆中、临洮解放，26 日兰州解放，12 月 30 日，红旗插上川、陕、甘交界的陇南文县碧口镇的摩天岭，甘肃全境宣告解放。

1948 年 8 月 19 日，中共甘肃省委在定西成立。8 月底，新成立的中共甘肃省委、甘肃省行政公署、兰州市军管会等领导机关进驻兰州，迅速展开对国民党政权的接管改造和建立各级人民民主政权的工作。1949 年 12 月，中共甘肃省委辖中共庆阳、平凉、武都、天水、岷县、临夏、定西、武威、张掖、酒泉 10 个分区地方委员会和中共兰州市委，73 个县（市）委。1950 年 1 月 8 日，经中央人民政府批准，甘肃省人民政府成立。党所领导的人民民主政权在甘肃大地建立起来。在历经社会主义革命和建设、改革开放和社会主义现代化建设新时期、中国特色社会主义新时代，党的领导体系和领导制度，社会主义根本制度、基本制度、重要制度，在陇原

---

① 中共甘肃省委党史研究室编：《中国共产党甘肃历史知识简明读本(一)》,甘肃文化出版社,2011年,第 206—207 页。

大地落地生根，并建立起相应的政治、经济、文化、科技、教育等方面的法律、制度和政策体系，保障了甘肃自新中国成立之后不断取得新胜利。

新中国成立之后，甘肃面临一穷二白、百废待兴的局面。党领导人民开展了轰轰烈烈的社会主义革命和建设。甘肃是国家"一五"计划和"三线"建设的重要省份之一。"一五"期间国家165个项目在甘肃布局8个，配套的、限额以上的军工项目8项，奠定了甘肃今后工业的基础，成为国家工业建设的新兴地。我国第一个石油化工基地、第一个有色金属基地、第一个火箭发射基地均诞生在甘肃，也涌现出"铁人精神"代表王进喜等先进模范。"一五"计划的实施，对改变甘肃落后的工业现状，建立起甘肃的现代工业体系，对甘肃地位的提升和人民群众生活水平的改善发挥了极其重要的作用。与"一五"建设同步的是，1954年国家成立中科院兰州分院，下设近代物理等7个研究所；1953年，国家大力支持重点建设13所综合性大学，兰州大学位列其中。

1958年，中央决定在酒泉以北200多公里的巴丹吉林沙漠深处戈壁滩建造导弹试验靶场，即8120基地（东风航天城，马兰基地）。经过60余年建设发展，"两弹一星"发射地——酒泉卫星发射中心，已经成为中国创建最早、规模最大的综合性导弹、卫星发射中心，以及测试及发射长征系列运载火箭、中低轨道各种实验卫星、应用卫星、载人飞船和火箭导弹的主要基地，是世界三大载人航天发射场之一。该中心是1958年落地甘肃的8个配套和军工项目之一。1960年我国第一枚地对地导弹发射试验、1966年第一枚导弹核武器试验、1970年第一颗人造卫星发射、1975年第一颗回收式卫星发射等均是在酒泉卫星基地进行的。酒泉卫星基地成为"两弹一星"精神产生的重要基地之一。

1982年，国家启动"三西"扶贫开发计划，首开中国乃至人类历史上有计划、有组织、大规模"开发式扶贫"的先河。甘肃在全国第一个有计划、有组织、大规模地开展了开发式扶贫行动，第一个集中连片推进区域性扶贫开发行动，第一个大规模实行易地扶贫和生态移民搬迁行动。2012

年，甘肃有贫困人口 596 万，占全省农村人口近 40%。全省 86 个县市区，有 58 个县市区分属六盘山区、秦巴山区、涉藏地区 3 个集中连片特困地区，加上 17 个插花县区，贫困区域几乎覆盖了所有市州。在党的领导下，甘肃人民不畏艰险、攻坚克难、众志成城，经过多年努力，完成了脱贫攻坚艰巨任务。2021 年 2 月 25 日，习近平总书记在全国脱贫攻坚总结表彰大会上庄严宣告，"经过全党全国各族人民共同努力，在迎来中国共产党成立一百周年的重要时刻，我国脱贫攻坚战取得了全面胜利，现行标准下 9899 万农村贫困人口全部脱贫，832 个贫困县全部摘帽，12.8 万个贫困村全部出列，区域性整体贫困得到解决，完成了消除绝对贫困的艰巨任务，创造了又一个彪炳史册的人间奇迹！"①甘肃和全国一道取得脱贫攻坚胜利，同全国一道全面建成小康社会。

甘肃东西长 1600 公里，南北宽 530 公里，土地面积 42.59 万平方公里，地形狭长，地貌复杂多样，山地、高原、平川、河谷、沙漠、戈壁、冰川、绿洲等地形地貌多样，又处于青藏高原、黄土高原、内蒙古高原三大高原交会点，处于巴丹吉林沙漠、腾格里沙漠两大沙漠之间，又是黄河上游生态保护重要区域，是我国重要生态安全屏障，生态保护任务繁重。甘肃人民与恶劣自然环境开展斗争，积极践行"绿水青山就是金山银山"，推进林田湖草沙综合治理，实施黄河流域生态环境保护、祁连山生态保护等工程，打好生态环保攻坚战，产生了"庄浪梯田精神""八步沙精神"、舟曲泥石流抢险救灾精神等红色精神和事迹。

二、甘肃红色文化资源分布

甘肃红色资源丰富，分布十分广泛。据最新普查统计，截至目前，全省共有红色遗址遗迹 945 处，遍布 14 个市州，其中重要历史事件和重要机构旧址 383 处，革命人物活动纪念地 234 处，革命领导人故居 41 处，烈士

---

① 习近平：《在全国脱贫攻坚总结表彰大会上的讲话》，《人民日报》2021 年 2 月 26 日，第 2 版。

墓 97 处，纪念设施 190 处①；有 629 处不可移动革命文物和 82 个革命文物收藏单位，其中不可移动革命文物中包括全国重点文物保护单位 8 处、省级文物保护单位 31 处、市县级文物保护单位 264 处、一般文物点 257 处，尚未核定公布为文物保护单位的不可移动文物 69 处（见表一《甘肃省不可移动革命文物名录》）；全省革命文物收藏单位收藏可移动革命文物共计14241 件（套），其中，一级文物 167 件（套），二级文物 586 件（套），三级文物 4163 件（套）。②主要涉及重要历史事件和重要机构旧址、人物活动纪念地、革命领导人故居、烈士墓、纪念设施、重大工程等。全省有全国爱国主义教育基地 16 个（见表一《甘肃 16 个全国爱国主义教育基地名录》），省级爱国主义教育基地 135 个；有全国红色旅游景点景区 16 个（见表三《甘肃省全国红色旅游经典景点名录》）。从地理位置来说，这些红色资源主要分布在陇中地区、陇东地区、陇南地区、河西地区和临夏甘南地区 5 个片区。

表一　甘肃省不可移动革命文物名录③

序号	名称	地址	国/省重点文物保护单位
1	八路军兰州办事处旧址	甘肃省兰州市城关区	全国重点文物保护单位
2	会宁红军会师旧址	甘肃省白银市会宁县	全国重点文物保护单位
3	玉门油田老一井	甘肃省酒泉市玉门市	全国重点文物保护单位
4	南梁陕甘边区革命政府旧址	甘肃省庆阳市华池县	全国重点文物保护单位

① 刘正平：《关于加快甘肃红色旅游强省建设的对策建议》，甘肃党史网，http://www.gsds.gov.cn/difangyanjiu/20200528/114631176d37a.htm.［2020-05-28］［2022-11-11］.
② 甘肃省文物局于 2019 年 6 月公布了全省第一批革命文物名录，2022 年 12 月公布了全省第二批革命文物名录，数据为两批合计。见《甘肃省文物局关于公布全省革命文物名录的通知》，2019 年 6 月 4 日；146 处！甘肃公布第二批不可移动革命文物名录，甘肃省文物局 http://wwj.gansu.gov.cn/wwj/c105438/202212/4188705.shtml.［2022-12-27］［2023-03-20］.
③ 数据引自甘肃省文物局，http://wwj.gansu.gov.cn/wwj/c105467/201906/505854.shtml.

续表

序号	名称	地址	国/省重点文物保护单位
5	榜罗镇会议旧址	甘肃省定西市通渭县	全国重点文物保护单位
6	哈达铺会议旧址	甘肃省陇南市宕昌县	全国重点文物保护单位
7	俄界会议旧址	甘肃省甘南藏族自治州迭部县	全国重点文物保护单位
8	洮州卫城——新城苏维埃旧址	甘肃省甘南藏族自治州临潭县	全国重点文物保护单位
9	华林山革命烈士纪念塔	甘肃省兰州市七里河区	省级文物保护单位
10	兰州战役旧址	甘肃省兰州市城关区、七里河区	省级文物保护单位
11	引大入秦工程	甘肃省兰州市永登县、武威市天祝县	省级文物保护单位
12	兰州水厂	甘肃省兰州市西固区	省级文物保护单位
13	黄河母亲塑像	甘肃省兰州市七里河区	省级文物保护单位
14	西路军永昌战役遗址	甘肃省金昌市永昌县	省级文物保护单位
15	白银露天矿旧址	甘肃省白银市白银区	省级文物保护单位
16	靖远县黄河铁桥	甘肃省白银市靖远县	省级文物保护单位
17	红堡子红军战斗旧址	甘肃省白银市会宁县	省级文物保护单位
18	高台红西路军烈士陵园	甘肃省张掖市高台县	省级文物保护单位

续表

序号	名称	地址	国/省重点文物保护单位
19	福音堂医院旧址	甘肃省张掖市甘州区	省级文物保护单位
20	临泽红西路军战斗旧址及烈士陵园	甘肃省张掖市临泽县	省级文物保护单位
21	艾黎与何克陵园	甘肃省张掖市山丹县	省级文物保护单位
22	酒泉卫星发射中心导弹卫星发射场旧址和烈士陵园	甘肃省酒泉市金塔县	省级文物保护单位
23	鸳鸯池水库	甘肃省酒泉市金塔县	省级文物保护单位
24	庄浪梯田	甘肃省平凉市庄浪县	省级文物保护单位
25	界石铺红军长征旧址	甘肃省平凉市静宁县	省级文物保护单位
26	河连湾陕甘宁省苏维埃政府旧址	甘肃省庆阳市环县	省级文物保护单位
27	山城堡战役旧址	甘肃省庆阳市环县	省级文物保护单位
28	抗日军政大学第七分校校部旧址	甘肃省庆阳市华池县	省级文物保护单位
29	王孝锡烈士墓	甘肃省庆阳市宁县	省级文物保护单位
30	陇东中学礼堂	甘肃省庆阳市庆城县	省级文物保护单位
31	陇右工委地下印刷所	甘肃省定西市渭源县	省级文物保护单位
32	两当兵变旧址	甘肃省陇南市两当县	省级文物保护单位

续表

序号	名称	地址	国/省重点 文物保护单位
33	肋巴佛烈士纪念碑	甘肃省甘南藏族自治州卓尼县	省级文物 保护单位
34	金崖古建筑群——金崖工委旧址、金崖支部旧址	甘肃省兰州市榆中县	省级文物 保护单位
35	金崖古建筑群周家祠堂——邴家湾党小组旧址	甘肃省兰州市榆中县	省级文物 保护单位
36	金崖古建筑群水烟手工作坊——皋榆工委协军团旧址	甘肃省兰州市榆中县	省级文物 保护单位
37	石包城遗址——红西路军左支队驻防地	甘肃省酒泉市肃北县	省级文物 保护单位
38	徽县清真寺姆拉楼——红军回族群众大会旧址	甘肃省陇南市徽县	省级文物 保护单位
39	徽县文庙大成殿——徽县苏维埃政府成立大会旧址	甘肃省陇南市徽县	省级文物 保护单位

县级文物保护单位及以下略。

表二　甘肃的16个全国爱国主义教育基地名录

序号	名称	序号	名称
1	陕甘边革命根据地南梁纪念馆	9	哈达铺红军长征纪念馆
2	红军长征胜利会师纪念馆	10	兰州八路军驻甘办事处纪念馆
3	兰州战役纪念馆	11	中国工农红军西路军纪念馆
4	敦煌莫高窟	12	嘉峪关城楼
5	甘肃省博物馆	13	中共中央西北局岷州会议纪念馆
6	腊子口战役纪念馆	14	梨园口战役纪念馆
7	中共中央政治局榜罗会议纪念馆	15	两当兵变纪念馆
8	甘工委纪念馆	16	舟曲特大山洪泥石流抢险救援纪念馆

表三 甘肃省全国红色旅游经典景区名录（截至 2022 年 12 月 31 日）①

序号	景区名称	景区详细地址
1	白银市会宁县红军长征会师旧址	白银市会宁县会师镇会师南路 7 号
2	甘南州迭部腊子口战役遗址	甘南州迭部县腊子口镇
3	陇南市宕昌县哈达铺红军长征纪念馆	甘肃省陇南市宕昌县哈达铺镇上街村 001 号
4	定西市岷县岷州会议纪念馆	定西市岷县十里镇三十里铺村五社 103 号
5	定西市通渭县榜罗镇革命遗址	定西市通渭县榜罗镇文峰村大背组 15 号
6	武威市古浪县红军西路军古浪战役遗址	武威市古浪县城公园路 4 号
7	俄界会议旧址和茨日那毛主席旧居	甘南州迭部县达拉乡高吉村
8	兰州市城关区八路军兰州办事处旧址	兰州市城关区酒泉路 314 号
9	庆阳市华池县陕甘边区苏维埃政府旧址	庆阳市华池县南梁镇荔园堡村
10	张掖市高台县高台烈士陵园	张掖市高台县城关镇人民东路 47 号
11	庆阳市环县山城堡战役遗址	庆阳市环县山城堡凯旋岭
12	平凉市中国工农红军长征界石铺纪念园	平凉市静宁县界石铺镇继红村 125 号
13	陇南市两当县两当兵变旧址	陇南市两当县城关镇广香东路
14	酒泉市玉门油田	酒泉市玉门市老市区解放路
15	张掖市山丹艾黎纪念馆	张掖市山丹县艾黎大道 732 号
16	甘南州舟曲特大山洪泥石流地质灾害纪念公园	甘南州舟曲县城关镇 88 号

陇中地区，主要包括兰州、定西、白银等地。兰州是中共早期活动之地，甘肃最早的党组织——中共甘肃特别支部就是 1925 年在兰州成立的。红军长征遍及定西 117 个乡镇，长征中召开的榜罗镇会议其旧址就在通渭。会宁是红军三大主力胜利会师圣地，靖远是红西路军渡河西进、征战祁连的出发地。该区域有兰州战役纪念馆、八路军驻甘办事处纪念馆、中共甘肃工委纪念馆、张一悟纪念馆、兰州华林山革命公墓，以及会宁红军会师

---

① 甘肃省全国红色旅游经典景区名录（截至 2022 年 12 月 31 日），甘肃省文化和旅游厅网站 http://wlt.gansu.gov.cn/wlt/c108639/202302/86340129.shtml.［2023-02-07］［2023-03-19］.

纪念馆等一批纪念馆、博物馆、遗址。仅兰州市就有各类红色文化遗址和纪念地 25 个，革命历史类陵墓 2251 座，各级爱国主义教育基地 35 家。"一五"期间建设的 16 个重点项目有 13 个布局在兰州。该区域有八路军兰州办事处旧址、会宁红军会师旧址、榜罗镇会议旧址 3 个全国重点文物保护单位。有兰州八路军驻甘办事处纪念馆、兰州战役纪念馆、甘工委纪念馆、甘肃省博物馆、红军长征胜利会师纪念馆、中共中央政治局榜罗会议纪念馆、中共中央西北局岷州会议纪念馆 7 个全国爱国主义教育基地，另外兰州有 11 个、白银有 11 个、定西有 6 个省级爱国主义教育基地。

陇东地区，主要包括庆阳、平凉等地。庆阳是甘肃红色资源最为密集的区域之一。陕甘边革命根据地是西北第一块红色革命根据地和西北第一个红色革命政权的诞生地，是西北红军发展壮大的摇篮和中央红军长征的落脚点，是八路军挺进抗日前线的出发点，是中国共产党领导抗日武装力量的指挥中心和后方保障基地。庆阳红色资源占全省的 62%，是全国保存完整、面积较大的革命遗址保护群之一。有南梁陕甘边区苏维埃政府旧址、山城堡战役纪念园等一批纪念馆、旧址遗址等，有一批红色歌曲《咱们的领袖毛泽东》等。有南梁陕甘边区革命政府旧址全国重点文物保护单位。有陕甘边革命根据地南梁纪念馆等全国爱国主义教育基地，另外庆阳有 10 个、平凉有 10 个省级爱国主义教育基地。

陇东南地区，包括陇南、天水等地。陇南是红军长征经过甘肃路线最多的区域之一，长征时期，红军足迹涉及陇南全境。哈达铺是长征红军的"加油站"。哈达铺会议以"向陕北发展"取代了俄界会议"在苏联边界创造根据地、向东发展"的决策，首次明确了长征落脚地陕北。陇南也是长征红军兵源补给站，有 5000 多陇南各族儿女参加红军。陇南也是习仲勋、刘林圃等共产党人发动两当兵变的所在地。区域内有宕昌县哈达铺邮政代办所旧址、红军干部会议旧址、两当兵变纪念馆等红色纪念展馆、旧址。有哈达铺会议旧址全国重点文物保护单位。有哈达铺红军长征纪念馆、两当兵变纪念馆 2 个全国爱国主义教育基地，另外陇南有 11 个、天水有 13

个省级爱国主义教育基地。

河西地区，包括武威、张掖、金昌、嘉峪关、酒泉等地。河西走廊记载了红西路军的悲壮历史。1936年10月红军三大主力会宁会师后，四方面军21800余人组成红西路军向西挺进，意图打通和苏联交通线，其间与国民党马步芳、马步青部队十余万人在河西走廊鏖战4个多月，历经70余次血战，损失之大、战斗之惨烈在我党我军历史上前所未有。红五军军长董振堂牺牲。该区域建有中国工农红军西路军纪念馆、高台烈士陵园、武威烈士陵园、永昌烈士陵园和王进喜故居纪念馆等，有著名的"玉门油田""莫高窟""酒泉卫星发射基地"等教育基地。有玉门油田老一井全国重点文物保护单位。有中国工农红军西路军纪念馆、梨园口战役纪念馆、敦煌莫高窟、嘉峪关城楼4个全国爱国主义教育基地，另外武威有9个、金昌有3个、张掖有8个、嘉峪关有2个、酒泉有9个省级爱国主义教育基地。

临夏和甘南地区，包括临夏回族自治州、甘南藏族自治州等地。甘南、临夏是甘肃省两个少数民族自治州，同样分布有许多红色资源。著名的俄界会议和腊子口战役就分别发生在甘南迭部县。新中国成立以后，临夏、甘南发生很大变化，特别是在脱贫攻坚、生态保护方面作出积极贡献。该区域有俄界会议旧址、腊子口战役遗址、景古红色政权革命纪念馆等。有俄界会议旧址、洮州卫城——新城苏维埃旧址2个全国重点文物保护单位。有腊子口战役纪念馆、舟曲特大山洪泥石流抢险救援纪念馆2个全国爱国主义教育基地，另外甘南、临夏分别有6个、8个省级爱国主义教育基地。

三、甘肃红色文化资源的特点①

甘肃红色资源丰富多样、覆盖广泛，全方位、多角度展示了甘肃在革命、建设、改革中发生的重大历史事件、产生的英烈英模人物、取得的标志性建设成就、留下的革命精神遗产等，红色文化特点突出，影响深远，

---

① 刘正平等：《甘肃红色资源的丰富内涵和时代价值》，《甘肃日报》2019年9月20日。

具有独特的魅力和持久的精神动力。

第一，数量众多、分布广泛。甘肃是红色文化资源大省，全省共有全国爱国主义教育基地 16 个，省级爱国主义教育基地 135 个，红色遗址遗迹 945 处，遍布 14 个市州，是全国 12 个重点红色旅游省区之一。这些红色遗址遗迹不仅包括重要历史事件和重要机构旧址、革命人物活动纪念地、革命领导人故居、烈士墓、纪念设施等，也包括新中国成立以后建设和发生的重点项目、重大事件，全方位、多角度展示了甘肃人民在党的领导下在革命、建设、改革不同时期筚路蓝缕、披荆斩棘、团结奋斗的辉煌历史和光辉业绩。

第二，魅力独特、影响深远。在党的百年征程中，甘肃诞生了很多特点鲜明、全国驰名的红色地标，是我们永远不能忘却的红色记忆。南梁"两点一存"的突出贡献，红军长征的广泛影响，西路军征战祁连的悲壮事迹，兰州抗战大后方的战略贡献，毛泽东在长征途经甘肃时创作的《七律·长征》《念奴娇·昆仑》《清平乐·六盘山》等著名诗词，彭加伦在哈达铺创作的《到陕北去》、陇东抗日民主根据地群众创作的《军民大生产》《绣金匾》《咱们的领袖毛泽东》等歌曲，以及新中国第一个石油化工基地、最早的有色金属基地、最早最大的卫星发射基地、"引大入秦"世纪工程，黄河上游战略屏障，"脱贫攻坚"等等，无不彰显甘肃红色文化所具有的独特魅力、重大影响。这些独特的红色地标，是一代又一代中国共产党人和甘肃人民为民族复兴、人民幸福矢志不渝奋斗的历史见证，是我们坚定中国特色社会主义道路自信、理论自信、制度自信、文化自信的坚实根基，是我们奋力前行、走好新时代长征路的不竭动力。

第三，主题多样、内容全面。甘肃红色文化既有分布广泛的红色物质文化，也有主题多样的红色精神文化，还有持久丰富的红色制度文化；既有新民主主义革命时期所形成的红色文化，也有社会主义革命和建设、改革开放和社会主义现代化建设新时期所产生的红色文化，还有中国特色社会主义新时代所形成的红色文化；主题多样，跨越革命、建设、改革各个历史时期，涵盖社会变革、重大事件、英雄人物、重大工程等各个范畴。

特别是遍布全省的各类红色纪念场馆、爱国主义教育基地、党史教育基地、红色旅游景点，全面、客观地再现了在党的领导下甘肃各族人民为争取民族独立和人民解放不懈奋斗的光辉历程，宣传了共产党人用鲜血和生命换来革命成功的高尚革命精神，是开展党史、新中国史、改革开放史和社会主义发展史教育的重要阵地和生动课堂，是传播中国声音、讲好中国故事、培育和践行社会主义核心价值观的重要桥梁纽带和窗口平台。

第四，传承发展、历久弥坚。中国共产党带领中国人民在民族复兴的漫漫征程中砥砺奋进，每一次探索实践、每一回驻足停留、每一个壮烈牺牲、每一份辛勤耕耘，都留下了珍贵历史足迹，注入了生生不息的精神动力。和陇原大地息息相关的延安精神、南梁精神、长征精神、会师精神、铁人精神、庄浪梯田精神、八步沙精神、莫高精神、"两弹一星"精神、脱贫攻坚精神和甘肃精神等，彰显着党领导甘肃人民不忘初心、牢记使命的历史担当，承载着共产党人艰苦奋斗、开拓创新的实干作风，体现着共产党人我将无我、不负人民的公仆情怀，成为伟大建党精神及其谱系的有机组成部分和在陇原大地的生动写照，为红色基因不断注入了新鲜血液，是我们取之不尽、用之不竭的精神宝库，必将鼓舞陇原儿女为建设幸福美好新甘肃、开创富民兴陇新局面奋勇前进。

四、甘肃红色文化的时代价值

文化是一个国家繁荣昌盛的持久动力，是一个民族生生不息的内在基因。党的二十大报告指出，"全面建设社会主义现代化国家，必须坚持中国特色社会主义文化发展道路，增强文化自信，围绕举旗帜、聚民心、育新人、兴文化、展形象建设社会主义文化强国，发展面向现代化、面向世界、面向未来的，民族的科学的大众的社会主义文化，激发全民族文化创新创造活力，增强实现中华民族伟大复兴的精神力量"[1]。习近平总书记

---

[1]《党的二十大报告辅导读本》，人民出版社，2022年，第39页。

2019 年在甘肃视察时说，"甘肃是一片红色土地，在中国革命历史进程中发挥了不可替代的重要作用"①，强调"要讲好党的故事、革命的故事、根据地的故事、英雄和烈士的故事，加强革命传统教育、爱国主义教育、青少年思想道德教育，把红色基因传承好，确保红色江山永不变色"②。甘肃省第十四次党代会提出，"我们既要代代守护、薪火相传，也要紧跟时代、推陈出新，让文化成为最富魅力、最吸引人、最具辨识度的甘肃标识!"在甘肃历史悠久的文化长河中，红色文化是不可或缺的重要组成部分，在向着全面建成社会主义现代化强国的第二个百年奋斗目标迈进的新征程上，我们更应该发挥红色文化内在的凝聚力、引领力、号召力作用，传承红色基因，赓续红色血脉，激发它的时代价值，为新时代新征程提供生生不息的内在和持久动力。

（一）发挥红色文化凝聚力作用，不断巩固壮大新时代的主流意识形态

党的二十大报告指出，"意识形态工作是为国家立心、为民族立魂的工作"③。必须始终坚持马克思主义在意识形态领域指导地位的根本制度，以红色文化滋养初心使命，以红色历史观照现实未来，坚定对马克思主义的信仰，坚定对中国特色社会主义的信念，坚定对实现中华民族伟大复兴中国梦的信心。积极发挥红色文化在党的科学理论宣传教育中的作用，始终以习近平新时代中国特色社会主义思想武装头脑、铸魂固本、凝心聚力。不断利用好、发扬好、传承好红色文化，推进红色文化与中华优秀传统文化的深度融合、与世界优秀文化成果的互学互鉴，坚持创造性转化、创新性发展，使其在新时代不断得到巩固与传承、丰富与发展，使红色基因一代代传承下去。丰富红色文化的表达与发展方式，密切与互联网、大数据、人工智能等新技术新媒体新方式的融合发展，不断为人民提供丰富多彩的文化需求，不断巩固壮大新时代的主流思想舆论。充分发挥红色文化育人

---

① 习近平：《习近平同志〈论中国共产党历史〉主要篇目介绍》，《人民日报》，2021 年 2 月 22 日，第 2 版。
② 习近平：《习近平同志〈论中国共产党历史〉主要篇目介绍》，《人民日报》，2021 年 2 月 22 日，第 2 版。
③《党的二十大报告辅导读本》，人民出版社，2022 年，第 39 页。

功能，发挥在党史、新中国史、改革开放史和社会主义发展史教育中的作用，以文化的功能涵养初心、坚定使命，赓续红色血脉，增强文化自信，教育广大学生树立正确的世界观、价值观和人生观，增强中国青年的志气、骨气、底气，争当有理想、敢担当、能吃苦、肯奋斗的新时代好青年。

（二）激发红色文化引领力作用，不断推动社会主义核心价值观的培育与践行

习近平总书记在党的二十大报告中指出，"社会主义核心价值观是凝聚人心、汇聚民力的强大力量"，要广泛践行社会主义核心价值观，"把社会主义核心价值观融入法治建设、融入社会发展、融入日常生活"①。文化具有融入历史、现实、人们日常生活方方面面的特性，具有无处不在、如影随形的特点，某种意义上讲文化就是生活，生活就是文化。我们要充分利用文化普遍性、渗透力的特点，积极发挥红色文化的先进性、引领力的作用，用好红色故事、红色历史、红色资源，大力宣传倡导富强、民主、文明、和谐，宣传倡导自由、平等、公正、法治，宣传倡导爱国、敬业、诚信、友善，不断推动社会主义核心价值观的培育巩固和践行。用好红色故事、红色历史、红色资源，积极弘扬以伟大建党精神为源头的中国共产党人的精神谱系，大力开展社会主义核心价值观的教育，深化爱国主义、集体主义、社会主义的教育，教育引领广大学生始终听党话、跟党走，着力培养担当民族复兴大任的建设者接班人。用好红色故事、红色历史、红色资源，持续开展好"四史"教育，引导人民知史爱党、知史爱国，不断坚定中国特色社会主义共同理想；继承和发扬艰苦奋斗优良传统和作风，牢牢地把责任扛在肩上，把党的光荣传统和优良作风发扬光大，不断提升党员和党组织在人民群众中的影响力、号召力和向心力。缅怀红色历史，赓续红色血脉，学习和发扬老一辈革命家谦虚谨慎、不骄不躁、艰苦奋斗的优良作风，始终保持奋发有为的进取精神，永葆党的先进性和纯洁性，

---

① 《党的二十大报告辅导读本》，人民出版社，2022年，第39页。

推动社会主义核心价值观落地落实，使红色文化在新时代全面建设社会主义现代化强国的征程上传承发展、发扬光大。

（三）发扬红色文化号召力作用，汇聚起以中国式现代化推进中华民族伟大复兴的磅礴力量

习近平总书记指出，"没有先进文化的积极引领，没有人民精神世界的极大丰富，没有民族精神力量的不断增强，一个国家、一个民族不可能屹立于世界民族之林"[①]。目前，我们已踏上全面建设社会主义现代化国家、向第二个百年奋斗目标奋进的新征程，我们需要凝聚起全国各族人民强大的磅礴之力，以中国式现代化推进中华民族伟大复兴的中国梦的实现。红色文化是我们党在百余年奋斗中形成的历史积淀，是我们党取之不尽、用之不竭的力量源泉，要发挥红色文化的先进性和感召力号召力作用，增强文化自信，增强实现中华民族伟大复兴的精神力量。要积极发挥红色文化在提高文明程度，推进文明建设中的作用，以红色基因、红色血脉推动明大德、守公德、严私德，提高道德水准和文明素养。积极发挥红色文化在文化产业、旅游产业等发展中的作用，坚持以文塑旅、以旅彰文，推进红色文化和旅游产业深度融合，促进红色文化的传承和旅游产业的发展。积极发挥红色文化在形象塑造、提升文化实力方面的作用，挖掘红色文化潜力，讲好红色故事，以红色文化赋能国家文化软实力和综合国力的提升。

甘肃是一片红色热土。在这片红色土地上，中国共产党人书写了可歌可泣的红色篇章，留下了感天动地的红色故事，播撒了薪火相传的红色火种，烙下了不可磨灭的红色印记。红色文化具有跨越时空、撼人心魄、发人深省、催人奋进的时代力量，是推进甘肃高质量发展的历史铭鉴和巨大精神动力。我们要充分重视红色文化所具有的政治功能、文化价值、综合作用，用心挖掘甘肃丰富的红色资源、用情讲好陇原红色故事、用力推进红色研究成果转化，让红色文化成为甘肃文化标识中最亮丽的色彩。积极

---

① 习近平：《在文艺工作座谈会上的讲话》，《人民日报》2015 年 10 月 15 日，第 1 版。

探索红色文化蕴含的精神内核，包括伟大建党精神及其精神谱系和甘肃精神、陇人品格所具有的内在联系及其生成机理，积极发挥红色文化凝聚力引领力号召力，传承红色基因，涵养初心使命，凝聚强大合力，以文化人，以文引人，提振信心，增强自信，以历史主动精神凝聚起甘肃人民以中国式现代化推进中华民族伟大复兴幸福美好新甘肃篇章建设的磅礴力量。要重视红色文化对青年学生教育引导作用的发挥，使学生在浩瀚博大的红色文化中涵养理想信念、坚毅品德修养、赓续红色血脉，使红色精神能够代代相传。要积极组织力量，推进红色资源教材化、课程化、学理化，有针对性地推进红色文化"进教材""进课堂""进头脑"。要以系统思维推进大中小学红色文化"三进"一体化建设，利用好发扬好传承好红色育人资源。要开展红色文化的深度研究，以不断深化的科研成果促进红色教育的深度融合。要通过深入挖掘红色资源的时代价值，传承好红色基因，弘扬好红色文化，让其在新时代鼓起迈进新征程、奋进新时代的精气神，谱写新时代甘肃红色文化新华章。①

---

① 李正元：《以红色文化厚植新时代大学生培养根基》，《甘肃日报》（理论版）2023 年 4 月 25 日。

第二讲　革命之火燎陇原

　　1921 年 7 月，中国共产党成立，成为中华民族发展史上开天辟地的大事变，"从此以后中国改换了方向"。它像光芒四射的灯塔，给灾难深重的中国人民带来了光明和希望，指明了中国人民的斗争道路。1923 年，京汉铁路大罢工失败后，中国共产党人认识到必须团结其他革命或赞同革命的力量，结成最广泛的统一战线，才可能把中国革命引向胜利。同时，孙中山在几经挫折后接受了国共合作的主张。在国共合作的基础上，1924 年至 1927 年，中国大地爆发了一场席卷全国的革命运动。这场以国共合作为基础、以"打倒列强，除军阀"为宗旨的国民革命，声势浩大，群众发动广泛，在中国近代历史上是前所未有的。在"大革命"蓬勃发展的红色洪流中，在中共北方区委、中共陕甘区委、中共陕西省委的领导下，甘肃地方党组织建立并发展起来，开启了新民主主义革命斗争红色甘肃篇章的序幕。

一、大革命时期党在甘肃建立的主要组织

　　1925 年 12 月，在中共中央北方区委领导下，党在甘肃的第一个组织——中共甘肃特别支部在兰州成立。在革命斗争实践中，党在甘肃的组织不断发展壮大，相继建立中共宁夏特别支部、中共兰州特别支部、中共平凉特别支部、中共导河（今临夏）特别支部等，有力地领导和推动了甘肃革命运动的发展。

（一）中共甘肃特别支部

1.建立背景①

　　五四运动后，新思想、新文化特别是马克思主义和俄国十月革命的信

―――――――――

　　① 中共甘肃省委党史研究室：《艰辛的历程　永远的初心——甘肃党组织创建及其重大意义》，《甘肃日报》2021 年 1 月 20 日，第 5 版。

息通过各种渠道在全省各地迅速传播，从而为中国共产党组织在甘肃的创建准备了条件。

五四运动对甘肃的影响。五四运动爆发前夕，新文化运动在甘肃的传播与发展，激发了青年知识分子寻求救国救民真理的热情，一些青年知识分子离开家乡到科学文化发达的北京、上海等地求学读书，仅在北京一地求学的甘肃籍青年就有百余名。五四运动爆发时，甘肃籍学生张一悟、张明道、王自治等一些优秀青年，参加了五四集会游行，经受了五四运动的洗礼，为五四运动的重大胜利作出了自己的一份贡献，也为以后中国共产党甘肃组织的建立做了干部上的准备。五四运动爆发后，甘肃虽然地处偏远，交通不便，但是人们通过在北京或其他城市的甘肃籍学生传来的书信、消息，也了解到有关五四运动的情况，革命的风暴也波及了甘肃。兰州各学校学生自发举行讲演宣传，集会游行，抵制日货，最后虽被反动地方政府镇压下去了，但五四运动对兰州的社会发展和思想进步，特别是对促进爱国青年的觉醒产生了巨大的影响。甘肃省立女子师范学校毕业的女学生邓春兰，上书北京大学校长蔡元培，发出大学解除女禁、男女同校的第一声。1920 年 2 月，邓春兰的建议得以采用，北京大学首次招收了包括邓春兰在内的 9 名女大学生，时人称之为"中国教育史上一个大纪元"。同年 3 月，在北京的张明道、王自治等甘肃籍学生 40 多人创办新陇杂志社，5 月 20 日，《新陇》杂志创刊号在北京正式出版。随着各种新思想的输入，尤其是科学和民主思想的宣扬、个性解放的倡导以及对传统文化的批判，知识分子思想加速转变，树立了以人为主体的思想观念。这一切成为打破政治腐败、经济落后、风气闭塞的甘肃社会的响鼓重锤。

马克思主义的传播。五四运动后，新文化运动在全国已发展成为以宣传马克思主义为主流的思想运动。大量的马克思主义著作被翻译介绍到中国，一大批宣传马克思主义的文章也随之推出，新思想、新文化在甘肃的传播平台也开始出现。甘肃公立法政专门学校（兰州大学前身）校长蔡大愚等人把马克思主义作为一种学术思潮介绍给兰州知识青年；甘肃省教育会会长牛载坤等人在兰州创办的"正本书社"也开始销售《新青年》等进步书刊；张一悟、胡廷珍、葛霁云等在京求学的青年接受马克思主义，逐步走上革命的道路，开始向家乡人民大力宣传马克思主义，成为甘肃传播马克思主义的先行者。他们采取邮寄革命刊物、书信的形式，或利用假期回乡的机会，向民众介绍俄国十月革命情况，宣传马克思主义。马克思主义在甘肃的传播，为中国共产党甘肃组织的建立奠定了思想基础。

工人阶级队伍的逐步成长。甘肃地处内陆，经济落后，信息闭塞，近代工业极不发达，直到1872年左宗棠在兰州创办兰州制造局，甘肃才产生了第一支产业工人队伍，比国内第一支工人队伍的诞生晚了十余年。随着近代工业的发展，甘肃产业工人队伍逐步壮大。在1919年五四运动和1921年中国共产党诞生的影响下，甘肃工人阶级开始作为一支独立的政治力量登上历史舞台。工人阶级深受帝国主义、封建主义和官僚资本主义的三重压迫，劳动强度大、劳动时间长、劳动报酬少、劳动安全没有保障。当然，新生的工人阶级显然不同于自然经济中的手工业者，他们已具有了初步的阶级觉悟，有强烈的革命要求，反抗剥削与压迫的斗争开始出现。1923年，兰州水烟厂工人为提高工资，反对压迫，举行了全行业大罢工。1925年9月，甘肃电报工人同全国13省电报工人举行省际联合大罢工，对甘肃工人阶级的斗争影响很大。伴随着工人阶级队伍逐步成长，甘肃工人阶级反压迫、反剥削的斗争由自发走向自觉，逐步发展成为一股不可忽视的战斗力量，这为中国共产党甘肃组织的建立奠定了阶级基础。

2.组织建立

1923年6月12日至20日，中国共产党第三次全国代表大会在广州召开，中心议题是讨论全体共产党员加入国民党、建立国共合作统一战线的问题。大会决定采取共产党员以个人身份加入国民党的形式实现国共合作，以便广泛发展群众，壮大革命力量，加速推进国民革命运动的进程。中国共产党创始人之一的李大钊，1925年前后在领导中共北方区委和国民党北京执行部时，同直、皖、奉系军阀开展激烈斗争，运筹帷幄，将一些优秀共产党员派往国民军冯玉祥部从事统一战线和政治工作，包括宣侠父、钱崝泉、贾宗周、邱纪明等人。

1925年10月，受李大钊指示，宣侠父、钱崝泉等随国民军第一军第二师入甘，并与甘肃籍共产党员张一悟取得联系。之前，张一悟以教员身份积极宣传马克思主义思想，并在进步青年中培养革命力量。宣侠父、钱崝泉、张一悟三人取得联系后开始筹建共产党在甘肃的组织，共同分析国共合作形势下甘肃反帝反封建革命运动的客观条件和各派政治势力的立场、态度，认为在兰州建立党的地方组织的条件已经成熟。12月，宣侠父、钱崝泉、张一悟在兰州召开会议，宣布中国共产党甘肃特别支部正式成立。张一悟任支部书记，宣侠父、钱崝泉为支部委员，支部所属党员有贾宗周、寿耀南、秋纪明、李印平等人，特支的主要任务是：发展共产党员，积极开展民众运动；执行党的方针政策和决定，协助国民党整理党务；建立广泛的统一战线，推动反帝反封建斗争的开展。特支直属中共北方区委领导。1927年，转属新成立的中共陕甘区委领导。

中共甘肃特别支部是中国共产党在甘宁青历史上建立的第一个地方党组织，直接负责领导甘肃（含当时尚未建省的青海、宁夏，青海于1929年正式建省）等地党的工作。中国共产党甘肃党组织的创立，是甘肃近现代革命史上的重大事件，标志着甘肃的革命斗争在中国共产党领导下进入了一个新阶段，甘肃人民的革命斗争从此有了可以信赖的组织者和坚强的领导者，揭开了甘肃人民革命斗争历史新的一页，加快了甘肃人民反帝反封建革命的进程。

（二）党在甘肃建立的其他主要组织[①]

1. 中共宁夏特别支部

1926年9月，钱崝泉带领30余名共产党员和进步青年，途经宁夏（时归甘肃省管辖）赴第二军事政治学校学习，应驻宁夏国民军联军中的党

---

① 中共甘肃省委党史研究室：《播革命火种唤陇原觉醒——早期甘肃党组织和代表人物》，《甘肃日报》2021年12月2日，第11版。

组织的要求，将李临铭、贺维新、马思然、陶振亚、郭维华5名共产党员和一些进步青年留在当地开展工作。这批共产党员与驻宁夏国民军联军的宣传队及中山日报社的共产党员马云堃、贾一中等共同组建了宁夏地区的第一个中共组织——中共宁夏特别支部。李临铭任支部书记。

2. 中共兰州特别支部

1927年2月，针对宣侠父、钱崝泉先后离开甘肃，党在甘肃的组织遭到削弱的情况，为加强对甘肃工作的领导，刚刚成立的中共陕甘区委通过时任国民党西安政治分会主持人、国民军联军总政治部副主任刘伯坚，派遣胡廷珍、王孝锡、马凌山、保至善等一批共产党员，以国民党党务特派员的身份到达兰州。4月，胡廷珍等人根据中共陕甘区委的指示和兰州地区的革命斗争形势，决定对中共甘肃特别支部进行改组，成立中共兰州特别支部。胡廷珍任书记，王孝锡任组织委员，马凌山任宣传委员。

3. 中共平凉特别支部

1926年9月，冯玉祥五原誓师后率国民军联军分路入陕，大部分部队经过平凉地区。在国民军联军中做政治工作的共产党员刘伯坚、吴天长、冀明信等，先后随军到达平凉。国民军联军总司令部迁往西安后，吴天长、冀明信受刘伯坚指示继续留在平凉开展革命活动。1927年4月，经中共陕甘区委批准，中共平凉特别支部建立。吴天长任特支书记，党员有冀明信、李克生。同时，经共青团陕甘区委批准，共青团平凉特支成立，冀明信任团特支书记。

4. 中共导河特别支部

1927年4月，胡廷珍以国民党甘肃省党部特派员身份到导河（今临夏）视察工作，与国民军联军驻导河部队赵席聘部政治部主任李印平、政训员杨松轩等共产党员取得联系。下旬，在胡廷珍的指导下，中共导河特别支部成立，李印平为特支负责人，党员有杨松轩、李剑虹、傅琇等人。

截至5月，中国共产党在甘肃的组织发展到4个（含中共宁夏特支），拥有党员30余人（不含军队中的党员）。国共合作破裂后，国民党反动当局在甘肃全面"清党"，搜捕屠杀共产党员，党组织全部遭到破坏，但留下来的共产党员仍然在白色恐怖中坚持斗争。

（三）大革命时期党组织在甘肃的主要活动

党在甘肃的各级组织建立起来后，就成为领导甘肃大革命运动的坚强核心，在极端困难和秘密的情况下，积极开展了一系列重要工作，为加强甘肃在北伐战争和大革命运动期间的领导作用等发挥了巨大作用。

1. 秘密发展共产党员，播撒革命火种

甘肃特支的共产党员利用国民党员的公开身份和合法地位开展工作，积极发展中共党员，壮大党的组织。1926年年初，宣侠父、钱崝泉介绍一中教员王陶加入中国共产党，成为特支成立后在甘肃发展的第一个党员，接着又在国民军政治工作人员中发展了一批共产党员。3月，钱崝泉、王陶介绍兰州中外大药房老板娘秦仪贞加入中国共产党，成为特支在甘肃发展的第一位女党员，秦仪贞主动要求将自己家作为党组织的秘密活动据点和对外联络点。1926年冬，在宣侠父、钱崝泉等人的倡导下，国民军联军驻甘总司令部政治处在兰州创办政治训练所，教员主要由共产党员担任，利用这个时机，吸收思想进步的学员参加，进行秘密培养、个别辅导，提高学员对共产主义的认识和思想觉悟。到政训所结业时，40多名学员中有28人被中共甘肃特支吸收加入了中国共产党。张一悟、宣侠父、钱崝泉还常到兰州初级女子师范学校开展工作，韩芝惠、冯玉洁、窦香菊等十余名女青年加入中国共产党。与此同时，中共甘肃特支还在社会上通过各种方式接触、培养了一批进步分子，经过一段时间的工作锻炼和组织考察，秘密吸收为共产党员，使党的队伍得到发展壮大，为巩固国共合作、领导民众革命运动提供了可靠保证。

2. 建立党的宣传阵地，唤醒民众反帝反封建斗争意识

为宣传革命理论，张一悟、宣侠父、钱崝泉等在甘肃省立第一中学校[①]

---

　　① 19世纪60年代，为政治外交方面的需要，请政府陆续创办了一些培养翻译人才的专门学堂。1902年，陕甘总督崧蕃创建甘肃大学堂，又名文高等学堂，大约于1911年停办，民国二年改为省立一中。（参见孟非：《甘肃近代学校教育纪事》，《兰州学刊》1985年第5期。）

组织进步团体"醒社",创办《醒社》周刊,成立"进化剧社",发表演讲,演出爱国剧目,宣传俄国十月革命,宣传孙中山的三大政策和新三民主义;组织出售《三民主义》《建国大纲》《帝国主义论》等进步书刊,中共甘肃特别支部创办了《民声》和《醒社》,中共平凉特别支部创办了《新陇民报》,中共导河特别支部创办了石印旬刊《工农之声》等进步刊物,宣传革命道理,唤起民众,响应北伐战争,揭露帝国主义侵华罪行。中共平凉特别支部还在中学、师范开设政治课,宣传共产主义、俄国十月革命等;在军队和青年学生中成立"新文化剧社",组织宣传演出,教唱革命歌曲;在孙中山逝世、李大钊遇害以及五一、五四、五卅、黄花岗起义等纪念日期间举行群众大会等,印发宣传材料,组织集会、演讲、演出,以丰富多样的形式,启发引导民众的觉醒,推动反帝反封建斗争蓬勃发展。

3. 创建群众组织,开展反帝反封建斗争

大革命时期,全国的工农运动在党的推动下进入了高潮,甘肃各级组织在党的领导下,建立青年社、工会、农运、妇女等组织,开展了如火如荼的工农运动。按照陕甘区委成立青年社的指示,1927年,王孝锡、马凌山等在兰州,吴天长、冀明信等在平凉,李印平、杨松轩等在导河陆续成立青年社,向青年宣传进步思想。根据陕甘区委"工人组织工会"的指示,1926年10月,宣侠父、钱崝泉等人在兰州组织挑水、理发工人成立了工会,创办了工人夜校。中共平凉特支成员冀明信组织平凉手工业工人建立了平凉总工会。1927年5月下旬,兰州地区相继建立了8个行业工会,在此基础上成立了兰州总工会,天水、高台、泾川、临洮等地也相继成立了工会组织。在工人运动兴起的同时,甘肃党组织积极发动农民群众开展农运活动。6月3日西固城农民协会成立,10日皋兰县七里河农民协会成立。在兰州地区农民运动的影响和推动下,天水、导河、泾川等县也纷纷建立了农会组织,开展了反对恶霸地主压迫剥削的斗争。中共兰州特别支部重视妇女工作,设立妇女部,编印《妇女之声》杂志宣传妇女解放,号召妇女团结,引导妇女冲破封建礼教束缚,积极投身拯救中华民族的革命行列。

以兰州初级女子师范学校为重点开展妇女运动，200多名师生中有一半以上走出校门参加各种社会活动，37人参加特支领导的青年社。

4.帮助国民党整顿和发展党务，动员各界支援国民军北伐

甘肃特别支部根据国共合作形势下中共中央关于国民军中工作方针的指示精神，以及中共北方区委和李大钊的安排，宣侠父、钱崝泉利用国民军第二师政治处党务特派员、甘肃督办公署政治处副处长的公开身份，主动帮助国民党甘肃省临时党部整理和发展党务，正式建立了国民党甘肃省党部和兰州市党部，积极开展活动，工作局面焕然一新，改变了国民党在甘肃的被动局面，使其在甘肃民众中的地位和影响力得到提升。这些共产党员努力宣传国共合作的大好形势，建立革命联合战线，动员各界群众积极参与反帝反封建的国民革命运动。经4个月的战斗，国民军消灭甘肃地方军阀势力，将甘肃开辟为后方根据地。"甘肃革命根据地得到巩固和发展，甘肃人民从人力、物力、财力等方面为北伐战争提供了坚实保障。1925年国民军第二师入甘时兵力只有万人左右，经过改编后，总兵力超过4万人，其中至少有3万人是甘肃子弟。1926年10月11日，中共《中央政治报告》记载，国民军入陕之初，总兵力10万人，甘肃部队约占半数。甘肃各地青年报名参军者甚众，源源不断的兵源补充使国民军联军由进入甘肃时的近万人迅速发展到数万人，而这数万人的粮秣供应基本上由甘肃人民承担。据《甘肃通志稿·财赋志》所录，"1926年至1928年甘肃财政收入历年递增，军费支出也成倍增加。北伐三年，甘肃的军费支出分别是1925年的1.96倍、2.94倍和5.88倍。总之，甘肃人民对北伐战争的胜利提供了源源不断的人力、物力和财力支持，为北伐战争做出了极大的贡献"①。

5.开展党的民族工作，支持甘南藏族群众反对封建军阀欺压的斗争

中共甘肃特支在受封建势力统治的民族地区大力宣传党的民族平等、

---

① 刘正平：《新视角下甘肃在中国革命进程中的历史地位》，《甘肃日报》2021年9月9日，第12版。

民族团结思想，支持、帮助少数民族反抗封建军阀的斗争。1918年，军阀西宁镇守使马麒派军队进入甘南，烧杀抢掠，横征暴敛，派兵强占了藏民族宗教、政治、文化的活动中心拉卜楞寺，激起当地藏族人民的强烈反抗。拉卜楞寺五世嘉木样及其父亲黄位中多次电告北洋政府及各方军政要员，但是均毫无结果。1925年初冬，五世嘉木样之兄黄正清，率领10人藏族代表团来到兰州控告马麒，宣侠父在督办公署政治处处长延国符处会见了黄正清一行，了解了拉卜楞事件的全部情况并向特支做了汇报。宣侠父从提高藏民族文化和觉悟入手，帮助黄正清等人于1926年春在兰州皖江会馆成立了"藏民文化促进会"，引导、帮助他们展开同马麒的斗争。8月，在宣侠父的建议帮助下，黄位中、五世嘉木样等民族宗教界上层人士召集了方圆400里内的230余名部落酋长、头人参加会议，商讨组建了"甘青藏民大同盟"。9月下旬，为争取社会舆论的同情和支持，宣侠父帮助黄正清起草了《甘边藏民泣诉国人书》，向全社会揭露和控诉马麒的暴行。1927年春，在宣侠父等人的帮助下，在国民党的压力和社会舆论的谴责下，马麒的代表和黄正清签订《解决拉卜楞案件条件》，在拉卜楞设立设治局，迫使马麒的军队从拉卜楞地区撤离，五世嘉木样返回拉卜楞寺。这场长达10年之久的甘南藏族人民反抗宁海军军阀的斗争在中共甘肃特支和宣侠父的竭力指导和帮助下，终于宣告胜利结束，开创了党的民族工作的先河，为党在甘肃这一多民族省份进一步开展民族工作积累了经验。

6. 坚持与国民党右派斗争，重视党对革命领导权的掌握

在北伐战争的影响和中共甘肃特支的努力下，兰州的革命热潮不断高涨，宣侠父、钱崝泉公开在各地发动群众，建立工会、农会、学生会、妇女会等组织，团结进步人士，领导革命斗争。这些活动引起了以田昆山为首的国民党甘肃右派势力的仇视和恐惧。他们利用其把持的国民党省临时党部的权力，反对孙中山的三大政策，封锁党部的经费和印信，阻挠和破坏共产党人的活动。对此，中共甘肃特支进行了针锋相对的斗争。1927年2月4日，在甘肃特支的精心组织下，张一悟、钱崝泉等联合国民党左派力量，借在兰州皖江会馆召开国民党员联谊会之机，揭露了国民党右派的真正面目，追缴了国民党省党部的印信，并当场进行民主选举，改组国民党甘肃省党部。大会采纳了大多数党员的建议和要求，当场选举国民党甘肃省党部执行委员会委员 9 人，其中 7 人为共产党员，使国民党甘肃省党部的领导权基本上掌握在共产党员和左派国民党员手中。[①]这些斗争保证了大革命时期兰州地区反帝反封建的革命运动始终处在中国共产党的领导之下，推动了党的"三大"精神和国民党一大的政策方针不断向前发展，坚决有力地打击了国民党右派分裂势力，鼓舞了甘肃人民群众的革命斗志，巩固和扩大了革命统一战线。

（四）大革命时期党在甘肃建立组织及开展活动的历史意义

中国共产党组织在甘肃的诞生和它所开展的各项活动，对甘肃的历史发展产生了深远的影响，具有重要的历史意义。

1. 鼓舞了甘肃人民反帝反封建的斗志

20 世纪初的甘肃，是一个封建势力强大、文化落后、信息闭塞、地处偏远的省份。中国共产党组织在甘肃的建立，成为甘肃新民主主义革命运动坚强的领导力量，掀开了甘肃革命斗争的新篇章。党组织通过宣传马克思主义和革命理论，大大提高了甘肃人民的觉醒意识，使灾难深重的甘肃人民有了可以信赖的组织者与领导者。党组织开展了发动群众、组织群众的工作，促进了甘肃工运、农运、青运、妇运的全面发展，鼓舞了甘肃人民反帝反封建的斗志，使人民群众在觉醒的基础上自觉地加入革命的行列之中，加快了甘肃全省人民革命斗争的前进步伐。[②]

2. 积蓄了党在甘肃开展革命工作的力量

中共甘肃特支在成立之初，利用国共合作的有利时机，在广泛宣传、

---

① 中共甘肃省委党史研究室：《艰辛的历程 永远的初心——甘肃党组织创建及其重大意义》，《甘肃日报》2021 年 1 月 20 日，第 5 版。

② 李荣珍：《大革命时期中共甘肃党组织的创建及重要历史意义》，《档案》2021 年第 2 期，第 34—40 页。

动员、组织群众的基础上，采取集体培训和个别教育相结合的办法，确定对象，培养进步骨干分子，秘密发展共产党员，加快党组织的建设步伐。同时在开展反帝反封建的革命活动中不断吸收和培养优秀青年加入中国共产党组织，这些进步青年有先进的理论武装，再加上先进组织共产党的领导，逐步成长为共产党开展革命工作的骨干分子，使党的组织得到发展壮大，为党的事业积蓄了革命力量。①

3. 对北伐战争的胜利作出了不可磨灭的贡献

国民革命军进入甘肃后，以省会兰州为中心，巩固了政治军事地位，特别是在随军到达的甘肃共产党员努力宣传国共合作的大好形势，建立革命联合战线，动员甘肃广大民众积极参与反帝反封建的国民革命运动，支持国民军的革命行动。在共产党员及其他政治工作人员的宣传鼓动下，甘肃人民从人力、物力、财力等方面为北伐战争提供了坚实保障。甘肃各地青年积极报名参军，省政府和各级地方政府积极筹措粮草、提供军需，各族各界人士积极响应政府号召，主动出钱出力，大力支援国民军联军进行北伐战争，使甘肃迅速成为国民军联军北伐的后方基地，为北伐战争的胜利作出了积极的重大贡献。

二、两当兵变

"两当起义"是第二次国内革命战争时期，在中共陕西省委直接领导下，由习仲勋等共产党人在西北地区策动并实施的一场重要的兵运斗争。因为兵变的地点位于甘肃两当县境内，故称"两当兵变"。两当兵变是一次具有重要的政治、军事意义的革命暴动，也是党在陕甘地区领导发动的新一轮武装起义的重要事件。

---

① 中共甘肃省委党史研究室：《艰辛的历程 永远的初心——甘肃党组织创建及其重大意义》，《甘肃日报》2021年1月20日，第5版。

(一) 两当兵变的经过

大革命失败后，党认识到开展武装斗争、创建人民军队的重要性。在 1927 年 8 月 7 日召开的"八七会议"上，中共中央总结了大革命失败的教训，确定了土地革命和武装反抗国民党反动派的总方针。按照八七会议精神，中共陕西省委从 10 月起，先后组织发动了清涧、渭华、旬邑等西北工农武装起义，但由于敌强我弱、指挥失误等主客观原因均遭到失败，从而导致中国共产党在西北影响、争取和掌握的武装力量基本损失殆尽。①

1928 年召开的党的六大对中国革命进行了总结，指出现阶段的中国仍是半殖民地半封建社会，中国革命依然是资产阶级性质的民主主义革命。在革命形势和党的任务问题上，明确了革命处于低潮，党的总路线是争取群众；党的中心工作不是千方百计地组织暴动，而是做艰苦的群众工作，积蓄力量。1930 年 2 月 26 日，中共中央在《目前的政治形势与党的中心策略》中指出："组织兵变是党在目前军阀继续战争中实现失败主义之中心的策略。现时党的一切兵运策略与兵士工作都要向着实现这一中心策略进行。"②

按照中央的指示，陕甘地区共产党人从实际出发，把开展兵运工作作为进行武装斗争的重要方式。从 1929 年至 1931 年夏，中共陕西省委先后派出刘志丹、谢子长、习仲勋等大批共产党员、共青团员打入驻西北地区的国民党军队，设法取得军职，在各部队中建立和发展党的组织，开展了艰苦卓绝的兵运工作，以图积蓄革命力量，待时机成熟时，适时发动兵变或暴动，把党所掌握的秘密武装逐步改造为公开武装，创造和壮大红军力量。在兵运工作成熟的基础上，1932 年 4 月 2 日，习仲勋、刘林圃等共产党人按照中共陕西省委指示领导了两当兵变③，点燃了甘肃武装革命的星

---

① 许瑞源：《再论两当兵变及其历史意义》，《军事历史研究》2014 年第 1 期，第 43—50 页。
② 中共陕西省委党史研究室编：《土地革命战争时期的中共陕西省委》，陕西人民出版社，1991 年，第 310 页。
③ 李荣珍：《两当兵变对创建陕甘红军的积极贡献》，《档案》2017 年第 4 期，第 24—29 页。

星之火，掀开了陕甘革命的新篇章。

1. 起义准备

从 1929 年开始，根据中央对陕西工作的指示，中共陕西省委（1929年 3 月至 1930 年 7 月为中共陕西临时省委）提出，开展土地革命和武装斗争的重点工作是组织政治罢工、组织地方暴动、组织兵变、扩大红军，要求有计划地派得力同志到"反革命"军队中去，发动士兵的日常斗争，进行有组织的兵变，总的目标是把我党所掌握的秘密武装逐步改造为公开武装，壮大红军力量。

1930 年 2 月 6 日，习仲勋根据中共武字区组织的指示，利用关系打入长武县的反冯（玉祥）地方武装毕梅轩部王德修支队开展兵运工作，后王德修部被收编为陕西骑兵第 3 旅第 2 团第 2 营。习仲勋利用与该部支队长王德修是同乡、同学关系，暂留该支队活动。按照中共陕西省委的指示，随后到该支队二连任见习官。通过秘密发展党员，建立党的组织，联系和团结广大士兵，开展兵运工作。

1931 年 5 月，国民党陕西骑兵第 3 旅 2 团 2 营改编为陕西警备第 3 旅 2 团 1 营，并移驻凤翔县进行集中整训。按照中共陕西省委要求，习仲勋等人经过努力，在该部二营发展党员 30 余人，建立了士兵支部，成立了营党委会，习仲勋担任营党委书记。11 月，该部奉命到达凤县，在两当、成县一带与川军作战。战后，该团一营驻扎在凤县，其中营部和一连、机枪连驻扎在凤县县城凤州，二连驻扎在凤县双石铺，三连驻扎在甘肃两当县。其间，习仲勋以特务长身份为掩护，通过宣传教育启发士兵觉悟，通过个人言行关心士兵疾苦，通过整顿军纪掌握部队，不断发展党员、建立党组织，增强了党组织的凝聚力和号召力。以习仲勋为书记的营党委和各连支部组织健全，经常开展党的活动，起到了掌握和控制全营的中枢作用。同时，积极了解和掌握凤县情况，结识进步人士，建立秘密集会地点。1932年年初，习仲勋与凤州城模范国民小学教师刘尚志等 4 人义结金兰，并拍照纪念。随后，习仲勋以刘尚志家为秘密集会点，经常召开地下党员会议、研究工作，开展兵运活动；还以打猎、游玩作掩护，经常在凤州城外的南岐山、猴石山和张果老洞等地集会，交流情况，布置工作，在思想上和组织上为实施兵变奠定了基础。

2. 主要经过

中共陕西省委对该部兵运工作十分重视。1931 年秋冬，国民党陕西警备第 3 旅第 2 团第 1 营驻防陕西彬县、凤翔期间，中共陕西省委先后派省委委员焦维炽、省委军委书记李杰夫等先后到该部与党的地下组织讨论起义问题，提出一营立即举行兵变，拉出队伍奔赴苏区。习仲勋等人在分析内外部情况后，认为条件尚不成熟，因而没有采纳和执行发动兵变的意见。但是一营党组织的活动，引起了该部上层军官的注意。该团团长曹润华对王德修及其下属军官不信任，采取"掺沙子"的办法，逐步更换了连级军官。1932 年年初，曹润华计划把第 1 营与驻守甘肃徽县的第 2 营换防，调往甘肃省的徽县、成县一带。由于国民党陕西警备第 3 旅第 2 团第 1 营大部分士兵是陕西乾县、礼泉人，本不愿意在寒冬腊月间连鞋子、袜子都不够穿的情况下移防到远离家乡的陕甘边界山区凤县、两当。现在还要被调到路途更远条件更为艰苦的徽县、成县去。消息传出后，士兵人心惶惶，情绪激动。

在这种形势下，担任营党委书记的习仲勋召集党委会商议对策。他认为，党组织基本可以控制部队，士兵觉悟提高，向往光明；特别是换防消息传出后，士兵出现强烈对抗情绪；1 营驻地远离团部，周围驻军又少。营党委经研究，认为兵变时机已经成熟，决定在该营换防途中，到达两当后发动兵变，拉出革命武装。会议派刘书林、张克勤到西安向省委汇报。省委同意举行起义，并指示起义后，将部队拉到旬邑与中国工农红军陕甘游击队刘志丹部汇合。随后，省委派秘书长刘林圃为特派员、张克勤为向导赶赴凤县。刘林圃到凤县后，直接到了 2 连驻地双石铺与习仲勋等人见面。习仲勋主持召开了营党委会议，刘林圃宣布省委决定，习仲勋等人表示坚决执行省委决定，并议定了起义行动方案、行军路线等具体事宜。

3月底，曹润华下达换防命令，要求1营2营4月1日开始行动。1日早，王德修带领1连、机枪连随营部从凤州出发，途经双石铺；2连随营主力一起向两当进发。当日黄昏，部队行至甘肃两当县城与3连汇合后宿营。晚9时左右，刘林圃、习仲勋、李特生在两当县城北街的一个骡马店主持召开营党委扩大会议，全营担任排长职务的党员干部参加。习仲勋向大家介绍了刘林圃，并讲了开会的意图。刘林圃以省委特派员身份宣布了省委关于举行起义的决定，并对起义做了具体安排。营党委会决定，当晚12点举行起义，行动结束后在北门外集结、统一撤离。

4月2日凌晨，在习仲勋、刘林圃等指挥下，参加兵变的起义官兵击毙了顽抗的反动军官和敌对分子，解除了反动势力的武装。随后，参加兵变的官兵按计划同时行动，该营3个连和机枪连部分士兵300多人到县城北门外集合，趁天未亮时撤离两当，沿广香河向太阳寺方向前进。当日晨，兵变部队到达两当县太阳寺，营党委召开大会，宣布参加兵变的部队改编为"中国工农红军陕甘游击队第五支队"，许天杰为支队长，刘林圃为政委，习仲勋为队委书记。红军陕甘游击队第5支队开始出发，向陕甘边革命根据地方向进发，经过天水利桥镇、宝鸡县、千阳县、麟游县、灵台县、永寿县，一路上多次与国民党军队和反动民团武装相遇，发生激烈战斗，部队兵力损失严重。部队到达陕西永寿县岳御寺山村驻扎时，被当地大土匪王结子的武装包围，部队虽然进行了顽强抵抗，但没能冲出重围，被敌人打散，原定与刘志丹领导的陕甘红军会合的计划未能实现。①

（二）两当兵变的历史意义②

两当兵变是中国共产党在甘肃领导的一次有组织、有步骤、有目的的武装斗争，在西北革命军事斗争史上有着重要的历史地位。

1.高举了陕甘武装起义的旗帜，为党壮大革命武装积累了宝贵经验

大革命时期，西北革命运动有了很大的发展，但由于党在政治上思想

① 李荣珍：《两当兵变对创建陕甘红军的积极贡献》，《档案》2017年第4期，第24—29页。
② 王全春："两当兵变"的重要历史和现实意义》，《光明日报》2022年7月20日，第11版。

上还不成熟，后来遭受了严重损失。在严峻的形势下，中共陕西省委按照党中央指示精神，将"组织兵变，扩大红军"作为当时革命斗争的"中心策略"，陆续"调派得力同志到中心部队中去，发动兵士的日常斗争，进行有组织的兵变"。1930年年初，习仲勋同志成为这一批委以重任的"得力同志"之一，被派赴国民党西北军开展兵运工作。习仲勋同志没有辜负党组织的重托，此后两年间，他在国民党军中采取稳健而讲求实效的做法，积极开展革命活动，秘密发展党的组织，"党员发展到三十多个，在二营的各连建立了支部"，使这支部队的主要力量掌握在党的手中，为两当兵变打下了坚实基础，最终成功将3个连300多名士兵改造成革命武装。更为重要的是，习仲勋同志在这两年间，"进行了一段比较完整的兵运工作，其方针是比较正确的"，这为我们党在革命处于低潮、缺乏兵运成功经验的局面下，实现"变敌人的武装为革命的武装"的目标，作出了极具开创性的宝贵探索，积累了行之有效的宝贵经验。两当兵变是继太白起义之后甘肃发动的又一起重要武装起义，自此后党在甘肃领导的武装斗争风起云涌，陆续爆发了泾川兵变、静远兵变、巉口兵变、西华池起义、天水兵变等十余次武装兵变，"使革命的星星之火，逐渐燃遍了陕甘"。

2. 配合了陕甘革命斗争大局，为陕甘边革命根据地的创建作出了重要贡献

两当兵变不是孤立的、单纯的一次兵变，而是与陕甘边革命根据地创建、与中国革命大局密切相关的，"具有重要的政治、军事意义的革命暴动"。两当兵变发动之时，全国革命形势正发生着重大变化，特别是西北地区的革命斗争，已进入了创建工农红军和革命根据地的崭新阶段。习仲勋同志领导的兵运工作，自始至终都是在密切配合革命斗争大局一步步开展的。兵变队伍改编为中国工农红军陕甘游击队第5支队，一开始就确定了开赴陕甘边地区，与刘志丹同志率领的陕甘游击队会合的行军方向。习仲勋同志等指挥部队行军数百里，作战十余次，极大震慑了国民党当局，成功牵制了敌人的有生力量，有力配合了陕甘边革命斗争。更为重要的是，两当兵变的经验教训促使习仲勋同志对一系列重大革命问题进行深入思考，认为兵运工作要与农民运动相结合，武装起义要依托革命根据地才会走向成功，这也是刘志丹、谢子长同志等西北共产党人的共识。他们坚定接受毛泽东同志"工农武装割据"思想，"走到哪里就把建立革命根据地的道理讲到哪里"，从而成功开辟了陕甘边革命根据地，最终与陕北革命根据地连成一片，建立了陕甘革命根据地，为中国革命作出了不朽的贡献。

3. 锻炼了革命队伍，为党的革命事业培养了一批优秀骨干

作为两当兵变的主要领导者，习仲勋同志从事兵运工作的两年是他革命生涯的重要开端。这段经历极大丰富了他的革命经验，锻炼了他的军事才能，增强了他的组织才干。有战友曾这样回忆当时的习仲勋同志："他虽只有十八九岁，但显而易见比较成熟；外貌文静，内里火热，谈吐清雅，谋略过人，是我党一位年轻有为的好干部。"以两当兵变为起点，习仲勋同志开始经受武装斗争血与火的考验，由一名从事学生运动的革命青年、普通党员，逐渐成长为我党、我军卓越的政治工作领导人。习仲勋同志是陕甘边革命根据地的主要创建者和领导者之一，21 岁就当选为陕甘边区苏维埃政府主席，32 岁担任中共中央西北局书记，46 岁成为党和国家领导人，为党和人民的事业建立了卓越功勋。参与领导兵变的刘林圃、李特生、吕剑人等同志，后来也成长为陕甘红军和革命根据地的重要军政骨干，有的还成为党的高级干部。参加兵变的一批战士后来辗转找到红军队伍，为革命事业继续流血奋斗。两当兵变为党造就了一批政治、军事人才，特别是为后来创建陕甘红军第 26 军、第 27 军和陕甘边革命根据地培养了一批优秀革命者，这是两当兵变重要的历史贡献。

4. 播下了红色的火种，为西北地区党组织的建立和发展培育了必要基础

万事开头难，两当兵变作为土地革命战争时期，我们党在驻甘肃国民党部队中最早发动的一次武装兵变，难就难在当时不论是士兵还是当地群众，对党都缺少了解、缺乏认同，革命的思想基础和社会基础还不牢固。习仲勋同志对此不仅有着清醒的认识，更有着可贵的担当。他坚决顶住当

时省委派出的几位负责同志不顾条件发动兵变的要求，从耐心细致的思想工作和群众工作入手，积蓄力量，等待时机，直至唤起广大士兵脱离旧营垒、投身革命的觉悟和决心。习仲勋同志高度重视同驻地群众搞好关系，坚决杜绝侵害群众利益的事情发生，要求党员带头并教育士兵不打骂群众，不抢劫老百姓东西，平时还帮助农民收种庄稼，维持地方治安。因驻地回民较多，习仲勋同志特别要求部队注意尊重民族习惯。当地群众切身感受到这支队伍的与众不同，为兵运工作乃至党在当地的一系列革命活动，培育了良好的社会环境，奠定了扎实群众基础。此后，党领导的红军队伍多次经过两当、经过凤县，一大批陕甘儿女加入红军、投身革命，陕甘两地党的组织也在艰苦的地下斗争中不断发展，成为党在西北地区的重要力量。这样的成绩，正是建立在习仲勋同志组织领导的两当兵变等一系列革命斗争所奠定的社会基础之上的。

三、甘肃早期革命代表人物①

在轰轰烈烈的大革命中，在甘肃的共产党员广泛发动群众，积极宣传革命理论，参加革命活动，推动了大革命运动在甘肃的发展，为党的革命事业作出了自己的贡献。

张一悟（1895—1951 年），甘肃榆中人，1918 年进入北京大学预科班学习。五四运动中，积极参加反对北洋军阀的革命斗争，接触了《新青年》《向导》等进步书刊。后经李大钊介绍到湖北武昌高等师范学校学习，在恽代英的影响和帮助下，张一悟对马克思主义的信仰日趋形成。1922 年，他毕业后返回兰州，先后在省立一中、兰州女子师范学校任国文、历史教员，积极宣传马克思主义。1924 年加入中国共产党。入党后在兰州地区积极开展革命活动，宣传介绍马克思主义，号召青年"关心时政，振兴中华"，走革命道路。中共甘肃特支成立后，张一悟积极开展宣传革命思想、秘密发

---

① 中共甘肃省委党史研究室：《播革命火种　唤陇原觉醒——早期甘肃党组织和代表人物》，《甘肃日报》2021 年 12 月 2 日，第 11 版。

展党员、教育引导妇女解放等革命工作。大革命失败后，1927 年 11 月，张一悟在兰州五泉山嘛呢寺召开 30 多名共产党员参加的紧急会议，决定立即疏散党员，转入秘密工作。此后，他离开兰州，辗转陕西、上海、北京、山东等地，从事革命活动。新中国成立后，任甘肃省人民委员会委员、甘肃省人民政府监察委员会委员、甘肃省人民政府委员等职。1951 年 1 月，在兰州病逝。

宣侠父（1899—1938 年），浙江诸暨人，1923 年加入中国共产党。1924 年考入黄埔军校，成为第一期学员，因与校长蒋介石意见相左愤而离校。1925 年，以国民党党员的身份，到冯玉祥国民军中开展政治工作。同年 10 月，随国民军第 1 军第 2 师入甘。在甘肃期间，宣侠父全力支持甘南拉卜楞寺藏族群众反对军阀马麒的正义斗争，迫使马麒退出拉卜楞寺，拉卜楞寺事件得以解决。大革命失败后，宣侠父在国民党军队中从事兵运工作。1938 年被国民党当局暗杀于西安。

钱崝泉（1895—1928 年），江苏江阴人，1925 年加入中国共产党。同年 10 月，随国民军第 1 军第 2 师到达甘肃兰州。他和宣侠父等人利用公开身份和工作之便，在部队中开办图书馆、俱乐部、训练班，广泛宣传教育，争取进步官兵走向革命；同时在社会上公开宣传三民主义，设立国民军讲堂，讲解国民革命的意义。1927 年 2 月，皖江会馆事件后，钱崝泉被捕，获营救后返回江苏从事革命活动。1928 年 11 月在江阴被杀害。

胡廷珍（1902—1933 年），甘肃导河（今临夏市）人，在北京朝阳大学学习期间，与甘肃旅京学生积极参加李大钊领导的反帝反封建斗争。1924 年加入中国共产党。1927 年 3 月，受中共陕甘区委指示到甘肃开展革命工作。6 月，离开兰州，辗转陕西西安、河南灵宝、湖北武汉等地。8月，秘密返回临夏。面对白色恐怖，胡廷珍毫不畏惧，白天隐蔽，夜晚活动，秘密串联，准备恢复党组织，发动回、汉群众进行武装斗争。1928 年 8 月，为暂时躲避反动当局的疯狂搜捕，胡廷珍化名王文，装扮成和尚或者商人，活动在甘肃永靖、永登和青海保安等地，向群众宣传革命道理。

1930 年，在知悉中共陕西省委遭到严重破坏后，为接上党的联系，决定前往新疆去苏联。1933 年在新疆被害。

王孝锡（1903—1928 年），甘肃宁县人，五四运动后，在进步思想的影响下，开始走向了革命的道路。1924 年考入西安国立西北大学，结识了魏野畴等共产党人。1925 年暑假，他利用返乡的时机，在家乡太昌镇建立了大革命期间甘肃省第一个农村进步青年组织——青年社。1926 年加入中国共产党。1927 年到达兰州后，组织学生、青年成立了兰州青年社并任社长。同年 8 月，王孝锡秘密建立了甘肃省第一个农村党支部——中共彬（陕西彬县）宁（甘肃宁县）支部，并任支部书记。中共彬宁支部以宁县为中心，向彬县等周边地区发展。1928 年，参加陕西旬邑起义失败后，返回宁县组织成立中共太昌临时区委。同年 11 月，被国民党陕甘青"剿匪"总司令部逮捕，在狱中遭受国民党军警多次严刑审讯，始终坚贞不屈，表现了一个共产党员视死如归的英雄气概。12 月，敌人将王孝锡杀害于兰州安定门外。行刑时，王孝锡奋力高呼"中国共产党万岁！""共产党精神不死！"等口号，慷慨就义。

保至善（1902—1928 年），甘肃崇信人，1924 年 3 月考入西安国立西北大学，积极参加学生运动并接受了马克思主义。1926 年加入中国共产党。1927 年，保至善到达兰州后，利用担任国民党甘肃省党部农工部部长的有利条件，积极开展工农运动，深入工厂、作坊和田间地头，向工人、农民宣讲革命道理，号召工农群众组织起来。5 月下旬，兰州地区相继组建了机器、邮务、电报、印刷、方志、水夫、理发、厨师 8 个行业工会，在此基础上成立了兰州地区总工会，保至善担任主席。7 月，在西安被捕，1928 年春在郑州英勇就义。

任鼎昌（1899—1929 年），甘肃宁县人，在北京大学求学期间，开始接触马克思主义学说，积极参加进步活动。1924 年年初，转入西安国立西北大学读书，开始投身革命活动。1925 年，与王孝锡一起创建了青年社，发展社员 30 多名，为宁县地方培育了一批革命力量。1926 年加入中国共产党。1928 年 2 月，受王孝锡委派，前往平凉恢复和开展党的工作。他以平凉师范教师身份为掩护，积极向学生传授马克思主义思想，加强与平凉秘密党组织、团员和进步人士的联系，使中共平凉特支的工作重新恢复起来，并担任中共平凉特支书记。4 月，被反动当局逮捕后解往兰州。在狱中，面对敌人的酷刑拷打，任鼎昌至死不屈，严守党的机密。1929 年 10 月，任鼎昌病逝于狱中。

在甘肃这片红色的土地上，早期从事革命斗争和活动的共产党员，还有葛霁云、王陶、秦仪贞、李果、韩芝惠、谈仲瑜、冯玉洁、何其亨、杨和鑫、阎可选、焦亚男、黄绍南、姜屏周、胡宪之、窦香菊、李予、丁益三等。

第三讲　红色南梁矗丰碑

南梁，是位于陕西、甘肃两省交界的梢山之中的一个小村镇，在土地革命战争时期，以刘志丹、谢子长、习仲勋等为代表的中国共产党人，以南梁为中心创建了拥有 20 多个县级红色政权的陕甘边革命根据地，建立了陕甘边区苏维埃政府，并铸就了伟大的南梁精神。从此，南梁红旗不倒，丰碑不朽，精神永辉。

一、陕甘边革命根据地的创建与发展历程

陕甘边革命根据地地处甘肃和陕西交界地区，是 20 世纪 30 年代初，在中共陕西省委、中共陕甘边区特委领导下，陕甘红军和人民群众，经过艰苦的武装斗争创建的革命根据地，是陕甘共产党人在甘肃、陕西边境地区成功创建的一块红色苏区。陕甘边根据地在全国革命根据地中，具有罕见的流动性，并在流动中不断壮大。1936 年，毛泽东在《中国革命战争的战略问题》一文指出："革命根据地只有乡村和小城市。其区域开始是非常之小，后来也并不很大。而且根据地是流动不定的；红军没有真正巩固的根据地。""作战线的不固定，影响到根据地领土的不固定。时大时小时缩时伸是经常的，此起彼落也往往发生。这种领土的流动性，完全是来源于战争的流动性。"①这一对根据地流动性的论述，在陕甘边根据地体现得十分典型，集中体现在流动时间长、流动幅度大。具体来说：陕甘边根据地的创建历时 6 年之久，并经历了以寺村塬、照金和南梁为活动中心的 3 个发展阶段，其中寺村塬、南梁两个阶段在甘肃境内，照金阶段在

---

① 《毛泽东选集》(第 1 卷)，人民出版社，1991 年，第 190、229 页。

陕西境内。陕甘边革命根据地是土地革命战争后期全国硕果仅存的革命根据地。

（一）以寺村塬为中心的陕甘边革命根据地时期

陕甘边革命根据地的创立是一个非常艰苦和复杂的过程。以寺村塬为中心的时期是革命根据地的初创时期。1932 年 2 月 15 日，根据陕西省委的指示，陕甘游击队南下陕西渭北一带开展游击战争，执行创建革命根据地的任务。3 月中旬，陕甘游击队根据中共陕西省委确定的游击战争纲领，以正宁县寺村塬为中心发动和组织群众，积极开辟陕甘边革命根据地。20 日，陕甘游击队来到寺村塬，开始了创建革命根据地的斗争。在发动群众的基础上，陕甘游击队将农民自发组织的"民团"改编为赤卫军，成立了赤卫军总指挥部。22 日，召开了有寺村塬一带 72 个村镇的五六百名农民代表参加的大会，宣布成立陕甘边区革命委员会（因地名的惯用，又被称为"寺村塬革命委员会"），李杰夫任主席，张静元任副主席。陕甘边第一个红色政权由此诞生，开创了陇东建立红色政权的有益尝试。寺村塬革命委员会成立后，积极开展土地革命斗争，发动组织群众打土豪、分田地，没收地主的粮食、牛羊及财产，然后分配给贫苦农民，镇压了恶霸豪绅。

4 月 13 日，谢子长率领陕甘游击队发起了第二次攻打山河城的战斗，在当地赤卫军和群众的配合和支援下，击溃敌 1 个骑兵营的增援部队，但缺乏攻城经验，连攻两日未克，第二次攻打山河城的战斗失利。中旬，陕甘游击队南下奇袭旬邑县城获胜，攻克县城，俘敌 300 余人，缴枪 400 余支，子弹万余发。8 月，寺村塬游击根据地因敌人的"围剿"和"左"倾错误的干扰而失败。

（二）以照金为中心的陕甘边革命根据地时期

以照金为中心的陕甘边革命根据地，是根据地的发展时期。根据中共中央指示，陕西省委决定创建陕甘边根据地，成立红 26 军。1932 年 9 月中旬，陕甘游击队袭击陕西耀县照金镇，歼敌 400 余人，游击队在照金组织群众打土豪分粮食，拉开了以照金为中心的陕甘边革命根据地发展的序幕。12 月 24 日，陕甘游击队在陕西省宜君县转角镇组建中国工农红军第26 军（第 2 团）。26 日，红 26 军挥师东进，和渭北游击队一起，结合渭北群众革命斗争，以耀县照金为中心，在周围各县开展游击活动，打击国民党地方武装，发展了陕甘边根据地。

渭北游击队和渭北群众的革命斗争，是在中共渭北地区党组织领导下，以渭北苏区的创建为依托进行的。1931 年 5 月，中共武字区委恢复后，在各村建立赤卫队的基础上，组建了区游击大队，领导群众进行抗粮抗税斗争。1932 年 7 月恢复中共三原县委，8 月成立了渭北游击队，9 月成立了渭北革命委员会，10 月成立了中共渭北特委，在三原、富平、耀县、淳化、泾阳 5 县交界的广大地区，发动农民群众建立农会和地方武装，打土豪分粮食，摧毁地主豪绅、国民党反动统治，基本形成了以三原的武字区、心字区为中心的渭北苏区。渭北苏区东西横 30 公里，南北纵 25 公里，总面积约 750 平方公里，人口 4 万多。从 11 月起，渭北苏区遭到国民党反动派的多次"围剿"，许多党员、团员和革命群众英勇牺牲。12 月，中共陕北省委决定撤销渭北地委，成立三原中心县委，领导渭北苏区的恢复工作，并领导渭北游击队配合红 26 军在照金等地作战。在敌人三面"围剿"之下，1933 年 3 月渭北苏区失陷。由渭北游击队第 1 大队改编的红 26 军第 4 团也被迫撤离三原武、心两区，北上转移到照金。

3 月 8 日，中共陕甘边区特委在照金成立。中旬，成立陕甘边区游击队总指挥部。4 月 5 日，陕甘边第一次工农兵代表大会在耀县照金土儿梁（坪）召开，陕甘边区革命委员会宣告成立。雇农周冬至被选为主席，习仲勋被选为副主席兼党团书记。革命委员会下设土地、肃反、粮食、经济等委员会，还颁布了各种法令。驻地薛家寨。基本上形成了以照金为中心，横跨耀县、淳化、旬邑等县边界的陕甘边根据地，先后建立了一批区、乡、村革命委员会。根据地面积达到 2000 平方公里。陕甘边区特委归中共陕西省委领导。7 月，中共陕西省委被国民党当局破坏，陕甘边区特委在与省委联系中断的情况下，独立领导了创建陕甘边根据地的斗争。8月，在照金陈家坡召开的中共陕甘特委扩大会议上，决定把红四团、耀县游击队和西北民众抗日义勇军组建为陕甘边区红军临时总指挥部。会议还制定了集中主力红军深入陕甘边地区打击消灭敌人，积小胜为大胜的方针，并派人整顿省委组织。这些决定在当时对军事斗争和党的建设都具有积极意义。10月，薛家寨失守后，照金苏区被敌人占领，边区主要领导成员转移到南梁地区开展活动。陕甘边革命根据地在以照金为中心期间，注意发动群众，争取广大农民群众的支持，建立革命政权，在建设根据地方面取得了很大成绩，为以后的根据地建设积累了经验。

在照金革命根据地的开辟和建设上，习仲勋更深刻地体会到了坚持实事求是的工作态度和作风对根据地建设和发展的重要意义。习仲勋说："照金根据地是西北第一次在山区建立根据地的尝试，是红二十六军的立足点和出发点。它发展和保存了红军主力，使西北革命过渡到一个新的阶段。照金失守后，下层党的组织没有遭到破坏，游击队也没有受到损失。到了冬天，淳化、耀县一带的游击运动大大的发展了起来。同时成立了平子游击队。这一切使我们领会到了只有建立根据地，把党和红军与群众进一步联系起来，即使严重局面到来，我们也有站脚的地方和回旋的余地。从而使我们进一步领会了根据地的重要性和它对中国革命的重大意义。"①

（三）以南梁为中心的陕甘边革命根据地时期

以南梁为中心的陕甘边革命根据地，是根据地的鼎盛时期。照金革命根据地失陷后，怎样坚持陕甘边武装斗争，成为陕甘边根据地领导人考虑的头等大事。1933年11月3日至5日，在合水县包家寨，陕甘边特委、红军临时总指挥部召开联席会议，会议在认真总结寺村塬游击根据地和照金根据地失败的经验教训的基础上，讨论了部队改编、根据地重建和今后行动方针问题，并且"会议作出了三项重要决策：恢复红二十六军，成立

---

① 《习仲勋在陕甘宁边区》编委会编：《习仲勋在陕甘边区》，中国文史出版社，2009年，第69页。

第四十二师；以子午岭桥山中段的南梁为中心，创建陕甘边革命根据地；建立陕北、陇东、关中三路游击区，成立三路游击区指挥部。包家寨会议正确制定了陕甘边区革命发展的新的战略和策略方针，推动了陕甘边革命根据地进入大发展时期"[①]。

中旬，中共陕甘边区特委和红42师党委派张策、习仲勋等到南梁地区开展群众工作，实行土地革命。1934年2月，红42师党委在南梁小河沟四合台村召开群众大会，陕甘边区革命委员会再次成立，选举习仲勋为主席。党的基层组织和农民联合会、贫民团、雇农工会及农民武装游击队迅速发展，并配合红42师粉碎国民党军队对以南梁为中心的陕甘苏区发动的第一次"围剿"。5月28日，红42师党委决定恢复中共陕甘边区特委。同时，决定成立陕甘边区革命军事委员会。陕甘边根据地不断扩大，在张秀山、惠子俊、蔡子伟、强家珍、马仰西等人的工作下，开辟了庆北新苏区。9月，中共陕甘边特委将第三路游击区划为陕甘边南区。11月，中共陕甘边南区党委和陕甘边南区革命委员会宣告成立。

11月1日至6日，在南梁荔园堡召开了陕甘边区工农兵代表大会，选举产生陕甘边区党政军领导成员。7日，陕甘边区苏维埃政府（也称"南梁政府"）成立大会在荔园堡召开，宣告陕甘边区苏维埃政府、陕甘边区革命军事委员会、陕甘边区赤卫军总指挥部成立。习仲勋当选为苏维埃政府主席，刘志丹为军委主席。陕甘边区苏维埃政府下设土地、劳动、财政、粮食、文化、工农监察、肃反、妇女等委员会和政治保卫大队，土地委员长李生华、劳动委员长张钦贤、财政委员长杨玉亭、粮食委员长呼志禄、文化委员长蔡子伟（兼）、工农监察委员长惠子俊、肃反委员长郝文明、妇女委员长高敏（女）。陕甘边区苏维埃政府成立初期，辖华池、赤安、庆北、新宁、新正、安塞、赤淳、合水、富西、富甘、中宜等18个县的县、乡、村各级苏维埃政权。

---

① 杨元忠、李荣珍：《陕甘边革命根据地历史问题研究》，中共党史出版社，2013年，第13页。

　　以南梁为中心的陕甘边革命根据地形成后，在中共陕甘边区特委的领导下，陕甘边区苏维埃政府制定了"十大政策"，实行土地革命，开设集市，发行货币，建立列宁小学，成立陕甘边区红军干部学校，开展统一战线工作，进行经济、文化、军事等方面的建设，根据地出现了欣欣向荣的景象。

　　1935年2月5日，中共陕甘边区特委和陕北特委在陕西赤源县周家硷召开联席会议。会议作出重要决定：成立中共西北工作委员会（简称西北工委）和西北革命军事委员会（简称西北军委），西北工委书记惠子俊，西北军委主席刘志丹。中共西北工委和西北军委对陕甘边、陕北两个苏区的党、政、军组织实行统一领导。随后成立前敌总指挥部，刘志丹任总指挥，高岗任政委。在刘志丹指挥下，根据地军民连续奋战5个多月，粉碎了国民党军队对陕甘边、陕北革命根据地的第二次"围剿"，安定、延长、延川、安塞、靖边、保安6座县城相继获得解放。第二次反"围剿"斗争取得完全胜利，陕甘边和陕北两块苏区连在一起，形成了更广区域的陕甘革命根据地（又称西北革命根据地）。这一时段，中央根据地等南方根据地反"围剿"相继失利，各路红军陆续开始长征，屹立在西北高原上的陕甘革命根据地成为土地革命战争后期全国"硕果仅存"的革命根据地。正如习仲勋所说："陕甘边党组织、红军战士和人民群众，经历了长期而残酷的反革命'围剿'和来自党内'左'右倾路线的干扰，历遭险阻，几经起伏，终于如同红日一样驱散乌云，使胜利的曙光照亮陕甘高原的山山水水，把苏维埃的种子传播到革命形势比较落后的中国西部，成为王明'左'倾机会主义路线失败后硕果仅存的一块根据地。"[①]

　　二、陕甘边革命根据地的历史定位："两点一存"

　　2019年8月，习近平总书记视察甘肃时指出，"我2009年来甘肃的

---

①　习仲勋：《历史的回顾》（《陕甘边革命根据地》，中共党史出版社，1997年，第1页）。

时候，总结其为'两点一存'，就是陕甘革命根据地为党中央和各路长征红军提供了落脚点，为后来八路军主力奔赴抗日前线提供了出发点，成为土地革命战争后期全国硕果仅存的完整革命根据地"。陕甘边革命根据地在土地革命战争后期，由陕甘边根据地发展而成的更广区域的陕甘革命根据地为长征中的党中央和各路长征红军提供了落脚点，从此，这里就成为党中央领导中国革命的大本营。全民族抗战爆发后，这里又成为红军改编为八路军，奔赴抗日前线的出发点，陕甘边革命根据地在中国革命的历程中具有举足轻重的历史地位。

（一）党中央和各路长征红军的落脚点

1935 年 9 月，中国工农红军第 25 军长征进入陕甘革命根据地。经陇东的镇原、西峰、庆城、合水、华池到达陕西延川永坪镇，与红 26 军、红 27 军会师。17 日，在中共中央北方局派驻西北代表团的主持下，召开由中共西北工委、中共鄂豫陕省委和红 25 军、26 军、27 军主要领导干部参加的联席会议，决定撤销中共西北工委和中共鄂豫陕省委，成立中共陕甘晋省委，朱理治为书记，郭洪涛为副书记；改组军事领导机构，聂洪钧任西北军委主席，戴季英为参谋长；成立红 15 军团，下辖第 75 师（由红 25 军改编），第 78 师（由红 26 军改编），第 81 师（由红 27 军改编）。红 15 军团共 7000 余人，军团长由徐海东担任，程子华为军团政治委员，副军团长兼参谋长刘志丹、政治部主任高岗、副主任郭述申。在隶属关系上，中共陕甘晋省委隶属中央北方局，管辖陕甘苏区的 26 个县（工）委。同时成立陕甘晋省苏维埃政府筹备委员会，先后辖陕甘边区苏维埃政府、陕北苏维埃政府、陕甘边南区苏维埃政府、陕甘边东区革命委员会及 30 余个县级苏维埃政权。

红 15 军团成立后，在陕甘革命根据地第三次反"围剿"斗争的初期，取得劳山战役、榆林桥战役的重大胜利。

1935 年 9—10 月，"左"倾教条主义的执行者在陕甘革命根据地实行错误"肃反"，刘志丹、习仲勋等一大批党政军领导干部被关押，错杀的干部群众 200 余人，根据地面临严重危机。10 月 19 日，经过二万五千里长征跋涉的党中央率领中央红军到达陕甘革命根据地，得知陕甘苏区正在进行错误肃反，立即纠正，将刘志丹等关押干部释放。在毛泽东亲自指挥下，彻底粉碎了国民党对陕甘革命根据地的第三次"围剿"，使陕甘革命根据地转危为安。11 月初，"中共中央决定撤销陕甘晋省以及中共陕甘晋省委、西北革命军事委员会和陕甘晋省苏维埃政府筹备委员会，设立中共西北中央局、中华苏维埃人民共和国中央政府西北办事处（简称"西北办事处"）和新的西北军委；成立陕甘省委（书记朱理治）、陕北省委（书记郭洪涛）和中共关中、神府、三边三个特委，隶属中共西北中央局领导。中共陕甘边区特委和陕甘边区苏维埃政府也即行取消，原辖区内各级组织划归陕甘省委、省苏维埃政府（王生玉、朱开铨先后任主席）领导"。

1936 年 5 月，根据党中央决定，红一方面军组成西方野战军进行西征，随着西征的胜利，陕甘苏区扩大为陕甘宁革命根据地。为配合西征，中央决定成立陕甘宁省委（书记李富春），将新区划分为 13 个县，建立县委和县苏维埃政权。截至 1937 年 7 月，中共陕甘宁省委在甘肃境内辖有中共华池、赤庆、环县、曲子、合水、庆阳、定环、镇原、驿马关 9 个县（工）委，近 3000 名党员。

10 月，红军一、二、四方面军在甘肃静（宁）、会（宁）地区胜利会师。11 月，在周恩来、任弼时、彭德怀、刘伯承等直接指挥下，三大主力红军在环县山城堡地区全歼国民党嫡系第 78 师 1 个整旅又 1 个团，粉碎了国民党军队对陕甘宁根据地的进攻。山城堡战役的胜利成为西安事变爆发的重要因素。以陕甘边为基础形成的陕甘宁革命根据地成为各路红军结束长征的落脚点。

（二）红军出师敌后抗日的出发点

西安事变和平解决后，红军第 1 军团、第 15 军团、援西军、中央教导师、陕甘宁独立师等主力部队相继进驻陇东、关中、陕北各地，在根据地及周边地区开展抗日救亡运动，建立健全党的组织，进行部队的整训，提高了红军的战斗力。1937年七七事变后，全民族抗战爆发，蒋介石被迫同意国共两党合作，将红军改编为八路军。8月22日，国民政府军事委员会宣布红军主力改编为国民革命军第八路军（简称八路军）。25日，中共中央军委发布命令，宣布红军主力改编为国民革命军第八路军，成立八路军总指挥部，任命朱德为总指挥、彭德怀为副总指挥，叶剑英为参谋长、左权为副参谋长，任弼时任八路军政治部主任，邓小平为副主任。命令发布后，红军各部队改编为八路军，先后从陇东、关中等地出发，奔赴敌后抗日战场。

（三）全国硕果仅存的革命根据地

作为土地革命战争后期成为全国"硕果仅存"的一块革命根据地，陕甘边革命根据地的历史地位、作用彪炳千秋。

20世纪30年代中期，在南方大部分革命根据地相继丧失的情况下，以南梁为中心的陕甘边革命根据地却成功创建并发展迅速，这就为中国革命的重心由南方向北方转移、战略布局开始新的构建创造了重要条件。党中央落脚陕甘革命根据地后，这里成为党中央领导中国革命的"大本营"。陕甘革命根据地在中国革命史上发挥的重要而特殊的作用是显而易见的：其一，陕甘边革命根据地的创建与发展，标志着中国共产党领导的武装革命在西北的成功，为"硕果仅存"的根据地打下坚实基础。其二，陕甘边根据地的成功创建，是毛泽东"工农武装割据"思想在陕甘地区的创造性运用和具体实践。其三，陕甘边革命根据地的创建之所以成功，是因为陕甘共产党人创造了"梢林"中的马列主义，开启了马克思主义中国化在陕甘红色区域的具体实践，为"硕果仅存"的根据地的存在与发展提供了正确的思想保证。其四，以刘志丹、谢子长、习仲勋为代表的陕甘边革命根据地领导人，能够自觉抵制"左"倾思想的影响，坚持了一切从实际出发的思想路线。其五，陕甘边根据地运用党的统一战线政策，在井冈山道路的指引下，因地制宜，灵活地创造了陕甘边根据地武装斗争的特殊形式。其六，以陕甘边根据地为基础形成的陕甘宁边区，成为党指挥抗日战争的

重要政治中心和领导敌后抗日的战略后方。

三、伟大的南梁精神

南梁精神是土地革命战争时期马克思主义中国化在西北地区成功实践的结晶，是刘志丹、谢子长、习仲勋等人在创建革命根据地的斗争实践中形成的党性修养、斗争精神、革命意志和宝贵品格。南梁精神是我们党重要的革命精神之一。习近平同志曾经指出，南梁精神是"我们党在长期奋斗历程中形成的优良传统和革命精神，是一笔宝贵的精神财富和丰厚的政治资源"①。

（一）南梁精神产生和形成的历史条件

特殊的时代产生特殊的实践，特殊的实践孕育特殊的成果。南梁精神形成的历史条件和深刻的社会基础，主要有如下三点：

1. 特殊的自然条件、落后的经济文化和恶劣的斗争环境，是南梁精神产生和形成的客观条件

陕甘边区位于甘肃、陕西交界的子午岭山脉中段的边陲地区，地形复杂，沟壑纵横，山川塬交错。从军事角度看，进可攻，退可守，回旋余地大。这里距离敌人重兵驻守的兰州、西安、银川等中心城市较远，反动统治势力比较薄弱，在由北洋军阀统治向国民党新军阀统治的演变过程中，新老军阀的政权更替造成了在一定时间内的权力"真空"。因此，在这里开展革命斗争，既可迅速发展，又可以影响陕甘宁三省的广大地区。这里恶霸地主、反动民团和地方小军阀众多，对民众进行野蛮统治，广大人民群众生活在水深火热之中，他们具有强烈的翻身求解放的愿望，易于发动和组织。这里交通不便，经济文化极其落后，封闭式的自给自足的自然经济占主导地位，生产力水平极其低下，有些地方还停留在"杵臼时代"。这里既没有现代化的工业，也没有固定的商业网点，只有为数不多的集市。另

---

① 徐京跃:《习近平在甘肃强调:弘扬党的优良传统和革命精神》,新华社兰州 2009 年 6 月 11 日电。

外，从当时的客观形势来看，陕甘边区革命斗争是在白色势力的四周包围境况下进行的。加之在创建以南梁为中心的陕甘边革命根据地的斗争中，中共陕西省委遭敌破坏，南方革命根据地大部丧失，红军相继踏上了长征路，一度与党中央中断了联系。严峻的斗争形势、残酷的斗争环境锻炼了革命者敢闯各种艰难险阻的新的精神风貌。这种特殊的现实环境，锤炼着陕甘边区党和红军的信仰、胆略、气概和毅力。要求他们必须战胜艰难险阻，磨炼意志，自强不息，不屈不挠，把马克思主义基本原理同陕甘边区的实际结合起来，从实际出发，实事求是、独立自主地解决革命斗争中遇到的各种实际问题，进而形成自己独特的革命风貌。

2. 光荣的革命传统，深厚的群众基础，是南梁精神产生和形成的内在条件

陕甘边区虽然地处偏僻，经济文化落后，但这里群众基础深厚，有着光荣的革命传统。自古以来，这一地区的人民无数次地参加反抗残暴统治者的起义行动，骁勇善战、反抗压迫的民风传统对于陕甘边区军民有着潜移默化的影响，使其易于接受中国共产党的革命思想；而疾恶如仇的文化秉性，又孕育了铲除不平的思想种子。早在1927年，中国共产党在西北的早期革命活动家王孝锡就在甘肃宁县组织青年社，秘密发展党员，建立了甘肃第一个农村党组织——中共邠宁支部，不久又建立了中共太昌临时区委，开始了唤起民众的革命活动。1927年"清涧起义"、1928年"渭华起义"失败后，刘志丹、谢子长等共产党人于1930年年初辗转来到陕甘交界的庆阳，开展"兵运"活动。1930年10月，刘志丹成功领导"太白起义"，打响甘肃境内武装反抗国民党反动派的第一枪。在此基础上，刘志丹等人组建了南梁游击队，拉开了陕甘边区游击战争的序幕。这支武装后来发展为西北反帝同盟军、中国工农红军陕甘游击队、中国工农红军第26军，成为西北地区中国共产党领导的第一支有正规番号的工农革命武装。在开展武装斗争的同时，陕甘边区党和红军创建了正宁寺村塬、耀县照金为中心的陕甘边革命根据地。在遭到失败后，逐渐摆脱"左"倾错误路线干扰，制定正确的路线和策略，选择以华池南梁为中心创建陕甘边革命根据地。1934 年 11 月，正式成立以习仲勋为主席的陕甘边区苏维埃政府。以南梁为中心的陕甘边革命根据地后来与陕北革命根据地连成一片，成为土地革命战争后期全国"硕果仅存"的革命根据地。党中央到达陕甘革命根据地后，党领导陕甘边区人民群众，积极配合主力部队作战，开展广泛的群众游击战争，建立了不朽的功勋，特别是西征战役和山城堡战役期间，边区人民踊跃支前，为战役的胜利作出了贡献。深厚的群众基础和光荣的革命传统是陕甘边革命根据地开创和发展的先决条件，也是形成南梁精神的基础和政治保证。

3. 以刘志丹、谢子长、习仲勋为代表的中国共产党人的正确领导，是南梁精神产生和形成的主观条件

在开辟以南梁为中心的陕甘边革命根据地的峥嵘岁月里，刘志丹、谢子长、习仲勋等党和红军领导人坚持从实际出发，艰苦探索，把马克思主义普遍原理同当时、当地的实际结合起来，制定出符合陕甘边区革命斗争实际的正确路线、方针和政策。照金革命根据地丧失后，1933 年 8 月，陕甘边特委军委书记兼团特委书记习仲勋抱病主持召开陈家坡会议，会议批判了分散活动、不打红旗的错误思想，统一了认识和行动，制定了不打大仗打小仗，积小胜为大胜，集中主力，广泛开展游击战争，深入开展群众工作的战略方针。陈家坡会议是一次重要的会议，会议自觉运用毛泽东工农武装割据理论，结合陕甘边实际，及时纠正"左"倾教条主义错误路线，制定正确的战略方针，为陕甘边区革命形势的好转起到了重要推动作用。11 月，根据刘志丹的建议，陕甘边特委和红军临时总指挥部主持召开包家寨会议，排除"左"倾错误路线干扰，总结了以往的斗争经验和教训，恢复红 26 军，成立 42 师，创造性提出"狡兔三窟"的根据地建设策略。包家寨会议是在陕甘边革命斗争危急时刻召开的又一次非常重要的会议。这次会议确定了开辟以南梁为中心的陕甘边革命根据地的重大决策，是陕甘边区武装斗争由失败走向胜利的重要转折点。在红军处于危难的时刻，刘志丹、习仲勋等党和红军领导人，自觉寻找适合陕甘边实际的革命路线，保证了陕甘边区工农武装割据斗争在实事求是的方针指引下进入了大发展时期，挽救了党和西北红军，为陕甘边区革命斗争的胜利奠定了思想基础。同时，在革命处于低潮、革命势力弱小的艰苦环境中，锻炼了广大党员和干部，提高了他们的政治觉悟和马克思主义水平，并培育了联系群众、调查研究、实事求是、自力更生、艰苦奋斗等革命精神和优良作风，保证了正确的政治方向，也为南梁精神的产生和形成提供了主观条件。1943年4月23日延安《解放日报》对刘志丹作出准确评价，也是对陕甘边区领导集体和广大军民革命斗争实际的最好诠释。

（二）南梁精神的提出与形成

1. 南梁精神的提出

南梁精神，最早见于陕甘边革命根据地的革命元勋们在为南梁革命纪念馆的题词中。1984年，曾任陕甘边区苏维埃政府主席的习仲勋为南梁所在地的华池县题词："发扬南梁精神，再展华池宏图。"1985年，曾任陕甘边特委书记的张秀山为南梁革命纪念馆题词："创建南梁革命根据地的英雄业绩和革命精神永放光芒！先烈们永垂不朽。"1985年，曾任陕甘边区苏维埃政府秘书长的蔡子伟题词："南梁革命精神与桥山共存与日月同辉。"1985年，曾任陕甘边区苏维埃政府军委主席的刘景范题词："学习先烈的艰苦奋斗英勇牺牲精神，发展陕甘革命根据地的经济与文化。"1985年，曾任陕甘边东区党委书记兼苏维埃政府主席，第六、七届全国政协原副主席马文瑞题词："发扬南梁革命传统，争取更大光荣。"1985年，曾任中共关中特委党委书记兼司令部司令员、第六届全国政协原副主席汪锋题词："继承革命英烈精神，积极建设有中国特色的社会主义。"

2000年，习仲勋夫人齐心同志专程来到南梁看望老区人民，并为列宁小学捐资兴建了一幢教学楼，取名景文楼，习仲勋亲笔题写了楼名。曾在南梁革命根据地长大的刘志丹的女儿刘力贞对南梁梦牵魂绕，在弥留之际向去看望她的甘肃同志表达出想再去南梁看望乡亲们的愿望。谢子长的儿子谢绍明等革命老前辈的子女，也不忘父辈的嘱托，多次赴南梁感悟岁月留痕。2009 年，时任中共中央政治局常委、中央书记处书记、国家副主席习近平在视察南梁时指出："大力传承南梁精神，使其发扬光大"，这些愿望和重要指示，对于进一步加强南梁红色文化资源的保护开发，弘扬和践行南梁精神具有重要的意义和价值。

2. 南梁精神的形成

南梁精神是在马克思主义与以南梁为中心的陕甘边革命根据地创建和发展的伟大实践中逐渐形成的，其形成过程可以分为孕育、萌芽、雏形、发展、成熟 5 个阶段。

第一阶段为孕育阶段，主要标志是受陕甘地域文化蕴含精神的影响，以及马克思主义在陕甘地区的传播和中共陕甘早期组织的创建。陕甘是华夏文明的重要发祥地之一，炎黄文化的凝聚精神、周文化的礼让精神、秦文化的统一精神、汉文化的开拓精神、唐文化的开放包容精神以及明末陕北农民起义中的反抗精神等[①]，对南梁精神的孕育和形成产生了深远的影响。马克思主义在陕甘地区的传播以及中共陕甘早期组织的创建，为南梁精神的孕育奠定了基础。刘志丹、谢子长、习仲勋等共产党人在南梁进行的早期革命运动孕育了南梁精神。南梁精神中折射出的共产党人的精神品质，不但是对陕甘地域文化中精神实质的传承延续与升华，更是中华民族精神的集中体现。

第二阶段为萌芽阶段，其标志是大革命失败后，以刘志丹、谢子长、习仲勋为代表的共产党人为坚持革命，在陕甘地区先后策划发动了大小 70多次武装起义。尽管这些武装起义都遭到失败，但面对着一次次失败挫折和敌人疯狂追剿捕杀，他们始终不改革命初衷，丝毫没有动摇退缩，他们在斗争中表现出了共产党人矢志不渝的坚定信念。刘志丹曾说："干革命不能怕失败，失败了再干嘛。"[②]谢子长说："失败是成功之母，一次不成

---

① 秦开风：《陕西地域文化与中华文化复兴研究》，《西安财经学院学报》2013 年 9 月第 5 期。
② 习仲勋：《群众领袖民族英雄》，《人民日报》1979 年 10 月 16 日。

再来一次，最后胜利总是我们的。"①

第三阶段为雏形阶段，其显著标志是寺村塬革命根据地的建立。在这个阶段中，以刘志丹、谢子长、习仲勋为代表的共产党人，坚持从陕甘边革命斗争的实际出发，创造性地提出和实施了红、白、灰"三色"建军原则，创建了党领导下的革命武装，在开展游击战争中探索创建了寺村塬革命根据地。南梁精神开始初具雏形。

第四阶段是发展阶段，以照金革命根据地的建立为其标志。以刘志丹、谢子长、习仲勋为代表的共产党人，在革命斗争实践中把毛泽东工农武装割据思想与在陕甘地区创建革命根据地的实际结合起来，总结了建立寺村塬根据地失败的经验教训，在坚持开展武装斗争和土地革命斗争的基础上创建了照金革命根据地。南梁精神进入发展阶段。

第五阶段是成熟阶段，其标志为陕甘边区苏维埃政府的建立和"十大政策"的制定与实施。以刘志丹、谢子长、习仲勋为代表的共产党人在这一时期，不断克服"左"倾教条主义、冒险主义等错误干扰和影响，创造性地提出和实施了具有南梁特色的"狡兔三窟""梢林主义"等创建根据地的思想，建立了以南梁为中心的陕甘边革命根据地，成立了陕甘边区苏维埃政府，制定和实施了以"十大政策"为主要内容的一系列政策法令，促进了南梁革命根据地的发展壮大，走出了一条具有南梁特色的革命根据地创建道路。这一阶段南梁精神得到成熟和升华。

（三）南梁精神的丰富内涵

南梁精神博大精深，是若干起义、兵运斗争和根据地建设凝聚而成的红色基因、精神养分和宝贵财富，有着丰富的内涵。

1. 面向群众、忠诚为民的奋斗精神

南梁政府和陕甘红军的根本宗旨是一心为民、执政为民，始终把坚持领导人民群众建立工农苏维埃民主政权、争取和维护人民群众的根本利益

---

① 李振民、张守宪、梁星亮、董建中：《谢子长传略》，《西北大学学报》1980 年第 4 期。

作为奋斗目标。在根据地的创建和发展中，刘志丹、谢子长、习仲勋等领导人始终坚持和人民群众打成一片，与人民群众建立了血肉联系，以对人民群众的无限忠诚和无私服务，赢得了广大人民群众的衷心拥护和坚决支持。他们坚定不移地走群众路线，选举群众代表参与政府工作，参加政权建设和社会事务管理，真正维护了人民群众的利益和权益。他们作为陕甘红军和南梁苏维埃政府的主要创始人，从来不以部队首长和政府主席自居，始终把自己看作红军部队和苏维埃政府中的普通一员，群众和战士们也视他们如亲人。毛泽东到达陕甘根据地后，非常赞赏陕甘根据地面向群众开展工作的做法，他说："我们刚到陕北，仅了解一些情况。但我看到人民群众的政治觉悟很高，懂得许多革命道理。陕北红军的战斗力很强，苏维埃政权能够巩固地坚持下来，我相信创造这块根据地的同志们是党的好干部。"① 他称刘志丹是"群众领袖，民族英雄"，称谢子长是"民族英雄""虽死犹生"，称习仲勋"从群众中走出来的群众领袖"。"江山就是人民，人民就是江山。"南梁根据地党和红军、苏维埃政府一心为民的英勇奋斗和执政为民的无私奉献，赢得了人民群众的衷心拥护和坚决支持。人民群众不仅积极投身于革命斗争，倾力支持红军和苏维埃政权，而且不惜用鲜血与生命保卫党和红军、红色政权和革命成果。1934 年 5 月，在华池南梁阎家洼子，为保守红军和苏维埃的秘密，42 名苏维埃干部和群众被国民党反动派残酷杀害，其中 6 人被铡刀铡死，其余人员全部被活埋。他们在生死关头宁死不屈、顽强斗争、可歌可泣的悲壮事迹，是党和南梁革命根据地人民群众血浓于水、血肉联系的真实写照。

2. 坚守信念、百折不挠的进取精神

在创建南梁革命根据地的斗争中，刘志丹、谢子长、习仲勋等领导人屡经挫折和失败，并且多次遭到"左"倾错误执行者排挤打击，降职撤职，甚至在错误肃反中被逮捕关押，但他们丝毫没有动摇对革命的理想操守，

---

① 王首道：《中央为刘志丹平反》(《刘志丹纪念文集》编委会编：《刘志丹纪念文集》，军事科学出版社，2003 年，第 407 页)。

以坚定的信念不惧失败挫折，以百折不挠的精神愈战愈勇。朱德在延安纪念刘志丹时满怀深情地说："刘志丹从大革命起直到为党牺牲，均在各种不同的环境下，以不同方式组织革命军队，虽屡经失败，但他百折不回，至死不变，垮了再来，再垮再来，这种精神和毅力是建军的基本条件。"①谢子长、习仲勋等领导人和南梁苏区广大军民也经受住了考验。谢子长一家先后有 17 人投身革命，9 人为革命献出了生命，但他坚定地说："共产党是杀不完的！"在错误肃反中，"习仲勋在关押期间，有人偷偷向他暗示，可以帮助他逃跑。习仲勋只回答了四个字：'为党尽忠！'"②，表现出革命英雄主义气概和对党的事业的无比忠诚。正是因为理想信念坚定，革命先辈才会在复杂的局势面前，方向明确，立场坚定，形成正确的判断，作出正确的决策；正是因为理想信念坚定，革命先辈才始终以党和祖国利益为重，从人民利益出发，正确处理个人利益和党的利益的关系；正是因为理想信念坚定，革命先辈才会面对困难、挫折甚至冤屈，从未灰心丧气，革命斗志愈见旺盛。

3. 立党为公、顾全大局的奉献精神

在艰苦的革命斗争中，刘志丹、谢子长、习仲勋等领导人不仅具有高度的党性原则，而且具有顾全大局的团结精神。他们胸怀博大，忍辱负重，严于律己，襟怀坦荡，尽一切努力维护部队的团结，维护党和红军的团结，使南梁革命根据地得以创建和发展。为支援陕北建立革命根据地和开展反"围剿"斗争，南梁革命根据地在十分艰难的情况下抽调部分武器、经费以及派出红 26 军主力部队，支援陕北。在 1935 年错误肃反中，当刘志丹得知逮捕自己的密令，为避免党和红军内部的分裂，他不顾个人安危，毅然前往瓦窑堡说明情况，被关押后面对被枪毙、活埋的危险，他告诫狱中的同志说"我们死也不能说假话，黑云总遮不住太阳"③。习仲勋在错误肃

---

① 中共陕西省委党史研究室、中共延安地委党史研究室编：《刘志丹》，陕西人民出版社，1993 年，第119 页。
② 崔晓民等：《习仲勋的故事》，陕西人民出版社，2009 年，第 33 页。
③ 习仲勋：《群众领袖　民族英雄》，《人民日报》1979 年 10 月 16 日。

反中本来是有机会躲过此难，但他拒绝走，为保护同志选择留下来，表现出一个共产党员对党忠诚、顾全大局的政治本色。在错误肃反中，刘志丹被党中央营救获释后，他仍然以高度的党性原则顾全革命大局，从容面对不公正的待遇，告诫那些蒙受冤屈的同志说："中央来了，今后一切事情都好办了。"①劝大家把过去的事情不要放在心上，要相信党中央和毛主席会解决好的。正是靠这种品格，南梁革命根据地才具有强大的凝聚力、向心力和战斗力，才经受住了种种严峻考验，并一步一步发展壮大。

4. 求实开拓、敢为人先的首创精神

南梁革命根据地是在中国革命处于低潮时期开始创建和发展的。刘志丹、谢子长、习仲勋等领导人，坚持把党的革命理论同创建南梁革命根据地的斗争实践结合起来，按照客观条件制定政策，独立处理革命重大问题，在建立革命武装、创建根据地、开展游击战争、实行统一战线、加强党的建设等各个方面都有创新性的发展，敢于走前人没有走过的路，敢于做别人没有做过的事。在建立根据地上，刘志丹明确提出："要到敌人统治最薄弱的地区建立根据地。根据地要建立几处，使革命武装有回旋的余地。"②习仲勋提出："'梢林主义'是创建农村革命根据地的马克思主义。我们把苏区称作为'梢林'，这是碰钉子碰出来的。"③为此，他们形成了以南梁为中心的陕甘边革命根据地"狡兔三窟"的发展战略，并使根据地一步步走向繁荣发展，成功地探索出了红军发展和革命根据地创建的"陕甘模式"。

习仲勋曾深刻地指出："南梁革命根据地建立和形成的历史，创建和发展的规律，就是坚持开展武装斗争，其最根本的原因"就是以马列主义、

---

① 习仲勋：《群众领袖　民族英雄》，《人民日报》1979 年 10 月 16 日。

② 马锡五：《1930—1932 年的革命活动》（中共陕西省委党史研究室、中共延安地委党史研究室编：《刘志丹》，陕西人民出版社，1993 年，第 325 页）。

③ 习仲勋：《历史的回顾（代序）》（中共陕西省委党史研究室、中共甘肃省委党史研究室编：《陕甘边革命根据地》，中共党史出版社，1999 年，第 3 页）。

毛泽东思想为指导，坚持走井冈山的道路。"①"当时，绝大多数同志是团结在刘志丹领导的正确路线下，进行了英勇的胜利的斗争。"②以刘志丹、谢子长、习仲勋为代表的正确领导，实质上是坚持党的实事求是路线的正确领导。

"这个人能实事求是，是一个活的马克思主义者。"③这是毛泽东对习仲勋的评价。南梁革命根据地之所以从无到有、从小到大、从弱到强，与刘志丹、谢子长、习仲勋等领导人坚持学习马克思主义，运用马克思主义，结合当地实际发展马克思主义的求真、求实、求是的崇高品质是分不开的。

以上四个方面，是一个有机整体，相互联系，相辅相成，内在统一，缺一不可。如果没有南梁精神的指引和支撑，就没有陕甘革命根据地的创建和发展，也就没有"硕果仅存"。

（四）弘扬南梁精神的现实意义

陕甘边根据地革命斗争的硝烟已经散去，但是陕甘边根据地革命斗争的精神在今天仍然闪耀着灿烂的光芒。以南梁精神为代表的陕甘边区革命精神，已成为重要的党史文化资源，南梁精神对于社会转型时期的道德建设以及社会主义核心价值观建设，具有不可替代的借鉴和指导作用。

第一，弘扬南梁精神，就是要坚持党的正确领导，坚定理想信念，不断推进马克思主义中国化，为实现中华民族的伟大复兴而努力奋斗。在创建陕甘边革命根据地和陕甘边区苏维埃政府的伟大实践中，陕甘边区的党和红军坚信马克思主义"是领导革命走向胜利的科学"④，始终坚持以马克思主义为理论依据，注意总结和汲取"左"倾教条主义错误给陕甘边区革命带来的严重损失和危害，坚持党的正确领导，坚持从陕甘边根据地的实际情况出发，走农村包围城市、武装夺取政权的道路。探索出了具有陕

① 《习仲勋传》编委会编：《习仲勋传》（上卷），中央文献出版社，2008 年，第 218 页。

② 《习仲勋文选》编委会编：《习仲勋文选》，中央文献出版社，1995 年，第 166 页。

③ 刘婉婷、刘金：《习仲勋：让毛泽东五次盛赞的人》，《党史纵横》2010 年第 10 期。

④ 《毛泽东选集》（第 3 卷），人民出版社，1991 年，第 820 页。

甘边区特色的"狡兔三窟"根据地建设理论、"三色革命"统一战线理论和流动中作战的军事斗争策略，这是马克思主义中国化在陕甘边区的具体体现，也是南梁精神形成和发展的基础。党的十八大报告指出："对马克思主义的信仰，对社会主义和共产主义的信念，是共产党人的政治灵魂，是共产党人经受住任何考验的精神支柱。""抓好党性教育这个核心，学习党的历史，深刻认识党的两个历史问题决议总结的经验教训，弘扬党的优良传统和作风，教育引导党员、干部牢固树立正确的世界观、权力观、事业观，坚定政治立场，明辨大是大非。"在新的历史条件下，国际国内意识形态领域的斗争，很多问题都涉及我们党的历史。境外敌对势力为实施"西化""分化"图谋，往往利用歪曲和诋毁我们党的历史来制造思想混乱。历史的教训告诉我们，欲亡其党，必先灭其史；欲兴其党，也必先兴其史。这就迫切需要我们从巩固党的执政地位的高度，加大文化建设的力度；迫切需要我们从巩固马克思主义在意识形态领域的指导地位的高度，教育干部群众正确认识和对待党的历史；迫切需要我们从建设社会主义核心价值体系的高度，在引导干部群众对党的历史文化的认同中更好地凝聚人心，巩固全党全国各族人民团结奋斗的共同思想基础。因此，弘扬南梁精神，就是要排除各种错误思潮的干扰，坚定中国特色社会主义的理想信念，毫不动摇地高举中国特色社会主义伟大旗帜，为中华民族伟大复兴作出积极贡献。

第二，弘扬南梁精神，就是要牢固树立和增强大局意识，正确认识大局、把握大局、维护大局、服务大局，全面推进中国特色社会主义建设事业。以党的利益为重，始终顾全大局、忍辱负重，在维护大局中建设和发展根据地是陕甘边根据地之所以会"硕果仅存"的一条最根本的经验，也是南梁精神的核心。我们党作为中国工人阶级的先锋队、中国人民和中华民族的先锋队，是中国最广大人民群众根本利益的忠实代表、中国特色社会主义事业的领导核心。我们党要领导 14 亿人民在新的历史起点上把中国特色社会主义伟大事业全面推向前进，不仅需要有一个坚强有力的中央领导集体，而且需要有千千万万识大局、讲大局、顾大局、卓有成效工作的领导干部。没有这样一支宏大的干部队伍，就难以凝聚起亿万人民的力量，解决错综复杂的矛盾，从而把我们的伟大事业推向前进。

古人云："不谋万世者，不足谋一时；不谋全局者，不足谋一域。"每一个党员领导干部所从事的工作，都是党和国家整个事业的组成部分。弘扬南梁精神，就是要教育广大党员干部识大体、顾大局，把党、国家和人民整体利益放在第一位。党员领导干部都要胸中有大局，摆正位置，处理好局部和全局的关系，做好本地区本部门的工作。而且，领导干部要重视当前发展，更要考虑长远发展，不能只顾当前，牺牲长远。一方面要继续把各方面的积极性引导好、保护好、发挥好，促进经济平稳较快协调发展；另一方面要着眼长远，居安思危、未雨绸缪，全面贯彻落实新发展理念，树立正确的政绩观，切忌盲目追求增长速度，片面依靠增加投资拉动经济增长。

第三，弘扬南梁精神，就是要坚定不移地坚持全心全意为人民服务的根本宗旨，坚持以人民为中心的发展思想，永远保持与人民群众的血肉联系。南梁革命根据地时期，陕甘边区党和政府坚决维护和发展最广大人民群众的根本利益，依靠对人民事业的绝对忠诚和全心全意的服务，从经济、政治、文化等方面给人民群众带来实实在在的利益，赢得人民群众真心诚意的拥护和全力以赴的支持。这是以南梁为中心的陕甘边根据地立于不败之地的力量源泉和根本保证。

目前，我国改革和发展进入关键时期，同时也是矛盾凸显期、多发期。我们既面临经济体制深刻变革、社会结构深刻变动、利益格局深刻调整、思想观念深刻变化所带来的深层次矛盾和困难，也面临着如何抑制和缩小不断扩大的收入差距、地区差距、城乡差距，切实解决广大群众就医、就业、上学、住房、社保、收入增长缓慢和城镇化过程中人口流动无序、失地人口剧增等直接关系群众切身利益的实际困难。2012年11月17日，习近平在十八届中共中央政治局第一次集体学习时讲话指出："密切党群、干群关系，保持同人民群众的血肉联系，始终是我们党立于不败之地的根基。一个政党，一个政权，其前途和命运最终取决于人心向背。如果我们脱离群众、失去人民拥护和支持，最终也会走向失败。"密切联系群众是我党最大的政治优势，而脱离群众则是执政党最大的危险。弘扬南梁精神，就是要坚持人民利益高于一切的原则，切实解决事关国计民生的困难，认真处理好改革开放和安定团结的关系，真正保持同人民群众的血肉联系。各级领导干部必须时刻牢记党和人民的重托，树立正确的事业观、政绩观和群众观，做到权为民所用、情为民所系、利为民所谋。始终把群众利益放在行使权力的最高位置，把群众满意作为行使权力的根本标准，始终与人民群众同呼吸、共命运、心连心，始终带着感情、带着责任做群众工作，实现好、维护好、发展好群众的利益，以实际行动增进群众对党和政府的信任。

第四，弘扬南梁精神，就是要增强淡泊名利、不畏艰险、不怕牺牲的奉献意识，加强党的作风建设及党员干部的自身建设，永葆党的先进性。在创建陕甘边革命根据地的伟大实践中，正是依靠不畏艰险、不怕牺牲的奉献精神，党领导陕甘边区军民粉碎了国民党反动派的多次军事"围剿"，建立了陕甘边区苏维埃政府，也培育了光芒四射的南梁精神。无私奉献的南梁精神是我们党的性质和宗旨的具体表现。《党章》强调："中国共产党党员必须全心全意为人民服务，不惜牺牲个人的一切，为实现共产主义奋斗终身。"这种坚定的马克思主义理想信念，对党和人民事业的无比忠诚，是中国共产党人奉献精神的灵魂，也是中国共产党领导中国革命事业战胜各种困难最终取得伟大胜利的力量源泉。弘扬南梁精神，就是要教育广大党员干部牢固树立马克思主义的世界观、人生观、价值观，切实维护党的观念和党性修养。解决好"为谁掌权、为谁用权、如何用权"的问题，用南梁精神来认真改造自己的主观世界，提高思想境界和道德修养，做到常修为政之德、常思贪欲之害、常怀律己之心，始终站在人民的立场上想问题、办事情，真正做到为人民掌好权，为人民用好权。弘扬南梁精神，就是要注意发挥共产党员特别是党的领导干部的模范带头作用，引导和带动群众发扬无私奉献精神，常怀为民之心、常思益民之策、常兴富民之举、常办利民之事，做到平时看得出来，关键时刻站得出来，危难时刻豁得出去。弘扬南梁精神，就是要教育党员正确处理发展市场经济与坚持党性原则的关系，不断增强党员干部拒腐防变和抵御各种风险的能力，始终保持共产党员的高尚情操与革命气节，耐得住清贫，经得住诱惑，管得住小节。堂堂正正做人，清清白白做事。

第四讲 红军长征在甘肃

　　"长征"在中国共产党及其领导下的人民军队的历史上，是一个有着特定含义的专有名词。它是指中国工农红军第一方面军（又称中央红军）、第二方面军、第四方面军、第25军，于1934年秋至1936年10月间先后进行的大规模战略转移。红一方面军长征历时1年，长驱25000余里，纵横11个省，平均每天行军70里；红二方面军长征历时1年，行程2万余里，转战8个省；红四方面军长征历时19个月，曲折转战4个省，转战万余里；红25军长征历时10个月，途经4个省，转战近万里。在长达两年的时间里，四路红军以一往无前的英雄气概，灵活机动的战略战术，在物资供给极度贫乏的情况下，仅凭两只脚，抢险飞渡、斩关夺隘，打破了国民党上百万军队和大量飞机大炮的围追堵截，战胜了自然界数不清的困苦艰险，历经14个省，累计行程65000余里，与强敌进行重要战役战斗600余次，其中师以上规模战斗120余次，终于会师陕甘，挺进抗日前线，取得了长征的伟大胜利。红军用自己钢铁般的意志，创造了人类历史上的奇迹，是世界军事史上的伟大壮举，矗立起中国革命史上的永恒丰碑。

一、甘肃在红军长征中的重要地位和作用

　　2019年8月，习近平总书记在甘肃考察时指出："甘肃是一片红色土地，在中国革命历史进程中发挥了不可替代的重要作用。"①甘肃是红军长征经过地域最广、时间较长、过境部队最多的省份，各路红军征战历时长达两年半，途经40余县。中共中央政治局在俄界、哈达铺和榜罗镇召开了

---

① 习近平：《论中国共产党历史》，中央文献出版社，2021年，第256页。

重要会议。1936年10月，红军一、二、四三个方面军在甘肃静宁、会宁地区实现了规模最大、影响最广、意义最深远的会师。红军在甘肃进行了泾川四坡村战斗、腊子口战役、西征战役、岷州西固战役、成徽两康战役、山城堡战役等大规模战役战斗。红西路军在河西走廊的浴血奋战，书写了人民军队战史上惨烈而悲壮的一页。红军在甘肃境内建立了中共甘肃省工委和甘陕川省委及地委、县委、区委共18个，建立了甘肃省苏维埃政府及21个县、170多个区乡苏维埃政权。红军播下的革命火种，点燃了革命斗争的燎原烈火，对以后甘肃革命斗争的发展产生了深远的影响，中共中央在这里作出重要决策，选择陕甘革命根据地作为落脚点，并以此作为领导中国革命的大本营，开创出中国革命的新局面。红军长征在甘肃的历程在整个长征史上占有非常重要的地位和作用。

（一）确定红军长征"落脚点"的决策之地

长征途中，长期处于无后方作战状态的党中央曾召开多次会议，先后确定湘西、黔北、川西、云贵川、川西作为落脚点，但综合地理环境、群众基础、敌情等因素均未能实现。"落脚点"决策是党中央亟待解决的问题，经历了多次抉择和大变更。1935年6月，红一、红四方面军在四川懋功会师后，党中央接连召开两河口会议、沙窝会议和毛儿盖会议，明确了"北上抗日"的基本纲领和"创造川陕甘革命根据地"的战略目标。"……中共的西走川陕，或许只不过是另一种形式的剑走偏锋。"①但红四方面军领导人张国焘拒绝北上，坚持南下川康。因此，红军落脚点的确定已由单一选择演变为任务叠加，既要符合红军先行北上的方向，也要利于党中央与党内错误倾向的斗争。最终，红军"落脚陕甘"的战略目标是党中央和中央红军入甘后，结合全国革命形势发展的良好势头和根据地建立的具体条件而确定的。

确定红军长征"落脚点"，主要是通过几次重要的会议，最后确定了红

---

① 黄道炫：《张力与限界——中央苏区的革命（1933—1934）》，社会科学文献出版社，2011年，第5页。

军落脚陕甘的决定。俄界会议，坚持北上方针，这一新的北上战略任务是基于对北上红军现有力量的客观估量及革命既有条件的科学把握作出的决定，为"落脚陕甘"的最终决策奠定基础。哈达铺会议，决定北上陕甘，改变了党中央在川西北和俄界会议上提出的方针，进一步指明了前进的方向。榜罗镇会议，确定落脚陕甘，正确决断中国革命发展方向，指明革命前途走向，解决了始终困扰党中央和红军的长征战略目的地问题。"从俄界会议到榜罗镇会议，这是继遵义会议以后，进一步把长征初期消极被动的战略退却，变成了奔赴抗日前线的积极伟大的战略进军，而成为红军长征在甘肃境内发生的具有深远历史意义的最重大的历史事件。"①俄界会议、哈达铺会议、榜罗镇会议承前启后，使落脚点的决策层层递进，愈加清晰；使坚持北上抗日的方针一以贯之，将"北上会师"与"前线抗日"通盘深思，为处于危急关头的中国革命树立了"航标"。"落脚陕甘"的战略方针给中国革命今后"向何处去"以明确答案，推动中国革命由低谷走向高潮，进而取得新的伟大胜利，也成为红军得以重新振作、发展壮大的关键。

（二）确保红军由分裂走向团结的转折之地

漫漫长征路上，在大敌当前的严峻形势下，党和红军内部的团结关乎军队的生死存亡，关乎中国革命的成败，关乎中华民族抗日救亡大业的实现。在党中央执行方针政策的过程中，因与部分红军领导人在军事策略上存在分歧而遭遇曲折。这是自红军长征以来就存在的党内问题。其中，红军长征在甘期间，党中央与以张国焘为代表的错误路线进行了激烈的斗争，尤其是经历了俄界会议和洮州会议，俄界会议和洮州会议是党中央与以张国焘为代表的错误路线斗争中的两个转折点，肃清了党内错误思想，推动了党中央战略方针的贯彻落实，也增强了红军的战斗力和凝聚力，体现了党内斗争的原则性和灵活性。"长征是一次检验真理的伟大远征。"②正是

---

① 秦生、周永刚：《红军长征在甘肃的概述》，《社会科学》1983年第4期。
② 习近平：《在纪念红军长征胜利80周年大会上的讲话》，人民出版社，2016年，第4页。

党中央对真理的执着追求，才能在正确战略方针的指引下同党内的错误思想进行激烈斗争，最终结束党内分裂危机，促成红军内部团结一致的局面。这是红军长征转危为安的关键，为打破国民党的围追堵截、保存红军骨干力量、实现革命力量大汇合、开启全国抗日斗争的新局面扫清障碍。

（三）确认红军长征胜利的会师之地

早日结束各路红军"各自为战"的长期分散状态，顺利实现会师，是党中央和红军共同的期盼。在红军战略大转移的过程中，各路红军在甘肃境外先后曾有七次会师。如：红6军团与红3军（会师后恢复红2军团番号）在贵州木黄会师、红一方面军与红四方面军在四川懋功会师、红25军与陕甘红军在陕西延川永坪镇会师、陕甘支队与红15军团在陕西甘泉会师、红四方面军与红2、红6军团在四川甘孜会师。每一次会师对于辗转颠簸的红军而言，都是精神上的互相鼓励、战术上的互相学习，促进革命队伍发展壮大的好机会。但唯有甘肃境内的会宁会师才是真正意义上的"大会师"，它意义重大且影响深远。杨尚昆指出："这一伟大的会合，将震撼全中国乃至全世界，将在中华民族革命的历史上，开辟一个新时期。"[1]徐向前说："三个方面军会宁大会师，胜利结束了长征，在中国革命史上揭开了新的一页。"[2]红军成功占领枢纽地带，掌握敌我战斗的主动权，取得了长征胜利，书写了红军长征史上浓墨重彩的一笔。

（四）红军长征对甘肃产生的重要作用

甘肃是中国革命的"福地"，在红军长征中发挥了特殊的、不可替代的作用，不仅源于"3+1"（即三支主力红军与红25军）的红军长征队伍构成与规模，更体现在它的"三地"（确定红军长征"落脚点"的决策之地、确保红军由分裂走向团结的转折之地、确认红军长征胜利的会师之地）特殊作用。从俄界会议到榜罗镇会议，红军长征的落脚点和中国革命的出发点

---

① 秦生：《红军长征在西北》，兰州大学出版社，1991年，第191页。
② 徐向前：《历史的回顾》，人民出版社，2016年，第292页。

得以确立，从战胜张国焘错误路线到实现三军大会师，党中央和红军北上抗日、落脚陕甘的目标顺利实现，使中国革命转危为安。这是红军长征在甘肃对中国革命的伟大历史贡献，同时甘肃也和其他沿途省份一样，为红军提供了丰富的给养和兵源。"长征是宣言书，长征是宣传队，长征是播种机。"①那么，红军长征又对甘肃起到了哪些作用呢？

其一，建党建政，壮大革命力量。"红军在甘肃境内建立了甘肃省工委和甘陕川省委及地委、县委、区委共18个，建立了甘肃省苏维埃政府及21个县苏维埃政权，170多个区乡政权。"②同时，红军组建成了陇南抗日游击队、徽县工农抗日游击大队、两当香泉义勇军等武装组织；成立了两当县农会、徽县回民自治委员会、礼县抗日救国会等群众团体组织。这些政权和组织在领导甘肃革命斗争、实现人民解放的过程发挥了重要作用。其二，胜利会师，熔铸革命精神。红军长征在甘肃期间，锻造形成了会宁"会师精神"，成为陇原儿女宝贵的精神财富和独特的精神标识。其"坚定信念、艰苦奋斗、团结一致、敢于胜利"的内涵是红军矢志不渝的革命信念和中华民族自强不息精神的深刻体现，也是红军艰苦奋斗、开拓进取斗争精神的凝练概括。这不仅凝结了以毛泽东为代表的老一辈革命家的革命信仰和革命实践，还成为激励甘肃儿女坚守在贫瘠的土地上奋发图强，努力建设幸福美好新甘肃的不竭动力。其三，鱼水深情，形成光荣传统。甘肃是多民族聚居的省份，红军入甘后积极宣传党的北上抗日主张和党的民族政策，对群众耐心开导、嘘寒问暖、热心相助，发挥了"宣传队"的作用，以实际行动赢得人民的支持和信任。各族人民为拥护红军北上积极筹粮、侦察敌情、铺路修桥、参加扩红、照顾伤员，成为红军顺利赢得长征胜利的重要保证。这段宝贵的历程记录着红军与百姓间的亲密情感，也象征着共产党和人民群众的鱼水深情，是军爱民、民拥军的生动体现。其中，红军在甘期间创造性地进行了民族政策的实践，制定"三大禁令、四项注

---

① 《毛泽东选集（第一卷）》，人民出版社，1991年，第16页。
② 中共甘肃省委党史研究室：《中国共产党甘肃历史（第一卷）》，中共党史出版社，2009年，第3页。

意"的群众纪律、"三不准"①、《回民地区守则》等，为今天正确执行党的民族政策，助力民族地区的社会经济发展提供了启示。红军长征和甘肃二者之间相互作用而形成的良性互动，引领甘肃融入抗日救亡的时代洪流，为甘肃革命带来新面貌，为甘肃发展带来新气象。

二、红军长征在甘肃的主要历程

（一）红25军长征进入甘肃

工农红军第25军是红军长征队伍中先期到达陕北，与陕甘红军胜利会师的第一支部队，是北上先锋，被毛泽东称誉为"中央红军之向导"。

1. 西进甘肃，攻克两当

1935年7月，长征在陕西的红25军得知红一、四方面军在四川境内会师，即将进甘肃的消息后，立即作出了西进甘肃，迎接党中央和红四方面军的决定。8月3日，红25军以手枪团化装潜入两当城内，配合先头部队攻占该城，然后军政治部就地发动群众，开仓济贫，镇压了当地罪大恶极的反动官吏。街头巷尾，到处都张贴了红军的标语、布告，县城掀起了红25军的战旗。攻占两当县城，红25军成为进入甘肃的第一支长征队伍。

2. 威逼天水，攻占秦安

为给敌人更大的震动，红25军直插敌人后方军需兵站所在地天水。9日，徐海东副军长率第223团2营一举攻克天水北关，消灭守敌100多人，缴获大批军用物资。敌王均部第3军1个连连夜从武山、甘谷赶来支援。红25军遂放弃攻打天水。红军避敌锋芒，北渡渭河，于11日攻占秦安。

3. 切断西兰公路，占领隆德

14日，红25军威逼静宁县城，拦腰斩断横贯陕、甘两省的交通大动

---

① 即不准打红嘴鸦(藏族俗称神鸟)、不准进喇嘛寺、不准拿喇嘛寺旗杆上的经幡。

脉西（安）兰（州）公路。15 日，转而进入静宁县城以北的单家集、兴隆镇，这一带是回族聚居区，红 25 军颁布纪律，宣传党的北上抗日主张和党的民族政策，并严格执行群众纪律和党的民族政策，积极深入群众之中，帮助群众劳动，把街头巷尾打扫得干干净净。军医院的医护人员还热情为群众治病，院长钱信忠亲自为一腹胀患者扎针治疗，被群众称为"神医"。红军的实际行动，扩大了党和红军的影响，使当地回族人民群众深受感动，他们称赞红军是"仁义之师"，"红军好"的消息很快传遍了回民聚居地区。在红军的感召下，有 17 名回族青年坚决要求参加了红军。

17 日，红 25 军离开了兴隆镇。临走时，镇上的男女老幼齐集街头，在道路两边摆设香案，堆着点心油果，依依不舍地为红军送行。许多回族老乡自觉为红军充当向导。红军走远了，回民群众还站在街口张望。后来，中央红军长征经过这里时，也受到了回民群众的热烈欢迎。毛泽东曾称赞红 25 军路过陇东回民区时所做的工作：政策水平很高，民族政策执行得很好。

17 日下午，红 25 军一举攻克隆德县城，歼国民党守军第 11 旅第 2 团第 1 营。这时，国民党军第 6 师第 17 旅由兰州乘 70 余辆汽车，沿西兰公路向东驰援，遭到红军阻击，不能前进。是日黄昏，红 25 军沿西兰公路继续东进，连夜翻越六盘山。18 日，红 25 军进至瓦亭附近，与由固原赶来堵截之国民党军第 35 师第 105 旅一部突然遭遇，红 25 军立即占领有利地形，将敌击退，相继占领瓦亭、三官口、蒿店等地。

4. 四坡村背水一战，吴焕先壮烈牺牲

21 日，红 25 军到达泾川县城以西的王村镇。在王母宫塬渡汭河时，山洪突然暴发，河水猛涨，汹涌翻滚的巨浪劈头盖脸地直扑而来，几个正在渡河的战士当即被洪峰冲倒卷走。军部机关和直属队及在塬上担任后卫任务的第 223 团被阻于汭河北岸。吴焕先在岸边组织人员用白布拧成绳索，牢牢地拴在两岸大树上，人浮在水面，抓住白布绳索汹渡，部队又开始了渡河。

正当军供给部准备渡河时，突然从塬上传来激烈的枪声。国民党军第35师第104旅第208团1000余人，在一连骑兵的配合下，由泾川方向沿着王母宫塬，蜂拥般地奔袭而来。守在塬顶四坡村的后卫第223团第3营，当即凭借房屋土墙，与敌展开激战。这时，红25军大部队已渡过河，无法回援，担任后卫的第223团处于背水作战的状态，形势极为不利。徐海东立即指挥第223团第1、第2营投入战斗，从正面实行反击。吴焕先率领交通队和学兵连150多人，从右翼插入敌后，拦腰截击敌人，敌人只顾向四坡村发动攻势，没想到从背后杀出一支奇兵，顿时乱作一团，吴焕先一面指挥部队猛烈反击敌人，一面大声疾呼："同志们，顶住敌人就是胜利！决不能让敌人逼近河边，要坚决地打，狠狠地打！"在他的鼓动下，战士们冲向敌群，顽强地与敌军展开厮杀。在激战中，吴焕先不幸中弹牺牲，年仅28岁。指战员怀着无比仇恨继续投入战斗，以有我无敌的大无畏气概，将敌人压到一条烂泥沟里全部歼灭。第2营通信班长周世忠，发现一名骑着白马的敌军官企图夺路逃走，便举枪将其连人带马击毙。经查证，此人正是敌人的团长马开基。但恶战四坡村，全歼敌第208团的胜利，怎么也不能使红25军指战员们高兴起来，中共鄂豫陕省委代理书记，红25军政治委员吴焕先在这场战斗中壮烈牺牲了……

5.激战板桥，会师陕甘

四坡村战斗后，红25军即西进金龙庙，威逼崇信县城；南下什字镇，逼近灵台县城；并在崇信与灵台之间的上良镇、梁原镇、赤城镇等地积极活动。每天都派人搜集报纸，访问客商，极力探寻有关主力红军北上的动向，由于当时条件所限，红25军无法得到主力红军的情况。这时，由兰州乘车驰援之国民党军第6师第17旅已到达泾川县城，第35师继续向泾川附近调动，第51军第113师由凤翔、清水推进到陇县马鹿镇一带，第3军第12师由武山、甘谷等地向华亭方向尾追而来，对红25军形成合围之势。红25军一时难以获得主力红军的确切消息，加之部队连日在大雨和泥泞中行军作战已很疲劳，伤病员又难以安置，因此，程子华、徐海东等决定立即北上陕甘根据地，与陕甘红军会师。

31 日晚，红 25 军由平凉县城以东的三十里铺涉过泾河，向东北挺进，于 9 月 3 日渡过马莲河，进驻合水县板桥镇宿营。4 日，尾追的国民党第 35 师骑兵团冲向正在板桥镇休息的红 25 军。由于骑兵机动性强，进攻速度快，红军猝不及防。紧急时刻，军长戴季英指挥 225 团一营掩护军部先行撤退，留下 2 营、3 营阻击敌人。副军长徐海东带领 223 团听到枪声后，立即返回板桥附近增援。因敌众我寡，仓促应战，徐海东及 223 团陷入重围，遭到敌骑兵团几面围攻，红军伤亡严重，223 团团长方炳仁阵前牺牲。在接连打退敌人几次进攻后，徐海东指挥部队集中突围，队伍刚刚撤到锦坪塬下，就与追击的敌人遭遇。徐海东命令 3 营教导员带部分战士在塬边的一个墙圈吸引敌军，掩护部队转移。敌骑兵绕过墙圈，直奔徐海东而来，警卫员詹大南看到情况危急，强行将徐海东拉上马撤退。危急关头，225 团 1 营政委刘震带 6 连赶来，对准敌军骑兵开火，打倒了六七名骑兵，后面的敌人慌忙掉头逃走。

板桥战斗结束后，红 25 军分两路沿庆阳延安公路两侧山岭经老城镇、张举塬、蒿咀铺等地向东北挺进，后卫部队边打边撤，在老城镇西北面的黄草嶙岘时遭遇敌人伏击，225 团继任团长张成毅负重伤牺牲。6 日，部队进入太白豹子川，在当地群众的引导下彻底摆脱了尾追之敌。经短暂休整后继续向陕北挺进，于 15 日到达延川县永坪镇。与刘志丹、习仲勋领导的陕甘红军顺利会师。至此，红 25 军终于实现了自己的战略意图，胜利完成长征，成为红军长征中先期到达陕北的第一支队伍。红 25 军的长征，是一次有计划、有准备、有步骤的战略转移。它历时 10 个月、行程 9000 余里，进行重要战役战斗 20 余次，创建了鄂豫陕根据地，不仅胜利地完成了战略转移任务，而且有力地配合了主力红军的长征，为巩固扩大陕甘革命根据地作出应有的贡献。

(二)红一方面军长征在甘肃

从 9 月 4 日红一方面军先头部队进入甘肃迭部县境内起，到 10 月 16

日陕甘支队从环县离开甘肃止，党中央和红一方面军长征在甘肃期间，先后两次调整战略方针，最终确定了长征的落脚点；加强部队建设，统一行动步调；突破3道封锁线，胜利到达陕甘革命根据地，开创了中国革命的新局面。

1. 俄界会议，坚持北上方针

红一、四方面军取得包座战斗胜利后，开始进军甘南。9月2日，林彪、聂荣臻率领红1军主力由四川巴西地区出发，向甘肃岷州方向疾进。5日拂晓，红1军先头部队进至甘肃迭部县达拉沟，然后沿达拉河（包座河）而下，经广利（即岗岭，今达拉乡所在地），到达迭部县俄界（今迭部县达拉乡高吉村）。主力部队在林彪、聂荣臻的率领下，于当日深夜也到达俄界，为后续部队北上创造了条件。而此时的张国焘，对中共中央和前敌总指挥部负责人的规劝拒不接受，公开对抗中共中央北上的方针。9日晚，毛泽东、张闻天、周恩来、秦邦宪、王稼祥在红3军驻地阿西召开紧急会议，决定迅速脱离险区，率领红1、红3军立即北上。10日凌晨，党中央率红3军和中央军委直属纵队秘密离开巴西，向甘南进发，于11日下午到达俄界，与红1军胜利会合。

党中央为了扭转由于张国焘分裂党和红军的错误造成的严重局面，确定下一步行动的战略方针，12日在俄界召开中共中央政治局扩大会议。

俄界会议是党中央从巴西脱险，进入甘肃境内后召开的第一次重要会议。会议第一次系统地揭露和批判了张国焘右倾分裂主义的错误，对张国焘采取了教育、争取和挽救的方针，为党和红军最后战胜张国焘的分裂和破坏奠定了基础。会议对张国焘错误的处理，"是在党内路线斗争中原则性和灵活性结合的典范"。①俄界会议坚持了党中央北上抗日的正确路线，实事求是地正确估量了北上红军的力量，作出了改变行动战略方针的决定。

---

① 《彭德怀自述》，人民出版社，1981年，第204页。

2. 腊子口战斗，打开甘肃南大门

13日，党中央率领红1、红3军从俄界出发，向旺藏寺（红军称瓦藏寺）藏民居住区前进。从俄界到旺藏寺全程120多里，几乎全是十分险峻的云崖栈道。栈道的破坏使行军十分困难，加上个别怀有戒心的藏民放冷枪，部队有人伤亡，前进缓慢，当日行进不到50里，天黑后部队在次哇沟口的松林里宿营。次日，部队继续行进，深夜始全部到达旺藏寺。红1军住旺藏村，红3军和军委纵队住旺藏寺，毛泽东住茨儿那村。15日拂晓，毛泽东随红1军行动，离开茨儿那村追赶先头部队红4团，部队从仙人桥渡过白龙江，翻越高近4000米的高日卡和娘里宁巴两座大山，抵达崔古仓村。稍事休息，部队又翻过了4300米高的卡郎山，傍晚在黑拉（红军称格法）和五湖（红军称吾福）村宿营。16日下午抵达距腊子口只有10多里的黑多寺一带宿营，等候红军攻打腊子口的消息。

腊子口位于迭部县东北，是川西进入甘肃内地的唯一通道，两侧都是悬崖峭壁，十分险峻，是个"一夫当关，万夫莫开"的隘口。国民党新编第14师鲁大昌凭借腊子口这道天然屏障，部署重兵踞守，设置防线，修筑工事，妄图阻击红军北上。攻打腊子口的任务是红2师4团。红4团在团长王开湘、政治委员杨成武的带领下，从莫牙寺出发，向腊子口方向挺进。16日上午，红四团在加儿梁击溃鲁大昌部一个营，缴获一批武器弹药和物资。午后，在黑多寺重创鲁大昌部一个营后，红4团全部到达腊子口。

下午4时，红4团1营率先向腊子口守敌发起攻击，但敌人火力凶猛，几次进攻均未能奏效。这时，红1军军长林彪、政治委员聂荣臻、参谋长左权及红2师师长陈光，根据毛泽东的指示亲临前线指挥作战。他们与红4团的团营干部认真总结经验，共同制定了正面进攻和侧翼袭击相结合的作战方案。同时得到情报，鲁大昌将从县城派两个团的兵力增援腊子口，并有千余名藏族骑兵从西面包围。红军面临的形势十分严峻。毛泽东连续向红4团下达指示，强调在天亮之前必须拿下腊子口。面对严峻的局面，团、营首长即刻召开党团员火线动员会，并组织由15名党团员组成的突击队，分成两路向敌人发动第 6 次进攻。参军不过 3 个月，牺牲时只有 17 岁的苗族战士"云贵川"自告奋勇肩扛绳索攀爬山顶，使迂回部队成功登顶，在两路红军密切配合下，经过 3 个小时的激烈战斗，于 17 日晨 6 时成功突破鲁大昌部精心设置的两道防线，胜利夺取了天险腊子口。腊子口战斗的胜利，打开了红军北上的通道，粉碎了国民党军队企图利用天险腊子口，将红军困死在雪山草地的阴谋，使中央红军摆脱了危境。

3. 哈达铺整编，确定陕甘走向

17 日清晨，红 4 团攻破腊子口后，相继攻占岷县大草滩，歼敌一部，直逼岷县县城。在成功调动敌人之后，红 4 团奉命突然挥师向南，出其不意地向哈达铺进军。党中央率红 1、红 3 军和军委直属纵队随之跟进。红军翻越了最后一座 3000 多米高的雪山达拉山（红军称达喇山），向岷县（今宕昌县）旋涡、大草滩、哈达铺一带推进，终于摆脱雪山草地恶劣的自然环境，走出了藏区。18 日，红 1 军直属侦察连攻占哈达铺（今属宕昌县）。20 日，毛泽东、张闻天、周恩来、彭德怀及红一方面军主力到达哈达铺。

哈达铺是一个较为繁华的集镇，这里物产丰富，商号云集，贸易繁荣，人口比较稠密，因生产久负盛名的"岷归"而扬名商界。据史料记载，哈达铺当时就有全国各地知名的商号 28 家之多，是西北地区一个重要的药材集散地。同时，哈达铺在军事上也占有重要的战略地位。

党中央率红一方面军到达这里后，受到了当地群众的热烈欢迎。中央军委决定在哈达铺作短暂休整。休整期间，毛泽东、张闻天、周恩来、王穆祥等中央领导同志翻阅七八月份的《大公报》《民国日报》《中央日报》《西安报》《山西日报》，对报纸中披露的各种消息进行了综合分析和研究，得知红 25、红 26 军在陕甘的活动和陕甘革命根据地的情况，遂立即在中央政治局常委中进行了商议，毛泽东果断地提出到陕北去，再一次明确了中央红军行动的方向。

20 日，中共中央在哈达铺毛泽东的住处"义和昌药店"召开政治局常委会会议，讨论组织工作和干部问题。会议正式决定中国工农红军陕甘支队（简称陕甘支队）的整编方案：陕甘支队下设3个纵队，原红1、红3军分别改为第1、第2纵队；中央机关、红军总政治部等组成第3纵队。俄界会议确定的陕甘支队领导人不变，第1纵队由林彪（兼）任司令员，聂荣臻任政治委员，左权任参谋长，朱瑞任政治部主任，罗荣桓任政治部副主任。第2纵队由彭德怀（兼）任司令员（后由彭雪枫接任），李富春任政治委员，刘亚楼任副司令员，萧劲光任参谋长，袁国平任政治部主任。第3纵队由叶剑英（兼）任司令员，邓发任政治委员，蔡树潘任副政治委员兼政治部主任，张经武任参谋长。全支队共7000余人。

22日，陕甘支队在哈达铺关帝庙内召开全军团以上干部会议，部分中央领导同志参加了会议。毛泽东在会上作关于形势和任务的政治报告。毛泽东回顾了红军长征一年来所走过的艰难道路，指出，我们走了两万多里路，打破了敌人无数次的追、堵、围、"剿"。蒋介石连做梦也想消灭我们，但是我们过来了。毛泽东提出了中央红军的前进目标，号召全体指战员："胜利前进吧，到陕北只有七八百里了，那里就是我们的目的地，就是我们的抗日前进阵地！"①会议还宣布了中共中央关于将红1、红3军和军委直属队改编为中国工农红军陕甘支队的决定及干部配备名单。至此，从俄界会议开始的部队整编工作圆满结束。陕甘支队的成立，加强了党对红军的直接领导，增强了部队的战斗力，对实现党中央北上抗日的方针起到了重要作用。

4. 佯攻天水，突破渭河防线

9月中旬，蒋介石为了堵击红军继续北上，急令国民党王均第3军的第7师、第12师进至岷县和通渭的中间地带，构筑碉堡，同时将毛炳文第37军的第8师、第24师调至通渭、陇西等地，在天水、武山、陇西、漳县一线构筑渭河封锁线，企图截断红军北上陕北的道路。

---

① 杨成武：《忆长征》，解放军文艺出版社，1982年，第199页。

为了突破国民党军队的渭河防线，实现党中央的战略计划，陕甘支队即采取声东击西的战术，扬言向东行动，以此迷惑敌人，并派出一部兵力向天水方向移动，摆出攻打天水的态势。敌王均部错误地判断了红军的行动走向，以为红军要攻占天水，威逼西安，遂将主力迅速集结在天水一线，致使武山、漳县之间敌防守兵力空虚。23日，党中央率领陕甘支队离开哈达铺，向天水东北方向前进。24日清晨，陕甘支队在闾井镇，突然改变行动路线，改向西北方向前进。沿岷县红崖、漳县黄家河、韩家川、新寺一线，急行军200余里，于25日傍晚到达渭河畔的武山县鸳鸯镇，在26日拂晓，从这里渡过渭河。国民党军队精心设置的渭河防线，被红军巧妙地突破了。而国民党胡宗南部还在向西和、礼县一带推进。

为阻止陕甘支队北进，26日，国民党在西安成立了西北"剿共"总司令部，蒋介石亲任总司令，张学良任副总司令代行总司令职权，指挥陕甘宁青四省国民党军队的"剿共"作战。陕甘支队巧渡渭河突破封锁线后，蒋介石急调兵遣将，除加强平（凉）固（原）封锁线外，又在西（安）兰（州）公路静（宁）会（宁）段设置封锁线，阻截陕甘支队向陕甘革命根据地靠拢。蒋介石亲自给国民党37军军长毛炳文发电，要其"使尽全力确保两宁（静宁、会宁）、定西封锁线，以树最后'歼灭共军之功'"。[①]

陕甘支队渡过渭河后，在费家山、水沟一带休息。这时，武山、漳县两翼的敌人得知红军渡过渭河的消息后，追赶过来。毛泽东十分镇静地对彭德怀说，这不是敌人的主力，派两个连出击一下，吓吓他们。果然，敌人再也不敢轻举妄动了。27日，部队继续北上，向通渭方向前进。

5. 榜罗会议，将革命大本营放在西北

陕甘支队突破国民党设置的渭河防线后，27日傍晚到达位于通渭县西南的榜罗镇。部队在这个镇上的一所小学，又获得许多国民党的报纸和杂志，了解掌握了一些新的情况，进一步增强了对陕甘革命根据地的了解和

---

① 晏道刚：《蒋介石追堵长征红军的部署及其失败》，《文史资料选辑》第62辑，中华书局。

对全国革命形势的掌握。当日晚，中共中央在榜罗镇召开政治局常委会会议，分析了日本帝国主义侵略日益加剧、民族矛盾不断上升的国内外形势，讨论了党和红军面临的任务，研究确定了今后的战略方针，正式决定以陕甘根据地作为领导中国革命的大本营。

28 日清晨，陕甘支队在榜罗镇小学西边的一个打麦场上召开全支队连以上干部大会。会上，毛泽东作当前形势和任务的报告。报告深刻分析了日本帝国主义侵略中国的严重事态和陕甘根据地及红军的状况，阐述了在北方可以成为抗日新阵地的经济、政治条件，提出了要避免同国民党军队作战，迅速到陕甘根据地集中的行动方针。

6. 进占界石铺，控制西兰公路

陕甘支队在榜罗镇经过短暂休整后，根据中央确定的新战略方针，于 29 日拂晓离开榜罗镇，向通渭方向挺进。第 1 纵队为第一梯队先行，毛泽东、彭德怀随其行动，第 2、第 3 纵队为第二梯队随后跟进。

当时，通渭县城内只有国民党县长阎权领着仅有的 6 名警察和 100 多名民团，守护在以黄土筑成的破旧的城墙上。当陕甘支队第 1 纵队急速向县城逼近时，阎权率警察和民团弃城逃跑，当晚红军轻松占领县城。30 日，后续部队也陆续抵达这里。

为了进一步传达贯彻榜罗镇中央政治局常委会会议精神，中共中央决定在通渭县城休整 3 天，从思想上、物质上做好进入陕甘革命根据地的准备工作。29 日晚，毛泽东等中央负责同志在县城文庙街小学接见第 1 纵队第 1 大队先锋连的指战员。接见时，毛泽东满怀激情地朗诵了自翻越终年积雪的大山后就酝酿在心中的诗篇《七律·长征》。30 日下午，中共中央在国民党通渭县政府大厅里召开领导干部会议，毛泽东再次作当前形势与任务的报告，进一步阐明了北方的政治、军事形势。陕甘支队当日印发了《会合红二十五、二十六军在陕北创立根据地讨论大纲》和"陕甘苏区略图"。《大纲》指出，陕甘支队"已经顺利地突破了敌人在岷州、西固间的封锁线，过了渭河，取得了第一个伟大的胜利。根据现在敌我力量的对比，党改变了过去赤化甘南的决定，决定到陕北去会合红二十五、二十六军，在陕北及其附近地区创立根据地"①。《大纲》还分析了在陕北建立根据地的有利条件及重要意义和作用，号召全体指战员到陕北去，开创革命的新局面。10月1日晚，陕甘支队在城外的河滩上召开军人大会。

在通渭期间，陕甘支队各纵队采取多种形式开展政治教育，使全体指战员进一步明确了党中央的战略方针和陕甘支队的行动计划。各部队还购置了布匹，添置了衣服和鞋袜，准备了充足的干粮；在军事上还有针对性地进行了打敌骑兵的战术训练，从精神、物质和军事上为顺利越过西兰公路封锁线，做好了充分准备。

陕甘支队占领通渭县城后，蒋介石急调国民党37军毛炳文部、35师马鸿宾部和东北军何柱国部共30余万兵力，在西兰公路和六盘山地区的平（凉）固（原）公路布置了两道封锁线，企图切断红军北上陕根据地的道路。

2日凌晨，经过休整的陕甘支队从通渭县城出发，踏上了向陕甘苏区挺进的最后路程。根据中央"避免同国民党军队作战，要迅速到达陕北集中"的行动方针，陕甘支队分左、中、右3路纵队，齐头并进。当晚，陕甘支队在通（渭）静（宁）边界的寺子川、义岗川一带宿营。3日凌晨3时，陕甘支队以备战的姿态继续分3路行进。第2纵队为中路，毛泽东和其他中央领导及支队司令部随第2纵队行动。

4日，第1纵队主力，第2、第3纵队及支队司令部在界石铺、高家堡一带休息，进行纪律教育，打土豪，筹粮食，准备向单家集、硝河城一线前进。此时，由西安向兰州运送军需的国民党军毛炳文部十余辆汽车经过界石铺，陕甘支队一部设伏将其截获，缴获大批军需物资。当日下午，部队在界石铺的戏楼上召开群众大会，宣传中国共产党的政策和红军北上抗日的主张，并将一部分战利品分给群众，受到当地群众的热情称赞。

---

① 秦生：《红军长征在西北》，兰州大学出版社，1991年，第74页。

5日拂晓，陕甘支队为了防止国民党军队沿西兰公路围追堵截，迅速离开界石铺高家堡一带，分左右两路翻越祁家大山，向回民区公易镇、兴隆镇方向前进。右路第1纵队行至显神庙时，击溃国民党堵截部队毛炳文部第24师144团，当晚到达单家集一带。左路第2、第3纵队到达公益镇一带。

6日拂晓，陕甘支队离开单家集。右路第1纵队经新店子、什字路、杨家店、黄湾等地，向固原张易堡前进。左路第2、第3纵队经兴隆镇北堡子、红城子，在什字路与第1纵队会合。

7日晨，驻将台堡（时属甘肃隆德县，今属宁夏西吉县）守敌一部向红军驻地阎官大庄逼近。陕甘支队以少量兵力在堡子梁进行阻击，主力部队迅速离开张易堡一带，经王套、后莲花沟向六盘山急进。上午8时，陕甘支队主力部队登上六盘山。此时，毛炳文第37军24师李英部紧追不舍；东北军骑兵第7师门炳岳部据守在六盘山东麓，企图前后夹击，消灭红军于六盘山。红军前卫部队翻过六盘山后，在青石嘴根据俘虏提供的情报，得知敌骑兵一部及20余辆运送军需的马车，正在青石嘴休息。毛泽东得知此情况后，立即召开会议进行部署，决定消灭这股敌人。经过半个多小时的激战，消灭敌骑兵第7师第13团的两个连，缴获战马100多匹、10多辆马车的武器弹药和军用物资。陕甘支队用这批战马武装了侦察连，陕甘支队有了第一支骑兵部队。8日，陕甘支队分兵两路，继续东进。前卫4大队在固原白杨城（今宁夏彭阳县城）消灭国民党邓宝珊部1个团。至此，陕甘支队已完全突破了国民党军队在西兰公路、平固公路上设置的封锁线，即将进入陕甘苏区。

7. 河连湾战斗，胜利到达陕甘革命根据地

10月7日，陕甘支队胜利翻越六盘山后，国民党当局急派第37军毛炳文部24师主力及骑兵团尾追而来，陕甘支队兵分左右两路，以急行军的速度疾进，继续向东北方向的陕甘苏区前进。9日，陕甘支队到达镇原县上庄院、陈家湾一带，进入陕甘苏区的边缘地域。10日，陕甘支队主力抵达镇原县三岔，摧毁国民党镇原县保安队设在南山湾的堡子，歼敌一部并活捉敌营长。此时，刘志丹派来寻找中央红军的代表也到达三岔。

11日上午9时，陕甘支队分为两路行动。陕甘支队第1纵队和中央机关离开三岔后，在刘志丹派来的接应人员引导下，向环县方向前进。12日，左路第1纵队经肖家园子、殷家城、桑家洼进入环县，向小南沟方向急进；右路第2、第3纵队经演武、半个城、贾驿一线前进。13日，左、右两路军在环县郑家湾会合。14日，陕甘支队主力到达河连湾、洪德城一带时，遭到守敌的袭击。第1纵队立即组织火力向河连湾守敌发起攻击，歼敌100多人。当晚，第1纵队经万家湾、曹家湾至耿湾宿营；第2、第3纵队经齐家原、许家原至老爷山宿营。15日，第1纵队从环县黑城岔迂回前进，经无量山、耿家河、慕家油坊到达陕北定边县木瓜城，进入陕甘苏区吴起镇（今吴旗镇）；第2、第3纵队经陕甘苏区华池县的艾蒿掌、铁角城，向定边县前进。18日，第2、第3纵队离开甘肃庆阳，到达陕北定边县白马坝。19日，陕甘支队的3个纵队在吴起镇会合。至此，陕甘支队在甘肃历时40余天的艰苦转战中，战胜无数艰难险阻，粉碎了国民党军队重兵的围追堵截，同张国焘分裂主义错误进行了坚决的斗争，坚持北上的战略方针，实现了空前的战略大转移，胜利完成震惊中外的长征。

（三）红四方面军长征在甘肃

红四方面军于1931年11月7日在湖北省黄安县七里坪成立。1932年由陕南进抵四川北部的通江、南江、巴中、达县地区，创建了川陕革命根据地。1935年3月，红四方面军发起嘉陵江战役开始踏上长征路，6月与党中央和红一方面军在四川懋功（今小金）会师。因张国焘与党中央北上意见产生巨大分歧，红四方面军南下后遭受重大损失。1936年6月与红二方面军在四川甘孜会师后按照中共中央指示共同北上，实施红军三大主力在西北地区大会合的战略部署。27日，中共中央批准成立西北局，由张国焘、任弼时任正副书记，朱德、陈昌浩、关向应、贺龙、徐向前、王震等为委员，统一领导红二、四方面军北上行动。8月5日起，红四方面军由四川班佑、包座向甘肃进发。

1.根据党中央指示，实施《岷洮西固战役计划》

1936年7月下旬，国民党军为了阻止红二、红四方面军北进行动，仓促布防：在甘肃境内，企图构成西固（舟曲）至洮州（临潭）、天水至兰州两道封锁线；在青海方面，则由马步芳部在循化至贵德、兰州以西之新城到西宁湟源一线扼守，防止红军西进。但因国民党布防战线长，兵力分散，部署尚未就绪，加上"两广事变"还未解决，胡宗南部暂驻湖南长沙，南部压力较小。中共中央西北局依据上述情况和中央指示，于8月5日发布《岷洮西固战役计划》（以下简称《计划》），决定先机夺取岷州（岷县）、洮州、西固地区，为北上打开通道。《计划》对红四方面军作战部署是：第30、第9、第5军为第1纵队，由包座、俄界速经瓦藏寺出哈达铺、岷县并攻击占领，该纵队应以相当兵力组成右侧支队，取道白骨寺（舟曲境内，已毁）、瓜咱（舟曲县峰迭乡人民政府驻地）之线相机夺取西固，以佯动姿势威胁武都守敌为目的；第4军、第31军为第2纵队，以夺取洮州消灭敌人为目的，成功后主力向临洮方向活动，并以一部向夏河、临夏发展掩护我军左翼侧方。

8月5日至12日，两纵队按计划先后由包座地区出发，沿着崎岖的山路攀悬崖、过栈道、涉山涧、跨激流，风餐露宿向甘南疾速挺进。红军首先进入甘南州迭部县达拉乡，穿越尼傲峡和九龙峡，到达麻牙寺。接着沿白龙江顺流而下，后又离开东向的白龙江，越过鹰鸽嘴顺腊子河向北逆行而上，到达腊子口。8月9日，红30军第88师采取夜袭办法，用两个营正面佯攻，一个营侧攻，加上一年前陕甘支队攻打腊子口威力的震慑作用，国民党鲁大昌守军一个营迅速被击垮，北上门户顺利打开。

岷洮西固战役从8月5日开始，至9月7日结束历时34天。其间，红军先后攻占漳县、临潭、渭源、通渭4座县城及岷县、陇西、临洮、武山等县的广大地区，总计歼敌7000余人，缴获大批武器、弹药、物资及马匹。此役重创鲁大昌部，沉重打击了国民党顽固势力，粉碎了国民党军阻止红军北进的企图，形成红二、红四方面军与红一方面军会师的有利态势。值得一提的是，岷洮西固战役中的硬仗——攻击岷州城战斗，先后有红30、红9、红5军3个军参与，但鲁大昌率部据险固守，最终城未能攻下。为减少损失，红军采取围而不攻的策略，使守敌孤立无援，困守城池。鲁大昌被迫请求停战谈判，最后达成只要红军不再攻城、不占地盘就可以井水不犯河水，愿走哪条路就走哪条路，他们决不放一枪的协定。红军主力得以绕过岷州城，顺利完成战役计划的战略部署。

2. 宣传党的政策，开辟甘南临时革命根据地

岷洮西固战役过程中及战役结束后，根据党中央指示，中共中央西北局先后发布《关于目前红军进入西北地区组织临时革命政权问题的决定》《关于甘肃红军新占地区党的组织的决定》《甘肃省人民抗日革命委员会组织条例》等文件，红四方面军开始进行甘肃南部临时革命根据地的创建工作。

为加强对地方工作的领导，9月，成立中共甘肃省工委、甘肃省苏维埃政府、甘肃省抗日救国军总指挥部。省工委由傅钟任书记，曾传六、何长工、刘少文、郭潜、华民、邵式平为常委，部门有组织部、宣传部、白区工作部、妇女部、少数民族工作部等，下设西路、北路工作委员会，分别由黄火青、周纯全为书记。省苏维埃政府由何长工任主席并兼党团书记，曾传六任保卫局长，邵式平任财政部部长，王维舟任军事部长，余洪远任粮食部长，还下设裁判部、文教部、劳动部、农民部、少数民族工作委员会等机构。抗日救国军总指挥部由王维舟任总指挥，下辖中国抗日救国军第1、第2、第3路军及回民第6路军。

在帮助和开展地方工作时，红四方面军从宣传工作入手，广泛发动群众，然后建立和发展基层革命组织。第一，借助党中央和陕甘支队播下的火种，红军到处张贴宣传抗日救国的布告和标语。以中国抗日红军总司令部名义在武山发布《中国抗日红军总司令部布告》，呼吁广大民众"快快团结起来，联合抗日红军，抗日反蒋救国，独立自由功成"；书写大量标语口号，如"共产党是领导全国民众抗日的政党！""只有红军才是唯一救中国救穷人的革命军队！""红军不拉夫，不派差，不派款！""取消一切苛捐杂税！""勇敢的工农当红军去！"这些通俗易懂的布告和标语起到了很好的宣传效果。第二，利用宣传队召开大会，为群众演出反映军民鱼水情及揭露国民党反动派欺压人民，人民被迫反抗的剧目。如在临潭，红军宣传队就进行了3场演出，每次演出都吸引几里甚至几十里外的群众跑来观看，盛况空前。康乐民谣唱道：一队红军女兵多，会跳舞来会唱歌，针线茶饭不用说，人老五辈没见过。在上寨村，红军还与当地百姓共同表演社火，军民关系十分融洽。第三，广大红军战士在战斗间隙还帮助农民收割庄稼、砍柴、挑水、打扫庭院，严守军队纪律，赢得群众衷心的拥护。第四，认真贯彻执行党的民族宗教政策，尊重少数民族的风俗习惯。红军活动区域中，有些是少数民族聚居区，有些是汉族和少数民族杂居区。红军将士不但宣传党的抗日主张，也宣传党的各民族平等、团结以及宗教信仰自由等政策，并以实际行动保护清真寺和喇嘛庙，使得跑出去躲避的群众和僧人放心回家、返寺庙。在党的民族政策和红军实际行动的感召下，一些民族宗教上层人士如临潭的马良骏、苏鸿发、马世荣等，积极帮助红军张贴宣传品，筹办军需辎重，支持回族教民和红军携手合和，为红军做了不少工作。第五，领导当地人民群众开展声势浩大的打土豪地主、土匪和建立红色政权、人民武装活动。经过一个多月的努力，先后建立岷县（包括今宕昌县）、临潭、渭源、陇西、通渭、武山等县级苏维埃政府，帮助当地群众建立区、乡基层苏维埃政权和抗日义勇队等组织，领导武装群众打击恶霸地主、封建官僚势力等。天水一带地方武装领导人柴宗孔（共产党员）曾率领队伍在岷县、漳县、陇西一带打游击、掩护红军过境。红四方面军总部就任命他为抗日救国军甘肃省第二路军司令。此后，柴宗孔即率部南下，在西和、礼县、武山、甘谷、天水一带打土豪、惩污吏，除暴安良，打富济贫，深受群众拥戴。9月，柴宗孔在武山组织成立中共武山刘坪党支部，这是天水地区最早的地下党支部。在武山期间，红军还将危害武山、漳县一带的土匪头子杜伯成、张五十四等剿灭。

在红军的影响下，仅岷洮西地区就有 3000 多名青年参加红军，许多被俘的国民党部队官兵，也加入红军队伍。原岷县籍人，时任红军总司令部徒步侦查队长、岷县人民革命委员会主席的张明远回忆说："家乡土地瘠薄，人民生活困难，又都对红军有了比较正确的认识，因而扩兵工作一展开，立即有近三千人从四面八方跑来当红军。"国民党洮岷路保安司令、卓尼土司杨积庆不但帮助过红一方面军，这次也用同样的方式帮助红四方面军，在红军北上时还掩护了 200 多名红军伤病员，获得红色土司的美称。

经过红二、红四方面军的战略行动和卓有成效的工作，甘肃南部广大地区成为中国共产党同国民党反动派开展斗争的新战略区域，形成甘南、陇南两块临时革命根据地与陕甘宁革命根据地互相呼应的有利局面。

3. 岷漳洮三州会议，战胜分裂曲折北上

面对红军三大主力即将会师西北的局面，蒋介石在解决"两广事变"后急忙调兵遣将，重新部署兵力，妄图将红军歼灭于西北，形势异常严峻。对此，9 月初，朱德、张国焘、任弼时致电中央，提出三军进入西北地区后的战略方针与行动部署的两个意见，其一，以陕甘北、甘南、陕甘川边区为根据地，建立民族统一战线后再向川、豫、鄂发展；其二，经过充分准备，以主力转到宁夏、甘、凉、肃、西宁地区，打通蒙古国、新疆地区，奠定巩固后方后向东南发展。8 日，中央选择了向西行动。9 日，朱德、张国焘下达《立即准备西渡黄河》的命令，以第 30 军为先遣军，开始西渡黄河的准备工作。11 日，共产国际书记处给中共中央发来电报指示：同意红军占领宁夏和甘肃西部的计划，但坚决不允许红军再向新疆方面前进，以免红军脱离中国主要区域；等红军占领宁夏后，才会给予帮助。根据这一指示精神，14 日，中共中央向西北局通报《我军占领宁夏的部署》，及时调整红一、红四方面军分兵攻取宁夏和甘西的计划，重新回到两个方面军合力攻取宁夏的计划上，将红四方面军渡河由兰州改为靖远、中卫南部及宁安堡之线。15 日，中央电示红四方面军要在 5 至 7 天内以主力出至隆

德、静宁、会宁、定西大道，控制以界石铺为中心的有利地区，防止被敌人阻断。但是，张国焘仍然坚持西进计划，对中央指示消极对待，借故拖延。为统一思想，在朱德坚持下，16日至18日，中共中央西北局在岷州三十里铺召开会议。会上，张国焘坚持经临潭西进青海占领甘西，虽有少数人附和，但朱德、陈昌浩坚决主张执行中央指示。经过反复讨论，终于通过即行北上，会合红一方面军夹击胡宗南部的《静会战役纲领》。这次会议及其决议，迈出实现红军三大主力会师的重要一步。

红二方面军指战员也表示坚决拥护和执行这一纲领，并建议成立军委主席团，统一指挥三个方面军作战。19日，毛、周、彭再次致电朱、张、任、贺，针对张国焘的疑虑，详细解释攻取宁夏的意义，特别提醒："夺取宁夏，打通苏联，不论在红军发展上，在全国统一战线，在西北新的局面上，在作战上，都是决定的一环；在当前的一瞬间，则拒止胡军把一、四两方面军隔开，又是决定一环。时机迫促，稍纵即逝，千祈留意，至祷至盼。"但下午3时，已经在岷州会议决定上签过字的张国焘出尔反尔，要求仍照他的主张发布西进命令，遭到陈昌浩的否决。当日，红四方面军总部发布向静宁、会宁地区前进的命令。

好势头转瞬即逝。20日夜，张国焘策马赶到漳县红四方面军前线指挥部，向指挥部成员发泄对岷州会议的不满情绪，演戏般抹着眼泪争取不明中央部署同志的同情，目的达到后则立即开始大讲西进计划，并当场制定具体行动部署。21日，张国焘致电朱德，公开表示反对静会战役计划，要求朱德下令部队停止北上，来漳县面商。同日，张国焘还以"朱、张、徐、陈"的名义致电中央，提出红四方面军先机占领甘北，再与红一方面军共取宁夏方案。22日，张国焘发布先头部队西进电令。

正在指挥部队北上的朱德，接到张国焘改变岷州会议决定的电报后，非常震惊，立即进行坚决抵制。他当即冲破阻挠，发出3份电报对此事作出反应：立即电告中共中央并通报红二方面军，明确表示自己维护西北局岷州会议决定的原则立场；命令各方停止一切行动；电告曾传六、何畏、何长工等人兼程赶赴漳县商讨下一步行动。23日，中共中央西北局在漳县盐井镇召开会议，史称"漳州会议"（漳县旧称漳州）。但在张国焘主持下，西进方案还是得到了部分与会者的支持，尤其是部队的西进调动已成基本事实，大局很难立即更改。漳州会议结束后，红四方面军掉头折返向青海进军，准备在永靖、循化一线渡河西进。

红四方面军掉头西进后，使三个方面军相互呼应的有力态势急转直下。国民党胡宗南部不再受一、四方面军夹击的威胁，急速沿宝鸡向西兰各路推进，企图会合毛炳文部控制西兰大道，分割一、二、四方面军。为补救张国焘行为造成的危局，中央不得不通电在前线的彭德怀、聂荣臻，要求派一方面军的得力部队占领界石铺等地以控制战略要点的同时，连电张国焘，要他放弃西进计划，执行岷州会议决定，并且强调指出："我一、四方面军合则力厚，分则力薄；合则宁夏、甘西均可占领，完成国际所示任务，分则两处均难占领，有事实上不能达到任务之危险。"

事实上，红四方面军先头部队在洮州西进受到阻碍，当地老乡告知：黄河对岸已进入大雪封山季节，气候寒冷，道路难行；西进部队也表示出强烈不满和反对。得知这一情况的徐向前立即向朱、张做了汇报，加上中共中央、中革军委一再致电明令禁止西进，要求迅速北上会师。27日，中共中央西北局在洮州新城召开会议，重新研究部队行动方针。会上，朱德再次苦口婆心地对张国焘进行争取和规劝，徐向前、陈昌浩等人表示拥护朱德的意见，张国焘被迫同意北上。当日，朱德、张国焘、徐向前、陈昌浩等联名致电党中央和中革军委，表示"部队即出动，先头（部队）约六号到界石铺，决不再改变"。

4. 挥泪告别众乡亲，北上会师结束长征

28日，红四方面军分6路纵队开始北上。与当地群众结下深情厚谊的红军撤离时，涌现出许多动人的情景。驻扎武山40余天的红31军第91师撤离时，正遇渭河河水暴涨，群众主动拿出自家的桌子、柜子等物做桥墩，在上面铺上门板、木板等，与红军一起在榜沙河（渭河支流，发源于岷县

间井乡黄梁山)、渭河上架起两座简易浮桥帮助红军快速通过；一些群众一面恋恋不舍地送别，一面争着为红军伤病员和体弱者背送物资。红军指战员挥泪与难舍难分的乡亲们告别北上。此情此景，生动地反映在康乐莲花乡人民传唱的花儿当中：九月九秋风凉，红军走了茶没凉。说起穷人都孽障，豁出命了干一场。

中共中央接到朱德、张国焘等人关于洮州会议的决定及红四方面军北上计划后，采取有力措施予以配合。28 日，毛泽东即致电彭德怀、聂荣臻，发出策应红四方面军北上部署的指示。在彭德怀指挥下，西方野战军（红一方面军）迅速西出东进，打下会宁城，控制了东起界石铺、西至会宁间 100 余华里长的地段，扫除了红二、红四方面军北上障碍，为实现会师创造了条件。

在红一、红二方面军的策应下，红四方面军经过 10 天的转战，于 10 月 9 日在会宁与红一方面军实现大会师，标志着红四方面军胜利结束了一年零七个月的长征。红四方面军在长征途中屡历险境，三过草地，行程一万多里，在川、康、甘、青四省边境广大地区，宣传革命思想，播撒革命种子，扩大党和红军的影响，战胜张国焘分裂主义，谱写了红军长征史和中国革命史的重要一页。

（四）红二方面军长征在甘肃

1936 年 3 月 30 日，长征至贵州的红 2、红 6 军团在盘县召开军事会议，决定放弃在滇黔边创建根据地的方针，北上与红四方面军会合，开创西北革命新局面。31 日，红 2、红 6 军团兵分两路开始北上，并于 7 月 2 日齐集四川甘孜，与红四方面军胜利会师。5 日，红 2、红 6 军团整编为红二方面军，与红四方面军联袂北上，向甘肃南部前进。

8 月下旬，红二方面军进抵甘肃南部的哈达铺地区。根据既定计划，红二方面军成功实施成（县）徽（县）两（当）康（县）战役，占领成县、徽县、两当、康县 4 县和陕西略阳、凤县部分地区，并积极宣传和执行中国共产党的"抗日民族统一战线"政策，积极发动群众，建立了东与陕南苏区、西与甘南临时革命根据地相联系的陇南临时革命根据地，为三大主力红军会师创造了有利条件。

9月间，红二方面军积极支持和配合中央的战略部署，同张国焘分裂主义作坚决的斗争，为三大主力红军实现大会师部署作出了突出的贡献。

10月初，红二方面军在腹背受敌的情况下，开始实行战略转移。广大指战员发扬高度的革命英雄主义和英勇顽强的作风，战胜了优势敌人的围追堵截，克服了无数艰难险阻，终于在会宁老君坡、隆德将台堡（今属宁夏西吉）等地同红一方面军胜利会师，结束了历时11个月、转战湘黔滇康川青甘陕8省、行程20000余里的长征。至此，红二方面军还有11000余人。

1. 北进甘南，休整哈达铺

1936年7月5日，中革军委下达命令："决以二军、六军、三十二军组织红二方面军，并任命贺龙为总指挥兼二军军长，任弼时为政委兼二军政委。"①上旬，红二、红四方面军分3路纵队开始了北上行程。途中，任弼时向中央提出了建议："现在陕北和川康边同志对目前形势估计和党的策略路线已经一致。我深切感觉到党内团结一致，建立绝对统一集中的最高领导是万分迫切需要，而且是不能等待七次大会的。"②中央完全同意任弼时提出的建议。27日，中央批准成立了中共中央西北局，张国焘任书记，任弼时任副书记，朱德、贺龙、关向应、徐向前、王震、陈昌浩等为委员，吴溉之任秘书长。

8月1日，获知红四方面军先头部队到达包座后，中央指示："四方面军到包座略作休息，宜迅速北进。二方面军随后跟到哈达铺后再大休息，以免敌人封锁岷西线，北出发生困难。"③朱德、张国焘、任弼时随即复电中央："俟兵力稍集结后即向洮、岷、西固，约八月中旬主力可向天水、

---

① 中央档案馆编：《红军长征档案史料选编》，学习出版社，1996年，第503页。
② 中共中央文献研究室编：《任弼时年谱》，中央文献出版社，2004年，第282页。
③ 甘肃省军区党史资料征集办公室编：《三军大会师》，甘肃人民出版社，1987年，第595页。

兰州大道出击，以消灭毛炳文、于学忠部为目的来配合你军。"①3 日，中央再电："我们已将你们的来电通知全苏区红军，并号召他们以热烈的同志精神，准备一切条件欢迎你们，达到三个方面军的大会合。"②中共中央西北局于 8 月初在求吉寺召开会议，决定乘敌主力尚未集中之前，先机夺取岷州（岷县）、洮州（临潭）、西固（舟曲）地区，以利继续北进。5 日，朱德总司令签发了《岷洮西固战役计划》，红二方面军定于 12 日由包座出动，20 日以前到达哈达铺，担任策应第 1、第 2 纵队任务。16 日，红二方面军先头部队沿达拉河进入甘肃境内，18 日，部队抵俄界后沿达拉沟、白龙江而下，到达莫牙寺、罗大里。23 日，第 6 军团过腊子口，于 25 日到达哈达铺。与此同时，红二方面军总指挥部、红 2 军团、红 32 军进入甘南，24 日到达俄界附近的蔡里公坝，并继续向腊子口、哈达铺方向前进。

9 月 1 日，红二方面军总指挥部及红 2 军团先头部队到达哈达铺。红 6 军团攻打礼县县城未克后部队撤至祁家窑一带休整。6 日，红 2 军团和红 32 军全部到达哈达铺地区。此时，任弼时也从红军总部回到驻哈达铺的红二方面军指挥部。

2. 成功实施成徽两康战役

在红四、红二方面军先后进入甘肃后，党中央于 8 月 30 日发布了《对一、二、四方面军行动方针的意见》。

红二方面军总指挥部于 9 月 7 日制定了成（县）徽（县）两（当）康（县）战役计划，次日发布《第二方面军基本命令》，并电告朱德、张国焘。为完成中央制定的战略部署，红二方面军于 11 日起，开始实施战役计划。红二方面军进攻方向是敌人兵力布置相对薄弱的国民党第 3 军王均部与川军孙震部的结合部，战役开始后，进展迅速。

---

① 中央档案馆编:《红军长征档案史料选编》,学习出版社,1996 年,第 513—514 页。
② 中央档案馆编:《红军长征档案史料选编》,学习出版社,1996 年,第 515 页。

左路纵队红6军团沿礼县崖城、天水娘娘坝、徽县高板一线，向两当前进。17日，红6军团进至徽县马家庄后分兵两路，并于次日攻占徽县；18日凌晨，红16、红17在打入两当县地下工作者的配合下智取两当。20日，红16、红17攻击陕西凤县未克，部队随后返回两当。中路纵队红2军团4师和红32军于9月11日部队出发后，并于18日拂晓成功占领成县。红32军遂留守成县地区。红2军团第4师后驻守徽县县城。右路纵队红2军团第6师，12日从宕昌县出发后，16日到达西和县太石河乡，并于19日占领康县。随后，该师第16团和第18团由略阳进至徽县，第17团驻留康县。

9月11日至20日，红二方面军10天时间里行程700余里，相继攻克成县、徽县、两当、康县4座县城和西和、礼县、武都及陕西略阳、凤县的部分地区，圆满完成成徽两康战役计划。25日，国民党王均部第35旅及补充团，从武都出发向成县反扑。26日，红32军及红2军团4师11团在成县西之大船坝、小川镇一带迎敌。27日，红二方面军总部命令红2军团开往成县，伏击敌人。此役共毙伤敌数百名，俘虏300余人。战斗结束后，红32军和红2军团移师徽县之红川一带。

3. 开辟陇南临时革命根据地

为了执行中共中央关于在陇东南一带建立临时革命根据地的指示，成徽两康战役胜利结束后，红二方面军除以一部分兵力继续围攻凤县、略阳外，驻守各县的部队开始在陇南地区建立党的组织和革命政权，领导群众开展革命斗争，进行临时革命根据地建设的工作。

在党的组织方面，1936年9月成立了中共甘陕川省委，下辖中共两当县工委。在政权组织建设方面，19日，成县苏维埃政府成立；20日，两当县苏维埃政府成立；21日，徽县苏维埃政府成立；同日，康县苏维埃政府成立。军事组织有陇南抗日游击队、徽县工农抗日游击大队、两当香泉义勇军。群众团体方面，成立组织了两当县农会、徽县回民自治委员会、礼县抗日救国会。地方党政群革命政权发动群众斗地主，打土豪，仅半月时间，陇南各县就有 2000 余名青年参加红军。

经过红二方面军的战略行动和卓有成效的工作，使陇南广大地区成为中国共产党同国民党反动派斗争的新的战略区域，陇南临时革命根据地的开辟，在西北地区形成了与陕甘宁革命根据地以及红一、红四方面军互相呼应的有利局面。

4. 支持中央决定，维护红军团结

1936 年 9 月初，蒋介石在解决"两广事变"后，急调胡宗南部兼程北返，同时，命令驻防甘肃的国民党军毛炳文、王均部及川军孙震部围追堵截并协同青海马步芳部进攻红四方面军；令国民党第 25、49、51、140 师以及第 3 军、东北军、西北军和川军各一部，向陕甘南部边境之成县、凤县、略阳、康县地区推进，围堵红二方面军；令宁夏马鸿逵部和在甘肃固原及其以北的何柱国、马鸿宾部从南北夹击清水河以西的红一方面军主力。

13 日，中央军委下达打击蒋介石嫡系胡宗南部为主要目的的静（宁）、会（宁）战役计划。中央军委指出："在这一对中国红军的发展与中国抗日战争之发动有着决定意义的战略行动中，三个方面军需用最大的努力与最亲密的团结以赴之！"[1]14 日，任弼时、贺龙、刘伯承向毛泽东、周恩来、彭德怀和红四方面军领导致电："我们完全同意在运动战中消灭蒋敌新调主力。"[2]16 日，中共中央西北局在岷州三十里铺召开会议，会上，朱德、陈昌浩等否定了张国焘西渡黄河去甘肃西北的主张，并拟定了《通庄静会战役计划》。会后，朱德、张国焘、陈昌浩将此战役计划报告给中共中央并通报给红二方面军，并于 18 日晚通知在漳县的红四方面军前敌指挥部。

19 日，任弼时、贺龙等致电朱德、张国焘、林育英、洛甫、周恩来，提出建议："马上以军委主席团集中指挥三个方面军作战，岷县朱、张，

---

① 中共中央文献研究室编：《任弼时年谱》，中央文献出版社，2004 年，第 289 页。
② 中共中央文献研究室编：《任弼时年谱》，中央文献出版社，2004 年，第 289 页。

陕北周、王应速亲临前线，会合工作。"①中央表示完全同意红二方面军提出的建议。21日，红二方面军总指挥部在徽县收到中共中央和军委制定的《静会战役计划》后，贺龙、任弼时等当即致电中央及红四方面军："静会战役计划已收到。我们认为这不独是适合当前军事、政治形势上需要之正确决定，而且是一、二、四方面军有会合后，三个方面军在军事上能得到统一集中领导。"

三个方面军正在积极准备实施静会战役计划时，张国焘在西北局漳县会议上，推翻岷州会议决定，坚决反对静会战役计划。朱德得知后，立即将这一情况报告中央，中央即致电二、四方面军，指出：红军第一步应集合三个方面军于静宁、会宁、定西线及其南北给胡敌以相当打击，使胡敌不能达到隔断红军、各个击破之企图。并强调"此是西北大计。"②26日，中央致电任弼时、贺龙、刘伯承："请你们向国焘力争北上计划之有利，西进将被限制于青海一角，尔后行动困难，且妨碍宁夏战役计划。"③同日，彭德怀也致电朱、张、任、贺等人，认为张国焘行动"欠全善"，希望他"重新和冷静考虑"。④

为维护中央领导和红军团结，红二方面军领导人多次致电张国焘，要求其尽快停止一意孤行的西进行为，服从全党全军的大局。26日，任弼时、贺龙、关向应、刘伯承、甘泗淇、王震、陈伯钧等联名致电朱德、张国焘、徐向前、陈昌浩，提出了三点意见。27日，就上述意见向中央汇报："我们已电朱、张、徐、陈，请求暂令四方面军停止现地，以待中央最后决定。"在时间紧迫的情况下，建议中央"即按各方情况与需要，迅速作出三个方面军目前行动计划的决定"⑤。同日，中共中央书记处和政治局讨论张国焘的西进计划后，致电朱德、张国焘并红一、二、四方面军首

---

① 中共中央文献研究室编：《任弼时年谱》，中央文献出版社，2004年，第290页。
② 中共中央文献研究室编：《任弼时年谱》，中央文献出版社，2004年，第292页。
③ 中共中央文献研究室编：《任弼时年谱》，中央文献出版社，2004年，第292页。
④ 中共中央文献研究室编：《任弼时年谱》，中央文献出版社，2004年，第292页。
⑤ 中共中央文献研究室编：《任弼时年谱》，中央文献出版社，2004年，第293页。

长："四方面军应即北上与一方面军会合，以利我主力之行动。"并要求三个方面军指战员"发扬民族与阶级的英勇精神，一致团结于国际与中央的路线之下，为完成伟大的政治任务而斗争"[1]。

在中共中央的一再指示及红四方面军广大指战员对张国焘行为的坚决抵制下，张国焘迫不得已，才被迫于29日重新下达北进命令，红四方面军开始按照中央部署北上。

5. 撤离陇南转移北上

红二方面军在坚决执行中央制定的静会战役计划的同时，就红二方面军的具体情况向中央作了汇报，中央表示同意。并指示：在四方面军北上条件下，只要情况允许，你们应尽量争取在现地区休整扩大。就在红二方面军休整陇南之际，9月底，局势却发生急剧变化。敌人正从北、南、西三个方向向红二方面军逼来，红二方面军已陷入腹背受敌的危险境地。

红二方面军领导分析敌情后，于10月1日致电中共中央军委："我活动内幅狭小，地区贫困，人口稀少，不利于我扩红筹资与休整。"[2]2日，中共中央急电回复："胡宗南十余个团数日内即将到达清水、秦安地域，与天水王部靠近，二方面军应准备迅即开始移动，取天水以西道路。"[3]3日凌晨1时，中央再次急电：胡宗南一部已到清水，关麟征4个团开宝鸡，令红二方面军乘胡敌尚未全部集中之时，以支队掩护，主力迅速走武山附近地区，向北转移。同日，任弼时、贺龙、关向应在徽县发布《第二方面军基本命令》。4日，红二方面军北进会合红一方面军的命令下达后，红二方面军分为两个纵队，离开成徽两康地区向北转移。

6. 突破封锁线，会师将台堡

4日，红二方面军右纵队6军为先导，放弃两当，开始北上。5日，任弼时、贺龙、关向应、刘伯承率左纵队撤离徽县，行军到高桥。出发时，致

① 中央档案馆编：《红军长征档案史料选编》，学习出版社，1996年，第542页。
② 甘肃省军区党史资料征集办公室编：《三军大会师》，甘肃人民出版社，1987年，第633页。
③ 中共中央文献研究室编：《任弼时年谱》，中央文献出版社，2004年，第295页。

电中央及红四方面军："我们依据毛、周二日电示，决于六号放弃徽县，经过天水、甘谷与西和、武山中间地带向通渭转移，计十四日可集中。""关于胡、王敌情，望随时电示。"①

红二方面军撤离时，敌人抢占了成县，为摆脱敌人重兵云集的压力，争取时间渡过渭河，部队行动仓促，致使分散在康县地区发动群众的 6 师 17 团来不及收拢，遭敌人包围，全部损失。5 日，红 6 军进入天水李子园，16 师师长张辉率部袭击娘娘坝，不幸在战斗中牺牲。7 日，左纵队从远门镇、沿河之线到达盘关镇地区。右纵队到达横河镇。16 师至盐关镇附近时，受到敌人侧击，损失严重，16 师政委晏福生身负重伤。8 日，左右两纵队在礼县固城镇地区会合。9 日，右纵队出礼县进入甘谷县盘安镇，左纵队翻越礼县分水岭进入武山，击溃敌国民党保安部队的阻截后，占领洛门镇，在此准备抢渡渭水。

在重重困难面前，红二方面军领导人处变不惊，沉着指挥部队过河。对夺路北上的红二方面军，中共中央表示了极大的关注，不断通报敌情，并就前进方向给予及时指导。10 月初，党中央命令红一方面军第 1 军团第 2 师及骑兵团，向将台堡、硝河城一线集结，与第 1 师靠拢，增强了策应红二方面军北上的力量。并派红 1 军团代理军团长左权、政治部副主任邓小平赶往兴隆镇与红 1 军团政委聂荣臻会合，准备迎接红二方面军。彭德怀也多次指示部队做好迎接的准备。5 日，致电左权、聂荣臻："二方面军已开始北进与一方面军会合，并准备在一星期内过渭水，大拟走天水、秦安以西的界石铺。"②9 日，又致电后方："我四方面军已到会宁与我一师会合。我二方面军亦不日可到，你们准备慰劳品送豫旺堡。"③10 日，毛泽东、周恩来电告朱德、张国焘、贺龙、任弼时、关向应、刘伯承：红四方面军掩护二方面军提前北进；红二方面军速通过通渭，进到界石铺、通渭

---

① 中共中央文献研究室编：《任弼时年谱》，中央文献出版社，2004 年，第 296 页。
② 秦生：《红军长征在西北》，兰州大学出版社，1991 年，第 188 页。
③ 秦生：《红军长征在西北》，兰州大学出版社，1991 年，第 188 页。

之间休息，准备经界石铺转靖远、静宁、固原、隆德之间。11日，中共中央、中革军委下达为宁夏战役作准备的《十月份作战纲领》。次日，毛泽东、周恩来电告朱、张、贺、任："二方面军渡河后可缓缓向通渭以北开进，以免过度疲劳。"①

红二方面军在甘谷、武山间强渡渭河后，右纵集结杨家庄，左纵集结永福镇。12日，红二方面军向会宁方向急进，部队进至礼辛镇、毛家店之线。13日在东北军一部的帮助下，越过敌西兰公路封锁线。14日，致电中央及四方面军，拟在通渭北部稍作休息后，即向单家集、硝河城前进。15日，红二方面军总指挥部率红2军团和红32军经通渭县境内进入会宁侯家川，红6军团在军长陈伯钧、政委王震率领下由静宁县进入会宁杨崖集、青江驿一线，与红四方面军第9军和红1军团21部先后会师。16日，再电：红二方面军进至单家集、硝河城线后即可开始休息整理。

17日，红二方面军指挥部进至会宁太平店，18日，红二方面军6军团到达会宁以东的老君铺（今老君坡），与红一方面军1师先头部队5会师。19日，红二方面军总指挥部决定指挥全方面军向硝河城方向移动。21日，贺龙、任弼时、关向应、刘伯承等来到6军驻地老君铺，由张子意陪同前往平峰镇（现属宁夏回族自治区）与红1军团代理军团长左权、政委聂荣臻见面；22日，贺龙、任弼时、关向应率2军团在甘肃隆德县境内的将台堡（现属宁夏回族自治区），与红1军团1师胜利会师。至此，红二方面军终于胜利完成了长征任务，保存了11500人的红军队伍。

从10月4日至22日，红二方面军在夺路北进，实现大会师的过程中，经历了长征中所遇到的最大危险，部队受到了很大损失。但是，在这种极为不利的情况下，红二方面军英勇苦战，终于在敌人重围中杀出一条血路来，突破封锁线，实现大会师。胜利完成了历时1年，转战湘、黔、滇、康、川、青、甘、陕8省，行程两万余里，大小战斗110多次的

---

① 中共中央文献研究室编：《任弼时年谱》，中央文献出版社，2004年，第298页。

伟大长征。

三、"三大主力"会宁会师（红一、二、四方面军大会师）

（一）三军大会师决策的提出

为贯彻瓦窑堡会议制定的抗日民族统一战线方针，实现一切抗日力量有核心的凝聚，1936 年 5 月，中共中央决定将红军整编为西方野战军，开始实施西征战役。先后解放曲子、环县、豫旺、赤安、固北、赤庆、定边、安边、盐池等县，扩大陕甘根据地为陕甘宁根据地。

7 月 1 日，红二、四方面军在甘孜胜利会师后，毛泽东、周恩来等 68 人致贺电指出："我们以无限的热忱庆祝你们的胜利会合，欢迎你们继续英勇的进军，北出陕甘与一方面军配合以至会合，在中国的西北建立中国革命的大本营"；8 月 12 日，中共中央提出了红军主力会合后夺取宁夏的战略计划。计划三个方面军于 10 月或 11 月在陕甘大道会师，占领宁夏，组织抗日联军先锋军，出兵绥远，抗击日军和伪蒙军，把全国抗日运动推向新阶段。这一战略计划的提出，意味着红军三大主力即将在甘肃实现大会师。

（二）红军三大主力在会宁地区实现大会师

面对三大主力红军即将会师西北的局面，蒋介石令胡宗南部抢占西兰公路静宁、会宁、定西段，以截断红军会师通道，会同毛炳文部、王均部、孙震部、马步芳部及东北军一部，企图歼灭红军于西北。针对敌情变化，中共中央和西北革命军事委员会于 9 月 13 日发布《静会战役计划》。要求红四方面军迅速北进，赶在敌人之前占领静宁、会宁、隆德、定西等地，控制西兰大道，与红一方面军夹击进到西兰大道的胡宗南部，进而实现会师目标。然而，张国焘此时却提出要红四方面军独自西进青海、甘西的计划。

16 日至 18 日，中共中央西北局在岷县三十里铺召开会议，会上朱德等人说服张国焘，使其同意北上。但在 23 日召开的中央西北局漳县盐井镇会议上，张国焘出尔反尔作出部队西进决定。26 日至 27 日，中央一再明令张国焘停止西进，要求其迅速北上，与红一方面军会师。红二方面军领导人也发电报向张国焘做劝说工作。加上西进道路受阻和四方面军广大指战员反对西进，张国焘不得不在 27 日召开的中共中央西北局洮州（临潭）会议上，同意北上。

为策应红二、四方面军北上会师，30 日彭德怀作出红一方面军南下的部署，以红 1 军团一部控制西兰大道，红 15 军团骑兵团组成特别支队，从同心城附近出发，长途行军 300 多里，于 10 月 2 日攻占西兰大道重镇会宁县城，歼敌 400 多人。随后，红一方面军第 1 军团代军团长左权、政治委员聂荣臻率领第 1、2 师到达会宁，控制东起界石铺、西至会宁 100 多里地段，为会师打下地域基础。

9 月底，陇南临时根据地局势紧张，由于张国焘延误时日，胡宗南部已由西安进至清水、秦安、庄浪地区，同毛炳文部和王均部靠拢，红二方面军陷入腹背受敌的危险境地。10 月 1 日，红二方面军致电中央，要求撤离成徽两康地区，中央电复同意。任弼时、贺龙、关向应随即发布《第二方面军基本命令》，率全军北上。

红一、四方面军率先实现会师。9 月 30 日，红四方面军从临潭、岷县、武山、漳县等地出发，分 6 路纵队向通渭、庄浪、会宁、静宁前进。10 月 9 日，朱德、张国焘等率红军总部和红 4 军、31 军抵达会宁城，受到红一方面军 1 军团 1 师师长陈赓、政治委员杨勇等热烈欢迎。10 日，举行规模盛大的庆祝会师联欢大会。中国共产党中央委员会、中华苏维埃中央政府、中央革命军事委员会于 10 日联合发表《为庆祝一、二、四方面军大会合通电》，《通电》指出：全国主力红军的会合与进入抗日前进阵地，在中国与日本抗争的国际火线上，在全国国内政治关系上，将要起一个决定作用了。

红二方面军在甘谷、武山间强渡渭河后，进入静宁、会宁境内。22 日，在隆德将台堡（今属宁夏回族自治区西吉县），红二方面军领导人任弼时、贺龙、关向应等与红一方面军红 1 军团负责人左权、聂荣臻等会合。

至此，红二方面军胜利完成了历时 1 年，转战湘、黔、滇、康、川、青、甘、陕 8 省，行程两万余里，大小战斗 110 多次的长征。

（三）山城堡战役的胜利

三军会师后，国民党政府派遣大批部队向会宁地区逼来。10 月 20 日，红军撤离会宁城，向北转移。23 日，朱德、张国焘等与彭德怀、徐海东、程子华等在打拉池会合。转战期间，红四方面军 5 军在华家岭与敌激战，副军长罗南辉等 880 余名指战员壮烈牺牲。

为执行宁夏战役计划，红四方面军第 30 军、9 军、5 军先后渡过黄河。后因战场形势变化，宁夏战役计划无法执行，过河部队随后组成红西路军，开始征战河西走廊。

为扭转河东战局，11 月中旬，中革军委决定集中会师后三个方面军的合力，打击胡宗南的第 1 军。此时任前敌总指挥的彭德怀选定位于环县以北的山城堡为战场。

20 日，敌 78 师进占山城堡、小台子、凤台堡等地。21 日下午 2 时，红军对山城堡之敌形成包围态势。随即红一方面军主力和红四方面军红 4 军、31 军向山城堡之敌发起攻击。经过一夜激战，共歼胡宗南部 78 师 232 旅及 234 旅两个团。与此同时，向盐池、定边方向进攻之敌，亦被红 28 军击溃。山城堡战役是红军三大主力会师后打的第一个歼灭战，在中国革命战争史上占有重要地位。聂荣臻评价："这一战斗对国内和平和抗日战争的实现，起到重要的促进作用"。

（四）红军三大主力胜利会师的伟大意义

1935 年 12 月 27 日，毛泽东在《论反对日本帝国主义的策略》一文中指出："讲到长征，请问有什么意义呢？我们说，长征是历史纪录上的第一次，长征是宣言书，长征是宣传队，长征是播种机。"认真领会毛泽东对长征的高度评价，有重要历史和现实意义。

1. 红军三大主力会师，标志着长征的胜利结束，实现了北上抗日的战略目标。在为时两年之久的红军长征中，无论面对多少敌人，无论遭遇多少艰难险阻，但始终高举北上抗日的旗帜。会师意味着中国工农红军突破了数十万国民党军的层层封锁和围追堵截，实现了北上抗日的重大战略转移，完成了中国革命史上的伟大创举。

2. 红军三大主力会师，为建立抗日民族统一战线奠定基础。三大主力红军会师的实现，是在一个特殊的历史转折时段。由于日本侵略中国，激起了全国各阶层、各族各界人民的强烈抗日要求，抗日救亡运动不断掀起高潮，促使国民党及其军队内部发生着分化。1935年12月，中共中央瓦窑堡会议提出了建立抗日民族统一战线的新策略，并积极开展对东北军、西北军及西北地方势力的抗日统战工作，西北地区大联合的局面已然出现。大会师促成局面的进一步巩固和发展，也增强了张学良、杨虎城等人抗日的决心，距山城堡战役结束仅仅半个多月，震惊中外的西安事变发生了。可见，红军三大主力会师为抗日民族统一战线的形成奠定了基础。

3. 红军三大主力会师，实现了党和红军空前的团结统一。红军三大主力的会师，使党和红军实现了空前的团结统一。1935年9月，由于张国焘搞右倾分裂主义，导致红四方面军南下，红军整体力量削弱。而1936年的大会师，使全国主力红军在党中央的直接领导下，走向新的团结和统一。

4. 红军三大主力会师，标志着中国革命由挫折走向胜利。长征是在第五次反"围剿"失败的被动情况下进行的，途中又遭受严重损失，造成一些人对中国共产党以及武装力量持悲观看法，但"北上抗日"得到全国各族各界人民的拥护和支持，结果使其由军事上的被动转为政治上的主动，开始了由国内革命战争向抗日战争的转变，开启了中国革命的新历程。

四、红西路军征战河西的历史意义

2019年8月20日，习近平总书记视察甘肃期间，参观了张掖高台中国工农红军西路军纪念馆并发表重要讲话。他强调："我心里一直牵挂西路军历史和牺牲的将士，他们作出的重大的不可替代、不可磨灭的贡献，永载史册。他们展现了我们党的革命精神、奋斗精神，体现了红军精神、长征精神，我们要讲好党的故事、红军的故事、西路军的故事，把红色基因一代代传承下去。"

1936年10月，中国工农红军一、二、四方面军会师后，红四方面军5军、9军、30军等部共21800人，在方面军指挥部率领下，根据中革军委的指示，从甘肃省靖远县河包口等地渡过黄河，执行宁夏战役计划。后因战场形势的变化，经党中央批准组成西路军，向河西走廊进军。西路军在极为严酷的自然条件下与敌人浴血奋战4个多月，终因敌我力量悬殊等原因而失败。

红西路军虽然失败了，但红西路军指战员对中国革命无限忠诚，与优势敌人浴血奋战，歼敌2.5万多人，先后占领了古浪、山丹、永昌、高台、临泽数座县城，在战略上配合和支援了河东主力红军的斗争；红西路军指战员，贯彻执行党的抗日民族统一战线方针，发动群众建党建政，建立了永昌、山丹、临泽、高台4县的苏维埃政权，扩大了党和红军的影响，极大地促进了河西人民的觉醒，在千里河西撒下了无数革命火种。红西路军创建的可歌可泣的壮丽业绩，已经载入了史册，将永远为党和人民所铭记。

红西路军虽然失败了，但红西路军指战员在空前恶劣的自然环境和艰苦卓绝的斗争中，以自己的思想品德、坚强意志和出色表现，凝聚形成了崇高而宝贵的红西路军红色事迹。这是中国共产党领导的人民军队，在革命斗争的实践中所表现出来的具有多层次、多角度丰富内涵的无产阶级革命精神。红西路军有着矢志不渝崇高的共产主义理想和革命必定胜利的坚定信念，正是在这样一个共同的思想基础之上，红军指战员团结一心，众志成城，屡遭挫折而不动摇，在战胜了千难万险之后，余部到达新疆，最后回到了延安；红西路军在气候条件极其恶劣的雪山、大漠的严峻环境中，与十余倍于己的陆空配合的优势敌人浴血奋战，表现出了中国共产党人和人民军队英勇顽强、敢于斗争、不畏艰险、不怕牺牲，与敌人血战到底的革命英雄主义气概；红西路军指战员以大局为重，纪律严明，发扬团结友爱精神，在军事上密切配合，在物质上互相支援，表现出顾全大局、严守纪律、精诚团结、互相支援的革命精神。红西路军征战河西的英雄事迹是宝贵的历史遗产，具有永恒的价值。凝聚其中的理想信念不动摇，革命意志不涣散，奋斗精神不懈怠，团结一致、艰苦奋斗、不畏险阻，敢于战胜一切困难的大无畏精神等，都是中国共产党人世代传承的宝贵精神财富。这些珍贵的历史遗产永远也不会过时。

第五讲 "八办"抗战"接待站"

1937 年 7 月 7 日，抗日战争全面爆发，国共两党组建抗日民族统一战线，开展第二次合作。根据国共两党达成的合作抗日协议，中共中央、中央军委以八路军的名义在国民党统治区的一些主要城市先后公开设立一批合法机构，即八路军办事处。八路军办事处在中国共产党领导下，既负责与国民党政府军事专员进行军事情况的沟通交换，又承担为八路军、新四军筹集经费、物资和输送人员等任务。同时在国统区这个特殊的战场，积极宣传中国共产党的抗日主张，开展抗日民族统一战线和国际反法西斯统一战线工作，为争取抗日战争的胜利作出了特殊的历史贡献。

八路军驻甘办事处是抗日战争时期中国共产党领导甘肃人民开展全民族抗战救亡运动的重要基地，也是西北国际交通线上的重要枢纽。它的前身是党中央借助"西安事变"后的有利形势，于 1937 年 5 月在兰州秘密筹建的"红军联络处"。中国工农红军改编为国民革命军第八路军后，8 月 25 日兰州红军联络处正式更名成立"国民革命军第八路军驻甘办事处"，9 月又改称"第十八集团军驻甘办事处"。由于设在甘肃省会兰州，习惯上称"八路军兰州办事处"，简称"八办"。

八路军兰州办事处在党代表谢觉哉、处长彭加伦、伍修权等同志领导下，坚持斗争 6 年多，出色地开展了抗日民族统一战线工作，组织和推动了甘肃抗日救亡活动，全力营救了失散在甘肃和西北地区的红西路军干部和战士，输送了大批进步青年到延安学习或参加革命活动，加强同苏联外交代表处和军事代表处的联系，接待和保护过境兰州的党的领导人和重要干部，转运苏联支援抗日战争物资，指导、协助中共甘肃省工作委员会扩大了党的地下组织，对甘肃的革命斗争和争取抗日战争的胜利发挥了重要的作用，被周恩来同志亲切地赞誉为"革命的接待站，战斗的指挥所"①。

一、八路军兰州办事处设立的背景

1931年9月18日晚，日本关东军在沈阳北郊柳条湖村附近炸毁了南满铁路，反诬中国军队破坏铁路、袭击日本守备军，并突然进攻中国东北军驻地北大营和沈阳城，制造了震惊中外的"九·一八"事变。此时，中日民族矛盾日益上升为中国社会的主要矛盾，但国民党蒋介石集团却采取媚日外交，在军事上对日本执行不抵抗政策，一味妥协退让，张学良及其率领的东北军奉行蒋介石"攘外必先安内"的政策，近20万军队未予抵抗不战而退，致使东三省沦入敌手，华北危在旦夕；另一方面，蒋介石却调集数十万大军，对中共领导的苏区发动大规模的反革命军事"围剿"。在这一时期，中国共产党根据形势的变化，及时将对国民党蒋介石集团的策略由"反蒋抗日"转变为"逼蒋抗日"。1936年5月5日，毛泽东、朱德联名发出《停战议和一致抗日通电》，呼吁"停战议和，一致抗日"，正式放弃"反蒋抗日"口号，第一次公开把蒋介石作为联合的对象，在社会各界产生巨大反响。8月25日，中共中央发出致中国国民党中央委员会并转全体国民党员的信，倡议在抗日的大目标下，国共两党实行第二次合作。

随着日本对中国侵略的加剧，国内抗日的呼声越来越高。12月12日，张学良、杨虎城发动了西安事变，扣留来陕督战的蒋介石及其随员，实行"兵谏"，提出抗日救国八项政治主张。为了促使抗日民族统一战线的迅速建立，迫使蒋介石抗日，中国共产党确定了用和平方式解决西安事变的方针，派周恩来、叶剑英、秦邦宪等组成"中共代表团"到西安与张、杨协商，同蒋介石开展谈判。在周恩来与张学良、杨虎城共同努力下，经过艰巨的斗争，迫使蒋介石接受了联共抗日的条件，作出了"停止剿共、联红抗日"等六项承诺。西安事变的和平解决，促成十年内战局面基本结束，

---

① 牛庆国：《兰州"八办"的故事》，《甘肃日报》2005年9月2日，第5版。

开始了国内和平的新时期，党的工作重心也转向"联蒋抗日"的国共第二次合作。

1937年7月7日，卢沟桥事变爆发，中华民族全面抗战开始。为抵制日本帝国主义的大肆侵略，8日，中国共产党向全国发出《中国共产党为日军进攻卢沟桥通电》，号召并团结全国各族人民展开斗争，并联合国内军民共同开创与形成抗日爱国统一战线。13日，日军在不断扩大对华北进攻的同时，大举增兵上海，上海形势日趋紧张，直接威胁到国民党统治集团的心脏地区和美、英等国的在华利益。在中国共产党的不断努力和全国人民要求抗战的呼声越来越高的压力下，加上国民党政府急于调动红军开赴抗日前线，蒋介石表示接受国共合作抗日的主张。25日，中共中央军事委员会发布红军改编的命令，将陕甘宁边区的红军主力部队改编为国民革命军第八路军，辖第115、第120、第129师，任命朱德为总指挥，彭德怀为副总指挥。同时将原活动在南方8省的红军和游击队改编为国民革命军陆军新编第四军。9月中下旬，中共代表与国民党代表经过曲折复杂的谈判，双方终于达成协议，中国共产党承认国民党在全国的领导地位，在全国范围停止推翻国民政府的武力暴动方针，苏维埃区域改为中华民国特区，停止没收地主土地政策等。国民党承认中国共产党和各抗日党派的合法地位，承认陕甘宁边区。22日，国民党中央通讯社播发了搁置已久的《中共中央为公布国共合作的宣言》。23日，蒋介石在庐山发表团结御侮的谈话。中国共产党合作宣言和蒋介石谈话的发表，宣告第二次国共合作的实现，标志着中国共产党倡导的抗日民族统一战线的正式形成。

在八路军主力积极对敌作战于前方的同时，为了更广泛地开展抗日民族统一战线工作，中共中央和中央军委派出周恩来、朱德、博古、林伯渠、董必武、彭德怀、叶剑英、陈云、邓发、张云逸等重要干部前往国统区，与国民党中央和地方当局开展合作抗日谈判，在国民党统治区公开设立办事机构，八路军兰州办事处就是在这种背景下设立的。

二、八路军兰州办事处的设立

1936 年 10 月下旬，红四方面军一部奉中革军委命令，西渡黄河准备执行宁夏战役计划。24 日，红四方面军 30 军先头部队在靖远河包口（今虎豹口）成功渡河。此后，红 30 军、红 9 军、红 5 军及总部直属部队渡过黄河，共计 21800 余人。11 月 11 日，渡河部队根据中共中央决定组成西路军西征。当部队行进到河西走廊时，遭到国民党马步芳、马步青等近 10 万骑兵和地方民团的围追堵截。在冬装、弹药、粮食奇缺的极端困难条件下，红西路军同马家军沿祁连山英勇激战 4 个多月，歼敌 25000 余人，最后终因力量悬殊而失败。除了部分人突围去了新疆星星峡外，大部分指战员壮烈牺牲，有的受伤被俘，有的流散在甘肃、青海各地。幸存下来的将士，不断遭到敌人的追捕和杀害。

随着西安事变的和平解决和国内外形势的发展，国共两党合作抗日的局面逐渐形成。在这种形势下，为了推动甘肃国共合作局面的尽快形成，营救西路军失散被俘人员，查找当时下落不明的西路军领导人，周恩来向党中央提出在兰州设立办事处的问题，先后派吴鸿宾、张文彬从西安前往兰州了解实际情况。随后，党中央调陕西云阳红军办事处主任彭加伦负责筹备工作。1937 年 5 月，党中央派彭加伦、张文彬率领朱良才、况步才、黄文彬、王大成、刘富秀等人从西安来到兰州，向甘肃省代主席贺耀祖递交了周恩来、叶剑英的亲笔书信，以兰州市南滩街 54 号（今甘南路 700 号）为工作地点，正式开始筹建红军联络处，负责营救被俘、流落的红西路军将士。当时国共合作尚未正式形成，由于主要负责筹建工作的是彭加伦，对外便称作"彭公馆"。

"七七事变"后，为加强党在甘肃的统战工作，争取国民党军政上层人士团结抗日，并加强对兰州红军联络处的领导。7 月 17 日，中共中央派谢觉哉来兰州，领导甘肃的抗日救亡工作。当时国民党政府的甘肃省代主席是贺耀祖，他原来是湖南的军阀，大革命时期党曾派谢觉哉以国民党员的身份去做贺耀祖的工作，争取他参加了国民革命军。由于谢觉哉和贺耀祖有过这段友谊，谢觉哉到达兰州，开展甘肃方面的抗战工作，争取贺耀祖等国民党的军政上层人士团结抗日，并加强对兰州办事处的领导。8月25日，中央革命军事委员会发布命令宣布红军改名为国民革命军第八路军后，兰州红军联络处正式挂牌"国民革命军第八路军驻甘办事处"，宣告正式成立，由半公开成为公开的组织。9月又改为"国民革命军第十八集团军驻甘办事处"，习惯称"八路军兰州办事处"或"兰州八办"。张文彬后因另有任务奉命调回延安，由彭加伦担任第一任处长，代表八路军总部进行内外的联络工作。谢觉哉作为中共中央驻甘肃代表，主要负责对国民党上层及地方各界的统战工作，同时指导甘肃地区的地下党活动。

1937年8月21日，苏联与中华民国南京政府在南京签署《中苏互不侵犯条约》，给予中国大量援助，西北地区作为苏联运送援华物资的唯一陆上通道，成为供养中国抗日力量的至关重要的命脉。兰州作为通往新疆、苏联的唯一道路，也是苏联援华抗日的战略基地以及苏联共产党和中国共产党联系的一个联络站。抗日战争全面爆发后，苏联共产党和人民大力支援我国抗战，派出志愿航空队来华对日作战，并在兰州建立了机场，设立了外交代表处和军事代表处，协调援华有关事宜。为协调中苏双方的工作，10月，国民政府经济委员会在兰州成立中央运输委员会，年底在新疆成立分会，承办有关苏联援华物资运输事宜。这样，兰州便成了对外联系的一个重要枢纽。大批援华物资也由苏联经新疆运到兰州，然后再分别运往各地。这些物资直接支援了中国战场，有力地支持了中国人民的抗日战争。

沟通中共中央与苏共的关系，传递重要文件和资料，负责来往人员的接待和各种军需物资的转运，都是八路军驻兰州办事处的工作。由于彭加伦等工作人员都不懂俄文，对外联络极为不便。谢觉哉和彭加伦就电请中央派会说俄语的干部到兰州来工作。中央考虑到伍修权曾在苏联莫斯科中山大学、莫斯科步兵学校和苏联远东司令部学习和工作多年，回国后又曾为军事顾问李德当过翻译,对俄文比较熟悉,便决定派他到兰州接替彭加伦的办事处处长职务。1938年2月6日,中共中央派伍修权从延安到兰州,继任办事处处长。办事处也于13日迁址于兰州孝友街32号(今酒泉路314号)。同年秋天,谢觉哉返回延安工作。

三、八路军兰州办事处开展的主要工作

八路军兰州办事处成立后,在党代表谢觉哉、处长彭加伦、伍修权等同志的领导下,坚定地执行党的抗日民族统一战线政策,在极其险恶的环境和艰苦的条件下坚持战斗,全力营救西路军将士,宣传抗日主张,发展抗日民族统一战线,输送进步青年奔赴延安和抗战前线,接收和转运苏联援华物资,接待前往苏联路经兰州的我党领导同志,成为兰州开展抗日救亡的领导核心。

1. 全力营救西路军

中共中央和中革军委对红西路军的安危始终极为关注。西路军征战途中,中央坚持提供情报、研判形势和具体指导;西路军处于困境时,中央在考虑军事援助的同时,还通过政治谈判、多方疏通等手段,尽一切努力争取国民党方面停止攻击和迫害;西路军失利以后,中共中央又千方百计予以寻访、营救和接纳。

1937年2月27日,中革军委命令红4军、红31军、红28军、红32军组成援西军对西路军实施增援。3月5日,援西军从陕西淳化、三原等地出发,兼程西进。10日,援西军各部到达甘肃镇原县。11日,得知西路军征战河西行动失利,由于距离西路军遥远,加之在兰州一带驻防的西北军将被国民党中央军接防,援西军自身的行动也受到了极大的威胁和牵制。中央电令援西军就地驻防,在镇原城乡设立西路军接待站,派出大批人员赶赴泾川、固原、平凉及西兰公路沿线,书写、张贴通告,搜集西路军将士存活信息,积极展开了对失散人员的搜救、接待以及寻访和接应等有效活动。

西路军征战河西失利后，党中央通过政治谈判、多方疏通等手段，尽一切努力争取国民党方面停止攻击和迫害；通过利用国民党上层关系、发动爱国民主人士等各种策略和渠道大力开展营救。西安事变爆发后，还在西安与蒋介石进行谈判的周恩来根据中央的指示，应对西安事变后的复杂局势，将西路军的营救作为一个重要议题不断跟国民党谈判。通过谈判给马步青和马步芳施加压力，释放被俘的西路军指战员。同时通过发动各种关系，坚持不懈地进行秘密营救工作。

营救西路军被俘和失散人员一直是八路军兰州办事处的重点工作之一。5月，中共中央派张文彬、彭加伦等到兰州筹建了红军办事处，以此来营救西路军的被俘人员，收容其失散人员。卢沟桥事变以后，中共中央又特意委派谢觉哉来到兰州，以中共中央代表身份，加强对兰州办事处的领导。谢觉哉离开延安时，毛泽东主席和朱德总司令指示他，到兰州后要设法营救、收容被俘和失散的西路军人员。在办事处公开建立之前，就派张文彬、吴鸿宾到甘肃、青海等地调查西路军被俘人员的状况，并且设法进行营救。办事处成立后，把营救、收容工作和抗日民族工作融为一体，组织力量设法营救西路军失散人员。

1937年4月，张文彬闻讯驻守兰州的国民党97师的感化院中关押着由西宁、凉州等地转来的西路军被俘人员1300多人后，同国民党代理省长贺耀祖、绥靖公署主任朱绍良进行谈判，要求释放被俘西路军人员。不久，张文彬和感化院的地下党组织取得了联系，并商量营救事宜。5月，周恩来电联彭德怀等人，速派人到平凉调查并设法接回，防止西路军被俘人员到西安后无法脱身。彭德怀等人接到电文后，即刻让驻扎在镇原的援西军总部派出侦查人员，在平凉以东通西安的大路上侦察巡防。在援西军的策应下，被俘红军战士在押解西安、途经陇东边区时大部分逃回到陕北根据地。

为了弄清西路军人员的处境和生活情况，7月，周恩来派吴鸿宾多次到青海、甘肃河西地区调查围困的西路军情况。吴鸿宾调查后回到兰州，于8月2日向八路军兰州办事处作了汇报。根据吴鸿宾的报告，谢觉哉将被俘的红军分布情况写信给贺耀祖，不断通过贺耀祖和国民党上层人士向马步芳施压，要求释放被关押的红军将士；同时派人四处联络、查访，搜集情报，收容红军失散人员。12 日，周恩来、叶剑英获悉国民党 97 师新兵营关押着红军 89 师师长邵烈坤等数名干部，致电八路军兰州办事处设法营救。18 日，谢觉哉通过贺耀祖的关系，会见了国民党 97 师副师长韩锡候，救回了 8 名红军干部。11 月 21 日，马步芳把青海、武威、永登的 1500 余名被俘红军合编入"新兵团"准备送往第一战区的国民党卫立煌部队。当"新兵团"途经兰州时，谢觉哉得知消息，一面亲自与贺耀祖交涉，要求将该团拨交八路军；一面找上门去，向该"新兵团"团长讲明团结抗战的道理，规劝他把这支队伍交还共产党。同时，谢觉哉还安排办事处处长彭加伦亲临"新兵团"驻地讲话，鼓励被俘的同志们坚定信心，坚持革命斗争并做好回归的准备。"新兵团"秘密发往西安后，谢觉哉迅即电告八路军西安办事处阻其东去。"新兵团"一到西安，八路军西安办事处处长伍云甫就去驻地看望他们，并做了宣传鼓动工作。在八路军兰州和西安办事处的共同努力争取下，"新兵团"开到三原安吴堡时，由八路军驻三原留守处周必泉接收，使这批战士全部回到了党的怀抱，编入了八路军。

在营救西路军失散人员的工作中，还得到党外人士高金城的热情帮助。高金城生于 1886 年，河南襄城人，在开封教会福音堂医院毕业后在家乡行医布道。1927 年，受国民党爱国将领冯玉祥邀请，到郑州就任西北军伤病医院院长。1928 年在郑州与中共党员吴波认识并结成好友，1934 年到兰州开办福陇医院，他思想开放，医术精湛，为人慷慨大方。在行医的过程中，广泛地接触了社会，深切体验到了社会黑暗和人民的疾苦，对贫苦病人倍加关怀，做了不少好事，深受当地群众爱戴。西安事变后，国内政治形势发生了急剧变化。他与因病住在兰州福陇医院的旧友吴波重逢交谈，为中国共产党以民族利益为重，捐弃前嫌，不杀蒋介石的伟大举措深表佩服，完全拥护中国共产党提出的抗日民族统一战线的主张。

1937 年春，西路军在河西走廊失利之后，党指示吴波去西安协同负责西北地区党的工作的张文彬等研究营救问题。张文彬向吴波提出想派人深入河西了解情况，吴波推荐了虽不是共产党员，但思想进步、政治上比较可靠的兰州福陇医院院长高金城。后吴波前往青海，途经兰州与高金城面谈了营救西路军的事，高金城欣然允诺。8月1日晚上，刚从延安抵兰州仅3天的中共中央驻甘代表谢觉哉，偕同办事处处长彭加伦、秘书长朱良才在五泉山和高金城会面，商量营救西路军的具体办法，决定由高金城到张掖重新开设福音堂医院掩护营救工作。8日，高金城到张掖开设福音堂医院，利用行医的合法身份与便利条件，公开收容红军伤病员，并利用治病的机会，向流散红军传达党的关怀，宣传抗日形势，开展收容工作。许多红军伤病员在这里得到医治，不少失散红军闻讯而来，经兰州、西安办事处的安排回到了延安。当时，高金城的福音堂医院不仅是党在河西的秘密联络处，而且是西路军失散人员的收容点和转移站。在半年多时间里，高金城不畏艰难、千方百计救治伤员并营救红军200多名，并协助他们返回延安，为革命事业作出了重大贡献。

失散红军大批离开张掖，最终引起了国民党敌人的怀疑。1938年2月3日凌晨，高金城被马步芳部下韩起功骗至司令部驻地出诊，秘密审讯，逼迫高金城承认是共产党员，要他交出共产党员名单，交代放走了多少共产党人。高金城临危不惧，高声赞扬共产党人是爱国爱民、抗日救国的民族英雄，并怒斥国民党反动派是民族败类、国家的蛀虫、人民的敌人。恼羞成怒的韩起功见高金城誓死不从，将其杀害，时年52岁。

八路军兰州办事处对西路军指战员的接纳和救助工作一直延续到1940年，有200多干部战士在他们的帮助下，回到了西安、延安、庆阳、镇原等八路军驻地。据统计，"在党中央和八路军驻甘办事处、八路军西安办事处的共同努力下，先成批营救回延安的红西路军指战员有4700多人"[①]。这批

---

① 王东等：《八路军兰州办事处——革命的接待站战斗的指挥所》，《甘肃日报》，2021年6月4日，第5版。

将士历尽千难万险回到陕甘根据地，重新投入革命怀抱，成为共产党领导的抗日队伍的骨干。

2. 协助甘肃地方党组织开展工作

八路军兰州办事处成立后利用公开、合法等优势，积极为甘肃革命力量的发展创造有利条件，促动甘肃抗日救亡运动的开展。为了在甘肃建立广泛的抗日民族统一战线，中共中央决定建立中共甘肃省工作委员会，负责领导甘肃国统区的抗日救亡运动。经过 3 个月的筹建，1937 年 10 月中旬，在兰州、榆中等地建立党小组 4 个，共有党员 24 名。26 日，中共甘肃省工委（亦称兰州工委）在兰州正式成立，直属中共中央领导。[①] "按照党中央的指示，谢觉哉在八路军驻兰办事处主持召开了中共甘肃工委成立的重要会议，孙作宾任中共甘肃工委书记，郑重远负责组织农运工作，吴鸿宾负责宣传及回民工作，刘日修负责青年工作，窦志安负责军事工作，刘杰负责妇女工作。会议决定中共甘肃工委和八路军办事处的工作相互结合，为抗日民族统一战线的建立和发展共同奋斗。办事处侧重于开展公开合法的工作，中共甘肃工委的重点从事秘密地下斗争，发展壮大党的组织。"[②]办事处通过国民党上层的统战关系给一些中共地下党员安排了公开职务，掩护他们的地下活动。在办事处内为中共甘肃工委开办了培训干部的"党建训练班"，对一些地下党员和经过严峻斗争考验的党外积极分子进行马列主义和党的基本知识的教育。办事处的工作为甘肃党组织的发展创造了良好的条件，有力地推动着甘肃抗日救亡运动高潮的到来。[③]

3. 指挥甘肃抗日救亡运动

八路军兰州办事处的建立是甘肃抗日救亡工作的转折点。八路军兰州办事处和中国共产党甘肃工作委员会相互配合，利用各种机会开展甘肃统

---

① 贺永泰:《中共中央西北局组织系统研究:1941—1954 年》,复旦大学,2011 年。

② 李荣珍:《抗日战争时期中国共产党领导下的甘肃抗日救亡运动》,《档案》2005 年第 2 期,第 4—7 页。

③ 张磊:《伍修权与抗日烽火中的兰州"八办"》,《世纪风采》2019 年第 6 期,第 22—29 页。

战工作，接待各界来访群众，宣传中国共产党的抗战路线和政策，鼓励和指导建立群众性的救亡组织，创办抗日救亡刊物，组织募捐支援抗战。在甘肃党组织的积极努力下，甘肃抗日救亡团体纷纷成立，其中影响较大的有"甘肃青年抗战团""省外留学生抗战团""妇女慰劳会""西北青年救亡读书会""联合剧团"等。八路军兰州办事处还提出了"创办刊物，改造舆论"的工作方针，选派和推荐了一批共产党员和进步文化人士创办出版了一大批宣传抗日的进步书刊，"其中主要有共产党员刘日修主编的《西北青年》，共产党员邢华编辑的《妇女旬刊》，青年作家吴渤（即白危）主编的《战号》，杨静仁等编辑的民族刊物《回声》，著名学者顾颉刚主编的通俗刊物《老百姓》，还有《热血》《甘院学生》《抗战》等，开设了"兰州书报社"和"生活书店"分店，公开和半公开销售中共出版的《新中华报》《新华日报》《解放》周刊等革命书刊和其他多种进步刊物，唤醒民众爱国意识；赞助西北抗战剧团、平津学生演剧团等进步文艺团体在甘演出了《放下你的鞭子》《到前线去》《流亡三部曲》和《保卫卢沟桥》《烙痕》等剧目和歌曲，积极开展革命文艺宣传"①。此外，党组织在甘肃各地还开展了募捐活动积极支援抗战。如在开展"慰劳空军与救济被难同胞"活动中，共产党员带头捐献，仅汽车管理局就发动工人、职员捐款200余元。杨静仁等人以伊斯兰学会名义举行捐款游艺大会，收到各类捐款2000余元。在党组织发动下，仅3个月时间，兰州地区就在各界募得白洋10万余元，还募得大量衣物和其他物资，支援前线抗战。②这些活动对启发人民爱国觉悟、动员群众支援抗战发挥了重要作用。

4. 保持与苏联的联系和物资转运

由于国民党蒋介石政权实行片面抗战路线，在日军的疯狂进攻之下，我国东北、华北、华中、华南的重要城市和港口的先后沦陷，海上交通也

---

① 张磊：《伍修权与抗日烽火中的兰州"八办"》，《世纪风采》2019年第6期，第22—29页。
② 李荣珍：《抗日战争时期中国共产党领导下的甘肃抗日救亡运动》，《档案》2005年第2期，第4—7页。

全部中断，一度可供运送物资的滇缅公路也因为英国迫于日本的压力而被封锁，急需开通新的物资流通线。中苏长期以来通过东北地区或经过海运往来，是双方交往的主要渠道。九一八事变后，日军占领东北，特别是抗日战争全面爆发后，东北交通线受阻中断，甘肃作为重要国际交通线的地位日益凸显。"兰州离中苏边境较近，因而成为中国的重要国际交通道。来去苏联的人员和苏联援助中国的大量物资都在兰州停留和中转，再转运到全国各地。当时的兰州事实上成为一处在政治上、经济上都具有非常重要地位的国际联络站。八路军兰州办事处也成为沟通中共中央与共产国际和苏联联系的重要接待站和转运站。"①八路军兰州办事处联合新疆兰州办事处，贯通了以延安为起点，经兰州、乌鲁木齐，到苏联阿拉木图直至莫斯科的国际交通线，承担了莫斯科和延安之间物资、药品和书籍的转运任务，苏联援华人员及各种军事装备、飞机、汽车、汽油、药品、被服等物资沿这条交通线来到中国，在继续争取共产国际和苏联支持方面发挥了不可替代的作用。"抗日战争初期，在前方浴血奋战的八路军将士急需大批御寒军衣。我军于1937年向新疆定购皮衣5万件。嗣经新疆各界爱国人士鼎力捐赠皮衣3万件，历经数年，千里迢迢，陆续分批驮运兰州。再由八路军驻兰州办事处雇用大量板车，并派员护送，先后辗转运达延安，有力地支援了抗战。"②在抗日救亡运动中，兰州人民节衣缩食，尽力大量地支援前线。"1938年，各界爱国同胞捐款达10万元。从1937年12月到第二年1月中旬捐献手套60余万双，熟羊皮247张，新旧皮袄47件，毛袜子1034双，皮手套466双，被褥25条，青布鞋420双，毛巾73条，棉袄200件"③。

5. 接待过境兰州的党的领导人和重要干部

接待国民党上层统战对象、国际友人、社会各界民主人士来去苏联和

---

① 张磊：《伍修权与抗日烽火中的兰州"八办"》，《世纪风采》2019年6期，第22—29页。
② 杨兴茂：《八路军驻兰州办事处转运延安3万件抗战皮衣史料掇遗》，《档案》2006年第23—24页。
③ 牛庆国：《兰州"八办"的故事》，《甘肃日报》2005年9月2日，第5版。

新疆，是兰州八路军办事处的一项重要任务。办事处成立不久，就接待了去新疆的张之夫、杜重远、周小舟和赴苏的东北抗日将领、民主人士李杜将军。苏联代表处成立后，办事处和他们建立了经常的联系，1937 年 12 月，蔡树藩、钟赤兵、贺子珍、刘英等去苏；1938 年 1 月，毛泽民等去新疆，办事处为他们联系搭乘苏联军用飞机；1939 年 9 月，周恩来去苏联治疗臂伤，1940 年 2 月回国途经兰州时都住在办事处，并作了形势报告。办事处还接待过越共胡志明主席和日共主席冈野进。同时，还接待了在新疆工作的西路军领导人如陈云、滕代远、毛泽民、李先念、李卓然、曾传六、李天焕等。①

四、八路军兰州办事处的撤销

1937 年 12 月 10 日，国民党八战区司令长官朱绍良接任甘肃省政府主席，推行反共投降政策，公开压制群众抗日救亡运动，强令解散抗日救亡团体，查禁进步书刊，破坏国共合作，抓捕共产党员和进步群众，监视和封锁办事处，形势越来越不利于办事处的工作。

1938 年，抗日战争进入相持阶段，国民党的反共投降活动日益加剧。12 月，汪精卫公开叛国投敌。蒋介石又把斗争矛头由对外转向对内，由抗日转向反共，加紧包围和封锁陕甘宁边区，于 1938 年冬到 1943 年春，先后发动了三次反共高潮。1939 年 1 月，国民党五中全会提出"溶共、防共、限共、反共"的反动方针，秘密颁布《限制异党活动办法》《共党问题处置办法》等一系列的反共文件，危害抗战，分裂国共合作，破坏抗日团结。鉴于办事处原定的任务已基本完成，考虑到形势的变化，1943 年 11 月 2 日，中共中央决定撤销八路军驻甘办事处。8 日，八路军兰州办事处人员全部离开兰州，撤回延安。

从 1937 年 5 月成立到 1943 年 11 月撤销，在短短 6 年的时间，兰州八

---

① 张文怡：《忆谢觉哉领导下的八路军兰州办事处》，《黑龙江史志》，2014 年，第 317、320 页。

路军办事处根据党中央的指示，出色地开展了党的抗日民族统一战线工作，组织和推动了甘肃的抗日救亡运动，传播了党的抗日主张，促进了甘肃人民的觉醒，培养和输送了大批青年到延安去，协助中共甘肃工委扩大了党的地下组织，播下了革命火种，动员群众支援抗战，营救了失散在甘、青一带的西路军干部和战士，承担了党的干部往返苏联和新疆的接待任务和物资的转运工作，为抗日战争的最后胜利作出了重要贡献。

第六讲　兰州决战定西北

抗日战争胜利后，中国人民热切希望实现和平、民主，建设新中国。中国共产党反映人民的意愿，为争取和平民主进行了种种努力，并同国民党统治集团在重庆进行了艰巨和平谈判，试图通过和平的方式实现中国的社会改革。但国民党统治集团却在虚假地与中国共产党进行和平谈判的同时，暗中积极进行内战的准备。在完成战争准备后，撕毁停战协定和政协协议，于1946年6月在美帝国主义的帮助下，发动了全面内战，人民解放战争爆发。

仅仅3年时间，人民解放军取得了辽沈战役、淮海战役、平津战役三大战役的胜利，基本上消灭了国民党军精锐主力，从根本上改变了敌我力量对比，人民解放军由战略防御转入战略进攻。西北战场的形势同全国一样，也发生了根本的变化。第一野战军在司令员兼政委彭德怀及贺龙（时任西北军区司令员）、习仲勋（时任西北军区政治委员）等领导下，在敌我力量大为悬殊、物质条件极端困难的情况下，转战千里黄土高原，给国民党军队多次沉重打击，连创战场奇迹。1949年4月21日，毛泽东主席、朱德总司令发布向全国进军、消灭一切国民党反动军队的命令，人民解放军开始向东南、中南和西南进军。面对灭亡的历史大趋势，败逃台湾的国民党反动集团不甘心彻底失败，不愿意把大西北拱手相让，把维持残局的希望寄托于盘踞西北的胡宗南、青海马步芳和宁夏马鸿逵反动军事集团身上，特别是妄图利用青宁二马进行垂死挣扎，保住西北，屏障西南，作为最后的反革命基地，意欲卷土重来。

根据党中央、毛主席的战略部署和西进作战指示，中国人民解放军第一野战军在司令员兼政治委员彭德怀指挥下，开始了解放大西北的征程。

国民党准备以马步芳军事集团为核心骨干，由胡宗南集团和宁夏马鸿逵集团南北协同，组织实施兰州决战计划。8月21日至26日，第一野战军在兰州发起西北解放战争中规模最大、战斗最激烈的城市攻坚战，与马步芳部进行了战略大决战，拉开了解放甘肃全境的战幕。

一、陇东千里追击

为了消灭西北国民党反动政权和反动军阀，早日解放大西北，1949年5月，人民解放军第1野战军在司令员兼政委彭德怀的指挥下，开始解放大西北的战争。陇东追击战指的是第1野战军在甘肃省东部地区对国民党军进行的追击作战，是人民解放军进军甘肃的第一个战役。

5月20日西安解放后，在彭德怀的率领下，第1野战军主力进军西府①，逼近宝鸡，以势不可当的气概直冲马步芳、马鸿逵盘踞多年的甘肃、宁夏和青海。青、宁二马为了不使自己孤立和被歼，想拖住南逃的胡宗南，以保甘、宁、青地盘的安全，马步芳致电国民党广州政府，提出胡宗南与二马结成联盟，妄图趁人民解放军立足关中未稳之际联合反扑。

鉴于我军在西北战场上只占相对优势，将胡宗南、马家军主力一举歼灭存在困难，必须把它们分割开来，区别先后，集中力量，各个歼灭。第1野战军根据中共中央军委关于解放大西北的战略部署，采取了先钳"马"打"胡"，后钳"胡"打"马"的作战方针，于7月10日至14日在陕西扶风、眉县发动进攻作战，歼灭胡宗南集团主力，迫使其残部败退汉中、秦岭；青、宁二马见胡部主力被围歼，为保存实力，未敢救援，旋即北撤。扶眉战役前夕，胡宗南为避免主力被歼的命运，采取放弃西安、退守宝鸡的战略决定，迫使青、宁二马加入西北战场，形成胡、马军事联合。扶眉战役的胜利，完成了第一阶段"钳马打胡"任务，完全割裂了胡宗南与青、

---

① 西府：西安以西，泾河与渭河之间的地区，古称西府，包括今宝鸡、咸阳等地，地处关中、汉中和四川的咽喉要冲，自古以来是兵家必争之地。

宁二马两集团之间再次联手的可能性，粉碎了国民党军阻止人民解放军西进的企图。

扶眉战役后，胡宗南部主力被歼，国民党反动集团寄希望于青、宁二马同我军较量，妄图扭转西北战局，积极策动其与我军于平凉地区决战，欲将我军消灭在陇山之中。根据中央军委关于暂不占领汉中，集中主力歼灭青、宁二马集团的指示，19日，第1野战军司令员兼政委彭德怀在陕西宝鸡虢镇召开军以上干部会议，制定了陇东战役计划，决定集中第1、2、19共3个兵团及18兵团之62军共10个军向甘肃进军，进攻青、宁二马。此时青、宁二马两军虽然撤退收缩，但实力尚存，并不甘心失败。国民党反动集团积极策动二马，于24日在甘肃静宁召开军事会议，制定了平凉会战计划，准备依托六盘山在平凉地区与第1野战军决战。正当第1野战军直指平凉之际，由于二马均想保存实力，马鸿逵不想给马步芳当"马前卒"打头阵，将其主力撤回宁夏，导致平凉会战计划"破产"，之后二马分别向兰州、宁夏退却。

根据这一情况，彭德怀断定敌人已放弃在平凉与我军决战的企图，而改为各保其家，节节退守，迟滞我军的战法，随即改变部署，命令各兵团分路追击，各个歼敌。24日，第一野战军右翼部队第19兵团沿西兰公路乘胜追击前进，兵分两路进入灵台县境内，灵台县国民党政府官员早已溃逃，在中共党组织努力争取下，敌县自卫大队300多人起义。之后，灵台、崇信、正宁、宁县、西峰、镇原相继解放。由于解放军强大的声势，驻守平凉一带的马鸿逵部及退守静宁一带的马步芳部，争先后撤，30日，平凉解放。平凉解放后，第19兵团主力继续追击，向固原任山河之敌攻击，将其击溃，歼敌5000余人。第65军攻占三关口、瓦亭，宁马逃回宁夏。8月1日，解放军取得任山河战斗的胜利，控制了六盘山天险，将宁马和青马的联系切断，为以后各个歼灭两敌创造了条件。8月初，固原、隆德、静宁相继解放。与此同时，7月26日，第一野战军左翼部队第一兵团在陕甘交界的固关镇与妄图阻止解放军西进的青马骑兵第14旅相遇。28日，全歼青马骑兵第 14 旅。青马其他部队被震慑，纷纷向西逃跑。随后，第 1 兵团乘胜追击，至 8 月 10 日，张家川、清水、天水、秦安、甘谷、武山等地相继解放。第 1 野战军中部部队第 2 兵团于 7 月底至 8 月初，相继解放华亭、庄浪、通渭。①

在 20 多天的陇东追击战中，第 1 野战军各兵团跃进千里，直入甘肃腹地，歼敌万余，占领平凉、固原、天水三大地区，收复和解放 22 座县城，占领了陇东南广大地区，迫使马步芳、马鸿逵主力分别向陇中、宁夏撤退，造成了分割二马、各个击破的有利态势，为第 1 野战军进行兰州战役和解放宁夏创造了良好条件。

二、决战兰州

兰州又名"金城"，在军事上、地理上是控制青海、河西走廊、新疆及宁夏的重要枢纽，是新中国成立前国民党反动统治在西北的军事、政治中心，是解放大西北必取的战略要地。兰州有险要扼守的地形，北有黄河天堑，南有群山拱卫。山上有国民党军队在抗日战争时期修筑的永久性国防工事，解放战争时期又不断加固，后经马家军日夜扩展构筑，工事如蛛网蛇窟遍及整个山体，坚固异常，易守难攻，被马家军吹嘘为"攻不破的金城"。

扶眉战役一役，我军歼灭了胡宗南的 4 个主力军，其残部退守秦岭一带，彻底粉碎了胡宗南与青、宁二马之作战联盟，更加孤立了青、宁二马，使其撤至陇东地区。再经陇东千里追击战，致使青宁二马为我军所分割，迫使青马逃回兰州，宁马撤往宁夏，兰州和银川均暴露于我军攻击之下。在胡宗南残部败逃陕南、陇南等地之际，国民党反动集团为了保住大西北作残喘之地，蒋介石把指挥西北反革命力量的大权交给马步芳，任命马步芳代理西北军政长官，马鸿逵继续担任副长官，还让其担任甘肃省政府主

---

① 中共甘肃省委党史研究室：《金戈铁马定陇原　红旗飘扬启新程——回顾甘肃解放历程》，《甘肃日报》2021 年 8 月 26 日，第 12 版。

席，极力拉拢青宁二马出兵陕西，同胡宗南联合起来同人民解放军较量，妄图保住甘、宁、青三省，连接西南，作为最后挣扎的反革命基地。马步芳对兰州决战极为重视，让其子马继援亲自坐镇指挥，储备了充足的粮食、弹药，补充了兵力，将其主力几乎全部布防在兰州，妄图依托外围的强固工事，歼灭第1野战军于兰州外围。同时，宁夏马鸿逵部集结其主力5万余人于中卫、中宁地区，胡宗南残部向陇南徽县、成县地区进犯，作出了积极配合兰州决战的姿态。

第1野战军彭德怀、贺龙、习仲勋等前委首长分析了战局，认为消灭马步芳匪军主力，是解决西北国民党军、解放大西北的关键。经陇东追击战，青宁二马虽已成孤军，若同时进攻，我军兵力分散；先攻兰州，既可使敌失去动员甘、青、新三省兵力，部署新防线的机会，加速西北解放；又可防止敌人从临洮、武都南逃四川，造成我军进军西南之困难。因此，彭德怀决定，我军作战的方针是力争和马步芳集团决战于兰州，8月4日向各兵团发出了进军兰州、歼灭马步芳军事集团的命令。

从9日开始，第1野战军各兵团分左、中、右三路先后向兰州、西宁攻击前进。同时，第18兵团留置宝鸡天水地区，钳制胡宗南集团，保障侧翼和后方安全；第19兵团进至固原、海原等地区牵制马鸿逵集团，保障主力右翼安全。16日，第一野战军主力第19兵团攻占定西，第1兵团攻占临洮，第2兵团攻占榆中。至20日，向西宁方向进击的第1兵团第1军、第62军渡过洮河，直逼临夏，第2兵团和第19兵团先后从东、西、南三面包围了兰州。21日，彭德怀率第1野战军司令部进驻兰州东南的乔家营，第19兵团进驻兰州定远镇附近的猪嘴岭，第2兵团进驻兰州以南的阿干镇。虽然第1野战军已将兰州置于三面重围之中，但守敌仍控制着北面的黄河铁桥，胡宗南和马鸿逵也还没有增援兰州的迹象。

兰州守敌的主要阵地集中在皋兰山脉的狗娃山、沈家岭、马架山、古城岭、豆家山、十里山、营盘岭等处。为了判明顽敌能否固守兰州，防止青马西逃而丧失战机，彭德怀司令员决心在大战之初发起一次侦察性质的试攻作战。21日拂晓，第1野战军第2、第19兵团集中9个团向敌人盘踞的狗娃山、沈家岭、营盘岭、古城岭阵地开始了侦察性进攻，拉开了兰州战役的序幕。由于敌人凭借有利地形和坚固的工事顽抗，也因我军战斗准备不足及存在轻敌思想等原因，经过激战，虽然给马家军以沉重的打击，但阵地仍在敌手。彭德怀立即下令停止攻击，用3天时间进行动员，总结经验，侦察敌情，查看地形，研究改进战法，扎扎实实做好准备工作，待命总攻。

23日，毛泽东代表中共中央亲笔起草并致电彭德怀、贺龙、习仲勋、张宗逊，指示我军要集中3个兵团全力于攻兰战役，有一星期或更多时间使部队消除疲劳，作充分的战斗准备，一次攻击、歼灭马敌和攻占兰州，并指示王震兵团迂回于兰州后方，切断兰州通青海及通新疆的道路，坚决不让马步芳退到新疆为害。根据毛泽东的指示，彭德怀进一步调整了作战部署：以第63军一部进攻东岗镇并向响水子沿河警戒；第65军及63军一部进攻马架山、豆家山之敌，歼灭当面之敌后向城东发展进攻；第6军进攻营盘岭之敌，而后向城南关发展进攻；第4军向沈家岭、狗娃山之坚固阵地展开进攻，而后向城西关发展；第3军向七里河进攻，并以第7师配合兄弟部队攻击狗娃山，得手后沿黄河南岸东进，夺取黄河铁桥，第9师攻占七里河并配合第7师夺取西关，第8师封锁兰新公路。①

第1野战军经过两天充分准备之后，于25日凌晨发起解放兰州的总攻。第19兵团的第63军、65军向兰州东南的马架山、古城岭、豆家山和市区东岗镇发动进攻，第2兵团第3军向兰州西南的岗家营进攻，第4军向狗娃山、沈家岭进攻，第6军向兰州正南的皋兰山进攻。在解放军强大的炮火轰击下，敌人阵地一片火海，战斗打得非常残酷和激烈。从清晨到黄昏，经过十余个小时激烈的战斗和反复争夺，第1野战军攻克了沈家岭、营盘岭、狗娃山等外围阵地。马步芳见势不妙，乘飞机逃往西宁，马继援

---

① 刘志鸿：《解放兰州战役：一战定四省》，《发展》2020年第2期，第26—30页。

下令全线撤退。26日2时，第一野战军攻入城内。入夜，马家军开始向城内仓皇溃逃，我军紧跟追击，从东、南、西三面向城内逼近。第3军7师19团从西郊插入市区，占领了西关，控制了黄河铁桥，彻底切断了马家军的退路。此时，第2兵团的第4、6军和第19兵团的第63军、65军也先后攻入了城内，经一番激烈的巷战，消灭了城内的残敌，跨过黄河铁桥，把红旗插在马继援的指挥所。26日中午，解放军攻占黄河北岸的白塔山，城内残敌全部被歼。

"经过30多个小时的激烈战斗，解放军共歼灭敌军2.7万人之多，马步芳主力遭到毁灭性的打击。马家军除少部分跟着马继援逃向西宁和甘肃的永登等地外，大部被歼。防守景泰、靖远的国民党第91、120军见兰州城危，未敢支援，也向河西走廊逃窜。西北重镇兰州获得解放。向兰州背后进行迂回包围的第1兵团，经过长途跋涉，于9月2日占领民和县和河口镇，9月5日占领了马步芳的老巢——西宁，马步芳在青海的反动统治被彻底推翻。"①

兰州战役是大西北解放进程中具有重要战略意义的历史大决战，是西北战场上规模最大、战斗最激烈的一次追击运动战、城市攻坚战和山地阵地战，歼灭了西北地区敌军中战斗力最强的青马主力，动摇和瓦解了国民党反动派在西北地区的政治统治，彻底摧毁了以马步芳军事集团为核心的国民党西北战略防御体系。解放兰州后，第一野战军向宁夏、青海和新疆迅速进军，一路横扫残敌，9月6日解放西宁，23日解放银川，12月2日进驻乌鲁木齐，胜利地完成了解放大西北的历史使命。

三、鏖战沈家岭的"人民英雄"王学礼

兰州战役，是解放战争中最惨烈的城市攻坚战之一。在这场殊死拼搏的战斗中，每占领一条壕沟、攀登一道峭壁、夺取一个阵地，都要经过艰

---

① 王琰：《兰州大决战》，《档案》2016年第8期，第27—31页。

苦的反复争夺。战斗中，第 1 野战军各部队都打得勇猛顽强，歼灭敌军主力 2.7 万余人，但也有 8700 余人付出了生命的代价，许多战士牺牲时才十八九岁。他们牺牲后，人们无法辨认他们的遗体，甚至不知道他们的姓名，家乡在哪里，父母又是谁……仅榆中县兴隆山烈士陵园就安葬了兰州战役牺牲的烈士 915 名，其中无名烈士 516 名。彭德怀感慨地说，这些同志为了完成任务，身绑炸药，爬到敌人碉堡面前，自身与敌碉堡同时粉碎。这类英雄事迹不止一次，而是无数次；不是强迫命令，而是完全出于自愿、自动的行为。这些战斗英雄们为了人民事业粉身碎骨，表现了英勇光荣的自我牺牲精神，真是万世师表，永远值得我们学习的。[①]"人民英雄"王学礼就是他们中的佼佼者。

王学礼，1917 年出生于陕西省神木县王家庄一个贫苦农民家庭，他从少年读书时起，就支持正义，爱憎分明。1933 年加入中国共产党，1934 年参加陕北工农红军，任红 27 军 84 师 1 团少年先锋连的指导员。那时他还没枪高，就带领一百多号十五六岁的娃娃兵冲锋陷阵。红 1 团每次作战组织奋勇队，担任攻坚等艰巨任务都少不了他，陕北红军总指挥刘志丹同志非常喜爱他，常爱抚地摸着他的头，夸他是好样的！在保卫陕甘宁边区的斗争中，成长为年轻的指挥员，曾担任营教导员、团政治处主任职务。1947 年秋末，王学礼到警 3 旅 5 团（即 31 团前身）当政委。1948 年 5 月的西府战役中，王学礼坚决执行上级命令，在陷入敌人包围的危急关头，毅然带领少数部队抗击敌人骑兵的追击，掩护彭德怀司令员、前敌总指挥部及友邻部队安全撤退，受到上级的表彰。他当团长后，在艰苦的战争考验中，以自己勇敢顽强，不怕牺牲的战斗作风，带领部队越战越强，打了不少漂亮仗，使 31 团成为 11 师善于打攻坚歼灭战的主力团。

沈家岭素有"兰州锁钥"之称，在解放战争中是马家军在兰州城易守

---

① 刘焕峰、赵延垒：《西北解放战场的最后决战——兰州战役》,《军事史林》2020 年第 12 期,第 25—30 页。

难攻的天然屏障。这里西接狗牙山，东邻皋兰山，山势陡峭，地形狭窄，大部队作战很困难。解放军到达之前，敌军加修了原有工事，组成了火力密集、工事坚固、后备力量雄厚的环形防御阵地。若能攻下沈家岭，便可直捣兰州西关，控制咽喉要地黄河铁桥，截断守敌西逃退路。因此夺取沈家岭，就等于掌握了打开解放兰州大门的"钥匙"。在兰州夺取"锁钥"阵地沈家岭的激战中，31团担任主攻团的光荣任务。王学礼冒着枪林弹雨，勇敢机智地指挥部队浴血奋战，全歼守敌569团，并击溃数倍于我的敌军连续反扑，和师兄弟团一起歼敌2800百人、俘敌527人，为解放兰州作出了重大贡献，为人民的解放事业洒尽了最后一滴鲜血。①

1949年8月20日，第4军军部下达作战命令：11师首先攻占沈家岭，之后配合友邻部队消灭华林山之敌，再夺取黄河铁桥，切断马家军的退路。21日清晨，隆隆的炮声划破了黎明的寂静，揭开了攻占沈家岭、解放兰州城的战斗序幕。由于先头部队的指战员求战心切，在没有摸清敌人阵地，未做好充分准备的情况下仓促进攻，导致伤亡很大，未能砸开沈家岭这把"锁"。21日下午，王学礼团长和张平山政委到师部参加紧急会议。师长、政委宣布了师党委关于31团为师主攻团，32团和33团从两翼助攻的决定。会议结束时，师长用信任的眼光看着王学礼说："要砸开沈家岭这把'锁'，必将有一场硬仗。你们要有充分的精神准备，切不可轻敌呀！"政委补充说："打兰州是解放大西北的关键一仗，要是打不好，就会影响全军的声誉。你们三十一团善于打攻坚战，这次要不惜一切代价，坚决拿下沈家岭！"王学礼"腾"的一下站起身来，坚毅的眼神闪射出欣喜的光芒，他坚定地回答："请首长放心，保证完成任务，沈家岭就是一块铁，我们也要把它砸成粉末！用胜利的捷报迎接全国的解放。"

团长王学礼在领到主攻任务后，带领31团指战员悄悄摸到离前沿阵地

---

① 兰州部队党史资料征集委员会办公室、甘肃人民出版社革命回忆录编辑室编：《兰州战役》，甘肃人民出版社，1983年，第246页。

不足百米的地方，借着灰蒙蒙的月色，画好了工事和交通壕的位置。同时，全团指战员突击构筑作战工事，并用马拉人推肩扛的办法，把配置的 5 门山炮移至离敌军阵地前沿 300 至 500 米处。经过 5 个多小时的作业，31 团将冲击出发阵地和多道交通壕连成一体，形成了一个与敌军相对峙的阵地群。22 日黎明，沈家岭阵地上，敌军轻重机枪向 31 团阵地疯狂扫射。为了摧毁 31 团在夜间抢修的工事，敌军利用拂晓和黄昏向 31 团阵地实施炮火轰击和步兵偷袭。针对敌军一次次的偷袭，王学礼指挥 31 团指战员展开反击，并不时地袭扰敌人，使他们昼夜坐立不安、疲惫不堪。经过几天的交战，王学礼头脑中渐渐形成了一套详尽的战斗方案：突破前沿的战斗和纵深战斗应当并重，而且纵深战斗要重于突破前沿的战斗。

25 日拂晓，解放军发起了兰州战役全线总攻。5 时 55 分，解放军的山炮开始对敌军阵地的固定目标实施摧毁性射击，沈家岭阵地山头上到处升起蘑菇云似的烟雾，震得大地微微颤抖，解放军的炮火以绝对优势压制了敌军火力。之后，解放军炮兵延伸射击，工兵分队在步兵的掩护下，立即在敌军阵地前沿实施爆破，为步兵的冲锋开辟道路。担任沈家岭主攻任务的 31 团全体官兵在王学礼的指挥下，冒着敌人的炮火，迅速跃出战壕，发起猛烈的冲锋。炮兵及时配合步兵的进攻，对沈家岭守敌的纵深集结地和通道实施轰击……

6 时 05 分，31 团突击营突破敌军前沿阵地，占领 3 号碉堡。

6 时 40 分，突击营又攻占敌军 4、15 号碉堡和第二道堑壕。

7 时 30 分，33 团从右翼加入战斗。33 团与王学礼所率 31 团密切配合，又攻占了敌军的 5、6、7、11、12、13 号碉堡和主阵地上的 17 号碉堡。马家军残部向沈家岭主峰阵地以北逃跑。王学礼率 31 团控制沈家岭高地后，连续作战，向沈家岭高地以北发起进攻，敌人抵挡不住我军凌厉的攻势，被迫步步后退。31 团经过浴血奋战，占领了沈家岭阵地的全部核心工事，迫使敌军退守到沈家岭主峰北侧的小高地上。红旗在沈家岭主峰阵地上迎风飘扬，剩下不到 300 人的 31 团牢牢坚守着阵地。弹药打完了，王学礼一声令下，战士们端起刺刀和敌人展开白刃战。

战斗一直持续到了傍晚，晚霞染红了天际。王学礼望着节节败退的敌人，脸上流露出了胜利的喜悦。突然，一颗炮弹在王学礼身边爆炸，弹片从他的左腰部穿过，鲜血染红了他脚下的土地，英雄王学礼牺牲在了沈家岭战斗的最后时刻。1949 年 10 月，西北野战军第 4 军授予王学礼"人民英雄"荣誉称号。

在兰州战役前夕，王学礼利用行军的间隙，给正在军部医院待产的妻子苏维仁写了一封家信。这封信的原件，在新中国成立后作为革命历史文物，现珍藏于中国军事博物馆。信中写道："我们南征北战十几年，就是为了解放全中国，这一天就要到来了。我们现在训练很忙，要集中一切力量消灭敌军，解放大西北。我不能来看你，望注意身体，带好孩子，让我们在胜利的时候再相会。那时，我们的第三个孩子一定出世了，他们将是新中国第一代最幸福的人……祝你和孩子们健康快乐……"

遗憾的是，等这封信辗转千里送到妻子苏维仁手上时，王学礼已经壮烈牺牲。①

四、兰州战役的重要意义②

兰州战役是继扶眉战役之后，国共两党在西北的又一次决战，实现了歼灭青马主力的战略任务，彻底粉碎了蒋介石依托西北二马做最后挣扎的企图，发挥出了"一战定四省"的战略作用，加快了解放青海、宁夏、新疆乃至整个西北地区、统一全国的战争进程，在大西北解放进程中具有重要的历史地位和作用。

第一，消灭了在西北地区顽抗的国民党军事力量，改变了整个西北的战场局势。1948 年至 1949 年年初，人民解放军相继取得辽沈、淮海、平

---

① 祁瑞龙：《奋勇杀敌守阵地 英雄血洒沈家岭——记西北野战军第四军十一师三十一团团长王学礼》,兰州新区门户网站.http://www.lzxq.gov.cn/system/2021/03/30/030305130.shtml.
② 李荣珍：《兰州战役的胜利及其重要的历史意义》,《档案》2021 年第 7 期,第 33—37 页。

津三大战役的胜利，为解放战争的大进军、大决战、大胜利奠定了稳固的基础，解放全中国已成为激励全党、全军、全国人民新的口号、新的目标。然而，蒋介石集团不甘心彻底失败，把最后的一线希望放在西北、西南地区，试图依据西北、西南屏障再做挣扎，马步芳青马集团固守兰州就是贯彻其意图的举措。但兰州战役的胜利，使青马集团遭到人民解放军的毁灭性打击，马步芳父子先后从西宁出逃，时任西北军政长官公署副长官的刘任只好带领长官公署逃往河西走廊。继兰州解放后，人民解放军乘胜追击。河西逃敌纷纷缴械投降，也使得整个西北战局大为改观。兰州战役的胜利，印证了毛泽东所说的剩下的"只是走路和接管问题"了这一论断的无比正确性。

第二，为即将诞生的新中国献上了一份厚礼。兰州战役进行时，党中央在北平已经开始了筹建成立中华人民共和国这一影响整个世界的大事，新政治协商会议筹备会已经成立，具有第一部宪法意义的《共同纲领》正在起草制定中。毛泽东主席在指导筹备工作的同时，还时刻关注西北战局，多次发电报给彭总，对兰州战役及西北解放给予指示。也正是在毛泽东和党中央的战略指导下，兰州战役取得空前胜利，为即将诞生的中华人民共和国献上了一份令人振奋的厚礼。

第三，加速了甘肃全境的解放，为甘肃人民政权的建立奠定了稳固的基础。兰州战役之后，人民解放军展开河西战役。9月4日，解放军第2兵团由兰州地区向西挺进。至22日，第2兵团占领永登、古浪、武威、永昌、山丹、民勤等县城。9月17日，第1兵团翻越海拔4000余米的祁连山，攻占民乐县城，19日，攻克张掖县城。25日，第2兵团的快速部队进占玉门；28日，第1兵团第2军进驻酒泉、安西。至此，河西战役结束，共歼灭（含起义、投诚）国民党军4万余人，解放了河西走廊地区。

在兰州战役影响下，9月11日，岷县起义，国民党甘肃省保安副司令、甘肃师管区司令周祥初、岷县代理专员兼保安司令孙伯泉、洮岷路保安司令杨复兴率部通电起义，起义部队被改编为人民解放军西北独立第1

军和甘肃军区卓尼民兵司令部。12月8日，王治歧、蒋云台等率国民党119军及地方武装官兵共8700多人在武都通电起义。随着15日碧口的解放，甘肃全境宣告解放。在解放军迅速向甘肃进军的进程中，各级人民民主政权也迅速建立起来。从1949年8月开始，在中共甘肃省委的统一领导下，甘肃行政公署和军事管制委员会派出干部自上而下地组建专区、县级、区级人民政府。至12月，全省先后在庆阳、平凉、天水、武都、岷县、定西、临夏、武威、张掖、酒泉共建立了10个专区级人民政府，建立了73个县和1个市级人民政府、503个区级人民政府。

第四，加快了大西北解放的步伐，为宁夏、青海、新疆的解放奠定了坚实的基础。早在1949年6月27日，毛泽东就在致彭德怀的电报中指出："如两马主力被歼，进一步解决兰州、青海、宁夏及甘肃西部已无重大困难。"8月4日，毛泽东在给刘少奇、王稼祥通报西北战场局势时指出："八月底至九月初可能占领兰州，那时即可准备进取新疆。"兰州战役刚结束，9月2日，人民解放军第19兵团第63军、第65军奉命由定西、兰州向北挺进银川。10日，第64军和西北军区独立第1师、第2师由固原、海原北进银川。至21日，马鸿逵部护卫银川的三道防线均被攻破。同时，解放军展开政治攻势，针对马鸿宾较开明进步的实际情况，对其部多方争取劝说，使敌81军军长马惇靖（马鸿宾之子）、128军军长卢忠良等先后于9月19日、20日接受和平改编。23日，随着《和平解放宁夏问题之协议》签字，宁夏宣告和平解放。在河西一线，兰州战役结束后，解放军第1兵团在王震的率领下奉命于永靖、积石山、循化北渡黄河向西宁挺进，于9月5日解放青海省会西宁，8日至11日，青马190师、骑8旅残部等相继向解放军投降，青海全省宣告解放。随后，人民解放军第1兵团第2军克服重重困难，翻越祁连山，向河西走廊挺进，配合沿兰新公路西进的第2兵团解放大军实施河西作战计划。解放军第2兵团从9月初起从兰州出发，沿甘新公路追击溃逃的国民党部队残敌。21日，第1、2兵团会师张掖，27日进驻酒泉，河西走廊全部解放。加之玉门油矿得到保护，保证了西进用油。第 1、2 兵团集结酒泉安西一线，为进军新疆做准备。

与此同时，强大的政治攻势也随之展开，向一路西逃的国民党党政军官员宣传人民解放军的政策和主张，敦促他们认清形势，投向人民阵营。9 月 24 日，国民党西北军政长官公署副参谋长彭铭鼎、第 8 补给区司令曾震五、河西警备司令部参谋长汤祖坛等在酒泉率部 3 万余人起义，接受和平改编。25 日、26 日，国民党新疆省警备总司令陶峙岳、国民党新疆省政府主席包尔汉先后代表新疆军政通电起义，新疆获和平解放。10 月 10 日，解放军第 1 兵团战车营从玉门出发，作为陆地进军的先遣队向新疆进发，于 10 月 20 日进驻迪化（乌鲁木齐），随即接管城市、维持秩序，被称为进军新疆的"开路先锋"。西进大军从 11 月 6 日起通过陆路和空中向新疆境内深入。同日，王震率第 1 兵团前线指挥部由酒泉飞抵迪化，下旬，彭德怀、张治中、贾拓夫等从兰州飞抵迪化，12 月 7 日，新疆军区和新疆省人民政府宣告成立。新疆的解放，标志着大西北解放战争的胜利结束，比原计划提前了近半年，这其中，兰州战役的胜利无疑起了最重要的促进作用。

第五，支援了大西南战役，推进了全中国解放的进程。兰州战役期间，位于宝鸡天水的解放军第 18 兵团及第 1 兵团第 7 军，发起秦岭战役，给予反扑天水、宝鸡地区之胡宗南部以沉重打击，8 月 31 日，敌军全线溃败。秦岭战役共歼敌第 36 军、第 38 军及骑兵第 2 旅等部共 700 余人，挫败了敌人的反攻企图，保障了西进解放大军的后方安全和兰州战役的胜利。11 月，第 18 兵团又划归第 2 野战军战斗序列，挺进到大西南地区，参加了成都战役。

第七讲 工业建设奠基础

　　甘肃红色文化是中国共产党领导甘肃人民在陇原大地上，在革命、建设和改革时期为实现中华民族伟大复兴所创造的物质文化和非物质文化。新中国成立后，甘肃百废待兴，党领导甘肃人民经过 3 年努力，完成了恢复国民经济的任务，从 1953 年开始大规模工业建设。"一五""二五"时期（1953—1962），国家在甘肃投资建设了 16 项重点工程，对推动甘肃工业化，改变甘肃经济落后面貌发挥了极其重要的作用。今天，在全面建设社会主义现代化国家新征程，实施强科技、强工业、强省会、强县域"四强"行动为主要抓手，以重点地区和关键领域为突破口，推动甘肃省综合实力和发展质量整体跃升的新形势下，我们重温"一五""二五"时期甘肃重点工程建设、铁人精神、三线建设，讲述社会主义建设时期党领导甘肃人民所创造的红色文化，对于了解那段党领导人民发奋图强的历史和精神风貌，汲取历史智慧，坚定历史自信，发挥主动精神，为建设幸福美好新甘肃而团结奋斗，有着重要理论意义和现实意义。

一、甘肃重点工程建设

（一）建设的历史背景

　　新中国成立后，经过 3 年努力，国民经济得到恢复和发展。社会主义工业化提上日程，党和国家借鉴苏联经验，采取优先发展重工业的战略，在合理利用和改建东部沿海地区现有工业基础的同时，决定在内地建设一批新的工业基础。甘肃以其自身禀赋被中央确定为全国重点投资建设地区。

　　1. 国防战略发展的需要。 此时抗美援朝战争正在进行，国防工业企业，除了造船厂必须建在海边外，其他企业必须建在远离敌机轰炸范围的大后方。甘肃地处祖国腹地，远离朝鲜战场，地广人稀，是重要的战略后方。省会兰州是西北政治、经济、文化的中心之一，又是西北重要的交通枢纽。1952年天兰铁路通车，兰新铁路开工，包兰铁路进入勘察阶段。这些地理和交通条件适合建设国防工业。

2. 矿产资源开发的需要。依资源建厂是新中国成立初期工业建设的重要原则。甘肃矿产资源丰富，"一五"时期已探明甘肃有储量丰富的铜、铁、油页岩、铀、石灰石等，特别是探明白银有大型铜矿，玉门油田可采石油储量占当时全国原油产量的近1/3。

3. 促进区域经济平衡发展的需要。当时甘肃经济落后，工业基础薄弱。新中国成立时，甘肃工农业总产值中工业所占比重为19.15%，比全国平均水平4个百分点23.1%低4%。甘肃现代工业产值在工农业总产值中只占2.15%。[①]此时中国70%左右的工业设施集中于东部沿海地区。这种状况不仅不利于资源的合理配置，也不利于西部发展。为了改变这种状况，中央决定将从苏联东欧国家引进的重要工业建设项目（"156项重点工程"）及其他重要项目重点布局在西部地区。

此外，甘肃省委、省政府积极作为，向中央争取项目和投资，全力配合中央工业布局战略，为重点项目落户甘肃争取了主动。

基于上述原因，中央决定在兰州、白银布局建设"156项重点工程"中的8项（其中6项在兰州，2项在白银），即兰州炼油厂、兰州供热站、兰州氮肥厂、兰州合成橡胶厂、兰州石油机械厂、兰州炼油化工设备厂、白银有色金属公司、八〇五厂（国营银光化学材料厂）。其中白银有色金属公司、兰州炼油化工设备厂是1954年中苏签订的新增项目，其余6个项目属于1953年中苏两国签订的91个项目。在兰州、酒泉地区部署8项与之配套的、限额以上的项目以及国防军工企业，包括：兰州供排水工程（兰

---

① 中共甘肃省委党史研究室：《甘肃工业的基石——"一五"时期甘肃重点工程建设》，甘肃文化出版社，2007年，第4页。

州自来水厂)、永登水泥厂、一三五厂(国营万里机电厂)、二四二厂(国营新兰仪表厂)、七八一厂(国营长风机器厂)、四〇四厂、五〇四厂、八一二〇基地。其中配套项目为兰州供排水工程,由苏联设计并提供主要设备;限额以上的项目为永登水泥厂,由德意志民主共和国援助建设;国防军工企业为一三五、二四二厂、七八一厂,它们属于苏联援助中国的22个航空电子工业项目;核工业的五〇四厂、四〇四厂来自1956年中苏签订两国关于建立原子能工业方面提供技术援助的协定;八一二〇基地则是源自1957年中苏双方签订的新技术协定。①这16项由国家投资在甘肃建设的重点工程项目,搭建起甘肃现代工业的框架,使甘肃成为一个具有石油化工、建材、电力、机械制造、有色金属、国防军工等门类独特的重工业省份。这对改变甘肃乃至西北落后的工业现状,推动甘肃经济发展起到了决定性作用。

(二)艰难的建设历程

甘肃经济落后,工业基础差,技术力量薄弱。1949年甘肃解放时,除玉门油矿初具规模外,全省只有几十家小厂矿和近千家小手工作坊,从业人员只有7100人,重工业比重小,在工业产值中只占22%。新中国成立后,虽经几年的恢复和发展,但工业底子薄、技术人才缺的状况没有得到改变。因此,中央工作组在1955年7月26日向中央提交的工作报告中指出:"以兰州与其他城市比较,它的特点是工业配合条件很差,施工场地狭窄,建设又分属于若干部门,这些都增加了将来建设的困难。目前的状况是,无论施工单位和建设单位都缺乏建设经验,技术力量严重不足。"②这些困难并没阻挡住工业建设的步伐。党和政府充分发挥社会主义制度的优越性,集中动员各方面资源,让16项重点工程项目建设在贫穷落后的甘

---

① 李荣珍:《"一五"建设对甘肃发展产生的重要影响》,《档案》2019年第7期,第28页。
② 中共甘肃省委党史研究室:《甘肃工业的基石——"一五"时期甘肃重点工程建设》,甘肃文化出版社,2007年,第314页。

肃陆续铺开了。

1. 中央的集中统一领导

为保证甘肃重点工程建设的顺利进行，中央坚持全国上下一盘棋，充分发挥社会主义集中力量办大事的优越性，在财力、物力、人力等方面提供保障。

在财力方面，国家在资金十分紧张的情况，对"156 项"在甘项目和铁路建设提供 23.27 亿元，这占到甘肃省同期基本建设投资的 95.56%。兰新铁路是兰州到乌鲁木齐，东接陇海线，西连北疆线，贯穿我国东西的一条主要铁路干线，全长 1903 公里，于 1952 年 10 月 1 日开工，1956 年 6 月 25 日铺轨到玉门油田，7 月 1 日玉门的原油通过铁路源源不断地运往省内外。1962 年 12 月 9 日铺轨至乌鲁木齐。包兰铁路是包头到兰州，西接陇海线，东连京包线，是沟通华北、西北的主要铁路线路，也是我国第一条沙漠铁路，全长 990 公里，于 1954 年 11 月 8 日动工，1958 年通车，对推动甘肃、宁夏、内蒙古等沿线地区的矿产资源开发、农牧业生产的发展，建设边疆、巩固国防等具有重要战略意义。

在物力方面，中央从各地调拨重点工程建设所需的钢材、水泥、木材等建材和施工机械。重点工程项目的设备按照中苏协议，有 30% 需要国内解决，而甘肃省内难以提供。于是中央调集上百家企业为甘肃重点工程赶制配制、备品、辅助材料等设备。

在人力方面，甘肃缺少工业建设方面的技术人才，国家从四面八方抽调人员予以支援。1955 年 2 月曾转战大西北的中国人民解放军建筑工程第三师等建筑单位奉命来到兰州，组成兰州工程总公司，承担新厂建筑施工。9 月东北一公司 7000 工人 3000 干部奉命前来支援，与兰州工程总公司合并组成建筑工程部兰州工程总公司，员工共 20000 余人。在大规模工业建设开始后，又从各地抽调安装队伍。1956 年吉林第八机械安装公司 70% 的人员抽调来兰，组成兰州第一机械安装公司，负责安装兰州氮肥厂和兰州橡胶厂的设备。玉门、大连、上海等地炼油厂数百名专业技术人员奉命来兰，组成石油部第二建筑安装公司，负责安装兰州炼油厂的设备。西安基本建设局第三十三工程处抽调来兰，负责安装兰州热电站的设备。上海自来水公司 108 名技术骨干抽调支援兰州自来水厂建设。同时，国家还从各地抽调上千名中级以上专业技术人员、部队转业干部，组成各新建厂的领导班子，负责新厂建设。

党和国家领导人高度关注甘肃重点工程建设，这些重点项目建设都经过中央重要会议批准。邓小平曾 4 次视察甘肃，分别是 1957 年 4 月、1964 年 4 月、1966 年 3 月、1981 年 8 月，足迹遍及兰州、白银、酒泉、金昌、天水等地，对甘肃经济、文化、科研等工作给予诸多重要指示。他赞扬艰苦创业的甘肃人民："我在兰州见过一家工厂，设备极简陋，厂长的办公室很朴素，一切都很简单，但是生产出来的产品并不差。"时任国务院副总理李富春 1953 年曾带专家组到甘肃选址。①

2. 全省上下的全力支持

"一五"时期，甘肃省委省政府将重点工程建设作为全省经济建设的中心工作，省委第一书记张德生提出："必须使干部认识工业化的重要意义，这是从根本上改变甘肃经济落后的问题。""省委领导要迅速转到工业方面上来"。甘肃省围绕重点工程建设主要作了以下几个方面的工作。

（1）提供组织领导。根据重点工程建设需要，成立郝家川建设委员会、兰州市委工业部、兰州市委基本建设部、兰州市公用事业管理局、兰州工程总公司等机构。决定原甘肃省工业厅厅长杨一木担任兰州市委第一书记，对西固区、安宁区、七里河区 3 个工业区的领导班子进行调整，着重配备有工业建设经验的干部，从组织上保障大工业建设的进行。甘肃省委领导高度重视重点工程建设，在新厂选址、筹备、建设过程中，经常听取汇报，定期讨论、研究，深入施工现场，检查建设进展。省委多次召开国营筹建单位工作座谈会、建筑安装汇报会，对建设、安装过程中遇到的问题及时

---

① 李荣珍：《"一五"建设对甘肃发展产生的重要影响》，《档案》2019 年第 7 期，第 29 页。

解决。如对兰州工程总公司第三工程处存在的职工生活问题、施工管理问题，某些单位对执行苏联专家意见不认真等问题进行解决和纠正。再如永登水泥厂所在地是偏僻农村，生活条件十分落后。永登县委县政府经过调查，在当地设立百货公司、粮站、银行、邮局等机构，这给水泥厂职工生活带来极大便利。

（2）重视建设配套。重点工程建设需要大量建筑材料，如果一味依赖省外输入，运输任务则不堪重负。甘肃省通过积极发展地方工业，在省内各地建立砖瓦厂、石料厂、耐火材料厂、木材加工厂、木器制造厂等建筑材料企业，为大工业建设提供配套。为此，甘肃省1953年5月作出《关于发展地方工业的意见》，要求重点发展建筑材料工业。为此，甘肃省将1/3国家投资用于建筑材料工业方面。工业建设需要的大批技术和管理人才在各方支援的同时，也重视本省自身培养。甘肃省委不断派干部到省内外企业，学习企业管理经验，为工业建设做干部准备。比如1953年抽调120人，分3批前往工业比较发达的东北、华北参观学习。为适应新厂对技术人才的迫切需要，省委决定扩大原有技术学校，成立新的技工学校。如培黎技工学校通过设立短训班，培养了许多初级技术人员。[1]兰州大学在高等教育部领导下，根据周恩来总理"应在兰州设一原子核科学研究点"的指示，设立物理研究室，作为原子能人才培养中心，为我国核事业培养出大批人才，作出了卓越贡献。毕业生中有中国科学院院士两人、中国工程院院士一人，涉核企事业单位业务、管理骨干众多。他们为祖国核科学技术的进步与发展作出重要贡献，为中国核工业撑起了一片"兰天"。[2]

（3）保证粮食供应。重点工程项目需要众多建设人员，会产生大量城市人口，这就意味着需要大量的粮食保障。甘肃省长期以来是个缺钱少粮

---

① 中共甘肃省委党史研究室：《甘肃工业的基石——"一五"时期甘肃重点工程建设》，甘肃文化出版社，2007年，第6—8页。

② 兰州大学核科学与技术学院：《百十萃英核学路——兰州大学核学校友访谈录》，兰州大学出版社，2020年，第11页。

的省份，虽经过1949年到1952年的恢复和发展，在1953年达到自足，并有数千万斤粮食支援外省，但随着大工业建设的到来，甘肃省委省政府意识到必须加强农业生产，把粮食生产放在第一位。甘肃省委提出：农业必须迅速地有计划地相应地发展，否则将不能保证工业的需要，将加重全国的负荷。"一五"期间，甘肃粮食生产稳步提升，平均每年增加近5亿斤粮食，到1956年粮食产量达到76亿斤，为历史最高水平。

（4）人民大力支持。甘肃人民渴望甩掉贫穷落后的帽子，全力支持重点工程建设，给予极大热情。重点工程项目要建设在平坦宽阔的河谷平原上，这些地方往往人口聚集，于是需要迁徙大量人口。据统计，仅兰州市西固区、七里河区就需要迁移30000多居民。虽故土难离，但广大移民理解国家大工业建设的战略意义，响应甘肃省委提出的"为祖国工业化离开故土"的口号，拆房迁坟，割舍家园，移居他乡。在工程建设需要人力支援时，全省各族人民踊跃参加。兰州化工厂出现劳动力紧张，甘肃省省长邓宝珊等省、市领导带领50000多军民到工地义务劳动，挖运土方60000多立方米。兰州热电站急需运力支持，兰州市运输公司的大批汽车、架子车，西固区各农业合作社的大量马车、人力迅速出动。永登水泥厂出现运力不足，当地驻军派出汽车帮助。可谓工程有需，八方支援。"一五"时期，全省各族人民支援建设的劳动力有30余万人次。①

3. 苏联专家的真诚帮助

苏联在早期大力支持甘肃重点工程建设，不仅提供成套设备，还派来大批专家指导建设。1953年苏联专家来甘，帮助选址，收集设计资料。1954年大批苏联专家前来帮助建设，仅支援白银建厂的就有50余名。他们在地质勘查、厂矿选址、资料搜集、厂区设计、建筑安装、开工运转、生产管理等方面给予全面系统的技术指导，解决了许多重大技术问题。苏联专家在指导兰州炼油厂施工建设中，提出1877条建议，帮助解决设计和

---

① 中共甘肃省委党史研究室：《甘肃工业的基石——"一五"时期甘肃重点工程建设》，甘肃文化出版社，2007年，第9页。

施工中的关键问题。在白银有色金属公司，苏联专家在1958年到1960年共提出技术革新建议32033条，其中95%以上具有较高经济价值。苏联专家建议用钢球代替球磨机中的铁球，不仅每年节约600多万元，还大大提高了球磨机的生产能力；改进打转炉的气口，大大提高生产效率，作业时间由原来的五六个小时缩短到5分钟。"一五"期间，支援甘肃的苏联专家有200多人。他们不仅大力支持重点工程建设，还开展地质勘探、玉门油矿改扩建、铁路干线设计（兰新铁路、包兰铁路、宝成铁路、兰青线）等工作。①

4.建设者们的艰苦奋斗

从1954年到1958年，甘肃重点工程项目陆续开工建设，来自四面八方的建设者齐集兰州、白银、酒泉等地。当时甘肃生活条件艰苦，建设者们住的是简陋的工棚、土房、窑洞，吃的是土豆、青稞、发糕，喝的是沉淀后的黄河水。施工条件差、机械化程度低，主要靠人力。然而，数十万建设者斗志昂扬，攻坚克难，万众一心，群策群力，建设进度突飞猛进，许多工程提前完成投产。

第一个建成的项目是兰州自来水厂。兰州自来水厂1955年5月筹建，1956年3月破土动工，1957年9月26日提前建成投产。该厂当时是全国设备最新、规模最大的自来水厂，时称"亚洲第一水厂"。《甘肃日报》1957年9月27日报道："兰州水厂局部供水后，可以保证兰州热电站提前发电。有水、有电，炼油厂、化肥厂、橡胶厂等其他大工业才能如期和提前投入生产。水厂提前供水对兰州工业建设是一种有力的支持和督促。"它的建成投产为兰州热电站提前发电提供条件，解决了兰州其他重点工程建设的用水难问题。

第二个投产的是兰州热电站。兰州热电站1953年3月筹建，1955年

---

① 中共甘肃省委党史研究室：《甘肃工业的基石——"一五"时期甘肃重点工程建设》，甘肃文化出版社，2007年，第10—11页。

12月开工，1957年11月16日一期工程一号机组正式投产发电，1958年12月一期工程全部投产，装机容量10万千瓦，这是西北地区最大的发电站。兰州热电站提前建成投产，为重点工程建设提供动力支持，促进了甘肃大工业建设进程。

永登水泥厂筹建早（1950年），但迟至1954年9月动工，1957年12月10日建成投产，年生产能力36.1万吨，是西北地区第一座现代化水泥厂。它的建成投产加快了甘肃的基本建设，大大节约了水泥运输成本。

兰州炼油厂1953年9月筹建，1956年4月动工，1958年9月建成投产，是"156项"中唯一一个石油炼油厂，年加工原油100万吨，是新中国第一座大型现代化炼油厂。兰州炼油厂的建成，实现中国原油加工能力倍增（比1957年提高1.4倍），让我国炼油工业生产能力、装备水平、技术水平、产品质量都得到很大提高，促进了新中国工业的发展。1959年3月，周恩来总理为兰炼题词："依靠党的领导，发挥广大职工群众积极性和创造性，学习苏联先进经验，加强组织工作和具体措施，鼓足干劲，力争石油生产的量多、质好和品种齐全，以逐步满足国家和人民的需要。"

兰州氮肥厂（兰州肥料厂）和兰州合成橡胶厂是中国西北地区第一批石油化工企业，均选址西固区，1952年10月筹建，1956年3月动工，1957年9月合并成立兰州化工厂（兰化）。氮肥厂提前一年半建成投产（1958年11月），创造了我国化学工业基本建设的奇迹，同时为国家节约投资3739万元，节约钢材5400吨。合成橡胶厂1959年年底建成，1960年5月20日生产出第一批合格的丁苯橡胶，结束了我国不能生产合成橡胶的历史。1960年9月，以氮肥厂和橡胶厂为基础，正式成立兰州化学工业公司。兰化在40年间（1958年至1999年），开发115项国内首创技术，研制成功26种石油化工关键设备，为国内外设计60多套石油化工装置，承建、援建130多项重大石化工程。

兰州石油机械厂和兰州炼油化工设备厂相邻，同时筹建（1953年），同时动工（1956年7月）。为节省投资，于1958年4月16日合并为兰州石油化工机器厂。1959 年 12 月局部项目投产，成功试制我国第一台大型石油钻机，开创了我国制造深井石油钻机的历史。①

白银有色金属公司是新中国第一个大型有色金属联合企业，1954 年年底开始建设。1956 年年底，白银矿山完成 3 次大爆破，拉开了矿山露天开采的帷幕。1959 年 10 月 1 日，露天矿提前一年出矿。1960 年 3 月选矿厂正式投产，6 月 14 日冶炼厂投产，当天生产出第一炉粗铜 25 吨，品位 98.7%。到 1965 年，主要产品生产能力和机修、动力、运输等辅助生产能力全部形成。共投资 4.95 亿元，节约资金 0.42 亿元。在 70 年代，它的铜、硫产量分别占到全国的 25% 和 40%。

在郝家川，当时除了白银有色金属公司，还有八〇五厂（国营银光化学材料厂）。该厂于 1953 年 9 月筹建，1956 年动工，一度缓建，1958 年 6 月恢复建设，1964 年 8 月建成投产，年生产高能炸药 4 万余吨。

一三五厂（国营万里机电厂）、二四二厂（国营新兰仪表厂）、七八一厂（国营长风机器厂）为国防军工企业，都选址兰州市安宁堡，均于 1956 年 1 月筹建，1958 年 5 月 20 日动工。一三五厂于同年 9 月 28 日局部投产，12 月 10 日试制成功甘肃省第一台航空产品——APY-2A 电动机构。二四二厂 10 月 20 日建成投产，1959 年 4 月 28 日研制成功第一个产品——APY-2B 型飞机指示器。七八一厂 1959 年 4 月完成建设，年底试制成功新产品，1964 年决定扩建，1966 年 8 月全面建成。②

四〇四厂、五〇四厂都是核工业。四〇四厂、五〇四厂都是由中苏双方专家组成的选厂委员会选址，分别设在酒泉、兰州西郊，1958 年经过中共中央总书记邓小平批准开工兴建。四〇四厂是中国最大的核工业生产科研基地，于 1963 年 10 月一线工程建成投产，1964 年 5 月加工出第一个核

---

① 中共甘肃省委党史研究室：《甘肃工业的基石——"一五"时期甘肃重点工程建设》，甘肃文化出版社，2007 年，第 11—12 页。

② 中共甘肃省委党史研究室：《甘肃工业的基石——"一五"时期甘肃重点工程建设》，甘肃文化出版社，2007 年，第 13 页。

部件，1970年二线工程建成投产，总体工程全部建成，这标志着我国核工业形成完整的生产体系。五〇四厂是中国第一座铀同位素分离工厂，刚建成时，苏联专家撤走并带走技术资料，经中国科学家科研攻关，于1964年1月14日一次投产成功，生产出质量合格的高浓缩铀产品，7月20日全部机组联通运行，确保我国首次核试验、"两弹一艇二站"（原子弹、氢弹、核潜艇动力装置、秦山核电站、大亚湾核电站）制造、生产、科研所需的核燃料。得知五〇四厂出产品后，毛泽东批示"已阅，很好"，周恩来表示祝贺，邓小平、彭真亲临视察，与五〇四厂职工合影。①

八一二〇基地是导弹试验、卫星发射基地，位于巴丹吉林沙漠深处，占地面积约2800平方公里，地势平坦，干燥少雨，具有良好的导弹、卫星发射自然环境条件，全年满足卫星发射条件的发射日有320天以上。1958年开工，调集包括刚从朝鲜回国的中国人民志愿军第20兵团在内的10万大军参加建场工作，基地建设初期，除了稀稀落落的骆驼刺、红柳、芦苇，别无生物，当地民谣说，"地上不长草，天上无飞鸟，北风吹着石头跑"。喝咸水、伴风沙、睡帐篷是10万大军最初艰苦生活的写照。②经过艰苦奋斗，八一二〇基地奇迹般地在大漠戈壁上建成。1960年9月10日基地首次用国产燃料发射苏制P–2导弹，开始我国导弹试验的历史，11月5日成功发射中国制造的第一枚地地导弹。1970年4月24日用"长征"1号运载火箭成功发射中国第一颗人造地球卫星"东方红"1号。八一二〇基地即现在的酒泉卫星发射中心（东风航天城），是中国创建最早、规模最大的综合型导弹、卫星发射中心，测试及发射长征系列运载火箭、中低轨道的各种试验卫星、应用卫星、载人飞船和火箭导弹，并负有残骸回收、航天员应急救生等任务。

---

① 李荣珍：《"一五"建设对甘肃发展产生的重要影响》，《档案》2019年第7期，第29页。
② 中共甘肃省委党史研究室：《中国共产党甘肃历史》（第二卷），中共党史出版社，2023年，第244页。

5. 坚持自主创新渡难关

1960 年中苏关系交恶，苏联召回全部在华工作的苏联专家，销毁技术图纸，撕毁合同，这给如火如荼的甘肃重点工程建设造成重大干扰。同时"大跃进"、三年经济困难等挑战接踵而来。建设者们坚持独立自主、自力更生，战胜一个又一个困难，将重点工程建设推向前进。

兰州炼油厂（兰炼）刚刚投产，由于苏联撤走专家，停止供应硅酸铝小球催化剂，生产高级油品的车间全面停产。与此同时，苏联大幅减少对中国石油产品的供应，导致中国出现石油产品的严重短缺。在此情况下，兰炼作为当时中国最大的炼油基地，克服重重困难，急国家之所急，"勒紧裤腰带，炼制争气油"。经过科研攻关，1962 年捷报频传，成功开发航空煤油、航空汽油和航空润滑油，也开发成功重型机械制造业急需的电缆油、压缩机油、轧钢机油等产品，此时兰炼生产的石油产品由原来设计的 16 种增加到 70 种，1965 年达到 125 种。1964 年开发出突破炼油工艺技术瓶颈的催化剂、添加剂，快速建成并生产出优质的硅酸铝小球催化剂，这被誉为炼油战线的"五朵金花"之一。

兰州合成橡胶厂刚刚建成，苏联专家就撤走了，同时带走了酒精法丁二烯生产的关键技术——"触媒"配方设备技术。橡胶厂职工面对此种情况，并未吓倒，而是自力更生、发愤图强，边学边干，在较短时间内攻克苏联认为中国无法攻克的技术难关，成功研制出"304 触媒"。正因为这种不畏艰难、自主创新精神，橡胶厂被誉为中国合成橡胶工业的长子。①

国防军工方面的 7 个项目也有许多自主创新、攻坚克难的动人故事，四〇四厂、五〇四厂作为新中国核工业的重要基地，八一二〇基地作为新中国航天事业的重要阵地，都是"两弹一星"精神的重要发源地。它们的故事将在后面讲述。

---

① 中共甘肃省委党史研究室：《甘肃工业的基石——"一五"时期甘肃重点工程建设》，甘肃文化出版社，2007 年，第 14—15 页。

(三) 深远的历史意义

甘肃 16 项重点工程建设填补了我国工业领域的一些空白，实现了许多从零到一的突破，创造了诸多中国第一。兰州炼油厂是我国现代炼油工业的摇篮，它的建成标志着我国现代炼油工业的开端。兰州合成橡胶厂是中国合成橡胶生产的第一个基地、填补了我国合成橡胶的空白。兰州石油化工机器厂是中国最大的石油钻探、炼油化工设备制造企业，创造了诸多第一，生产出我国第一台深井石油钻机、第一台万吨维尼纶设备——大型第六精馏塔、第一台年产 11 万吨的不锈钢衬里尿素合成塔、第一台 1500 大气压高压釜等等。16 项重点工程建设揭开了甘肃大规模工业建设和国防工业现代化的序幕，对甘肃经济发展产生深远影响。这主要表现在以下三个方面。

1. 加快了甘肃工业化进程，奠定了甘肃工业发展基础

"一五"时期甘肃重点工程建设，推动了甘肃现代工业的大发展，改变了甘肃工业一穷二白的落后面貌，为甘肃构建起包括机械制造、电力、化学、炼油、建材、有色金属冶炼、航空航天、核工业在内的工业体系。这个以重工业为主的工业体系，改变了以往甘肃以农业为主的传统经济结构，形成了甘肃现代工业的基本框架，奠定了甘肃工业发展的基础，也改善了我国东西部工业布局极不平衡的状况。为配合重点工程建设，地方工业获得发展，铁路建设掀起高潮，甘肃工业生产总值取得飞速增长，1956 年达到 5.08 亿元，比 1952 年增长了将近 2.94 倍。[①]

2. 推动了甘肃城市建设步伐，形成了一批新兴工业城市

"一五"时期，兰州市被列为全国重点建设城市，是当时全国 8 个新建工业城市之一，当时甘肃全省城市公用事业资金的 98.21% 用于兰州市。为支援甘肃重点项目建设，满足大量外来人口的需要，上海大批企业迁到兰州，其中有久负盛名的佛慈制药厂、泰昌百货店、上海照相馆、信大祥绸

---

① 中共甘肃省委党史研究室：《中国共产党甘肃历史》(第二卷)，中共党史出版社，2023 年，第 147 页。

布庄、王荣康西服店、意姆登洗染店、登记理发店、悦宾楼京菜馆、上海搪瓷厂、热水瓶厂、胶鞋厂、美高皮鞋店等。上海私营工商业者还捐资200万元,在兰州修建和平饭店、建兰饭店、大众市场、永昌路百货商店、定西路百货商店、浴池、商业学校等一批生活服务和教育设施。1956年兰州市商业局在工业区和新建区规划设立100多个商业网点。这些举措推进了兰州城市建设,让兰州市的商业、轻工业、服务业获得发展。

白银市是因此次重点工程建设而建立的新兴城市,其前身是隶属于皋兰县的一个仅有数户人家的荒凉小村庄——郝家川。随着大型含铜黄铁矿的发现,白银有色金属公司、银光化学材料厂在郝家川建立起来。1954年10月,甘肃省委批准成立郝家川建设委员会,负责建市规划和基本建设。1955年4月,郝家川建设委员会提议用白银厂矿为市名,得到省委的批准,正式确定白银市的名称。5月,省委将白银市的城市建设规划上报国务院。该规划经国家建委指导修改,于6月得到批准,白银市被定义为新兴的小型重工业城市。①

3. 培养了一批工业建设人才,提供了甘肃经济发展技术支撑

重点工程建设项目所建成的工业企业,采用的是当时先进的技术和新型设备,这需要大批技术人才。为此国家和地方抽调选派大批干部、技术人员和学生到国内外学习。为建设兰州热电站,国家从上海、西安、东北等地抽调80余人去苏联学习。为建设兰州炼油厂,选派135人去苏联学习。同样,为建设兰州合成橡胶厂、银光化学材料厂、白银有色金属公司等,也选派人员去苏联学习。甘肃省委在积极争取外援的同时,重视本地科学技术人才的培养。1956年7月25日,省委发出《关于加强对支援甘肃建设的外来职工、科技人员和学生的工作指示》,明确规定要照顾科技人员的生活、工作,还强调要关心他们的政治生活和政治前途,大胆提拔其

---

① 中共甘肃省委党史研究室:《中国共产党甘肃历史》(第二卷),中共党史出版社,2023年,第148页。

中的优秀分子参加领导工作。甘肃重点工程建成后，这些工业企业培养了一批又一批技术人员、技术工人和管理干部，发挥了显著的人才辐射功能。比如兰州炼油厂，在 1957 年至 1997 年 40 年间，为中国石油化工工业输送了 10000 余名干部、技术人员和工人，被誉为"新中国炼油工业人才摇篮"。兰化作为新中国石油化工产业的第一个基地，在 1958 年至 1999 年间向国家机关、3000 多家企事业单位输送了 26000 多名管理干部、技术人员和工人骨干。兰州热电站在建成 20 年内向永昌电厂、八〇三电厂、连城电厂、靖远电厂、甘谷电厂、略阳电厂、韩城电厂、秦岭电厂等输送 800 余名专业技术人才。①经过 60 余年的发展，特别是 40 多年改革开放，经历了计划经济到市场经济的洗礼，这些一五时期由国家投资作为重点工程建设、被誉为"共和国长子"的国有大中型企业，经历计划经济到市场经济的洗礼，在党的领导下，不断深化改革，发扬创新精神，持续保持着蓬勃生机，依然是甘肃经济发展的重要支柱。

"一五"时期甘肃人民在经济建设过程中，培育和积极践行多种红色精神，以甘肃玉门王进喜为代表、集中体现我国石油工人风貌的铁人精神，在艰苦环境下，为实现中华民族自立自强而在科学研究上不懈努力的"两弹一星"精神，体现一代创业者艰苦奋斗的矿山精神等，都有甘肃人民努力奋斗的身影。这些精神是爱国主义、集体主义、社会主义精神的鲜活体现，也是甘肃人民为中华民族创造的宝贵精神财富。

二、铁人王进喜

（一）铁人精神在甘肃孕育

甘肃玉门是我国现代石油工业的摇篮，也是铁人王进喜的故乡。玉门油矿是"一五"时期石油工业建设的重点企业，1959 年生产原油 140.5 万

---

① 中共甘肃省委党史研究室：《甘肃工业的基石——"一五"时期甘肃重点工程建设》，甘肃文化出版社，2007 年，第 19—20 页。

吨，占全国原油产量的半壁江山（50.9%）。玉门油田作为新中国石油工业的第一个基地，肩负起"三大四出"（大学校、大试验田、大研究所，出产品、出人才、出经验、出技术）的重任，形成著名的"玉门风格"（立足发展自己，放眼全国，哪里有石油就到哪里去战斗），为中国石油工业大发展建立了不朽功勋。正如著名诗人李季所赞颂的："苏联有巴库，中国有玉门，凡有石油处，就有玉门人。"1958年发现克拉玛依油田，一批玉门油田开发建设技术人员前去支援；1959年四川盆地发现油田，玉门油田44个钻井队、1700名职工入川会战；大庆油田发现后，以铁人王进喜为代表的玉门油田职工，带着成套设备奔赴松辽平原参加大会战。此后玉门油田还支援了江汉、吉林、辽河、江苏、河南、中原、华北等油田建设。在此过程中，玉门油田形成了自力更生、艰苦奋斗的"一厘钱"精神；缺乏设备、自己制造的"穷鼓捣"精神；原材料不足、改制代用的"找米下锅"精神；人员不足、多做贡献的"小厂办大事"精神；修旧利废、挖潜改制的"再生产"精神。①这些玉门石油工人的精神是铁人精神的重要源头。

（二）铁人王进喜的感人事迹

铁人精神是对王进喜崇高思想、优秀品德的高度概括。王进喜1923年出生于甘肃玉门赤金的一个贫苦农民家庭，15岁进入玉门石油公司当徒工，新中国成立后当上甘肃玉门石油管理局勘探公司三大队工人、副司钻。1956年加入中国共产党，担任贝乌五队队长，他带领全队拼命奋战，将"豆腐队"一跃带成先进队，全年累计钻井10000多米，超额完成任务。1958年他在全国石油现场会上提出"月上千，年上万，玉门关上立标杆"的奋斗目标。9月，他带领钻井队创造月进尺5009.74米的全国纪录。新华社发消息："玉门王进喜钻井队9月份月进尺5009米，创世界少有纪录"。②10月荣获"钻井卫星"红旗，贝乌五队被命名为"钢铁钻井队"，王进喜

---

① 中共甘肃省委党史研究室：《中国共产党甘肃历史》（第二卷），中共党史出版社，2023年，第360—361页。

② 《铁人队伍永向前》，https://baijiahao.baidu.com/s?id=1702644513734041023&wfr=spider&for=pc。

被誉为"钻井闯将"。时任石油工业部部长余秋里后来在回忆录里写道："王进喜不安于现状，不拘于常规，奋发思变，带领自己的钻井队，创造了全国中型钻井的最高纪录，总结出一套成功经验，带动了全国钻井事业的发展。"1959 年 9 月，王进喜被评为全国先进生产工作者，并被选为新中国成立 10 周年国庆观礼代表和全国"工交群英会"代表。① 在北京参加群英会期间，他看到公共汽车车顶背个大气包，便指着问那个是什么？人们告诉他那个是煤气包，因为没有汽油，汽车烧的是煤气。这话像锥子一样刺痛了他。从此，这个"煤气包"成为他为国分忧、为民族争气的思想动力。王进喜后来说："北京汽车上的煤气包，把我压醒了，真真切切地感到国家的压力、民族的压力，呼地一下子都落到了自己肩上。"他多次向工友们说："一个人没有血液，心脏就停止跳动。工业没有石油，天上飞的，地上跑的，海上行的，都要瘫痪。没有石油，国家有压力，我们要自觉地替国家承担这个压力，这是我们石油工人的责任啊。"

1960 年 3 月 15 日，王进喜率领贝乌五队（到大庆改名为 1205 钻井队）从玉门乘火车出发，于 25 日抵达大庆，参加石油大会战。当时的大庆存在许多难以想象的困难：没有公路，车辆不足，吃、住都成问题。但王进喜和工友下定决心：有天大的困难也要高速度、高水平地拿下大油田。钻机到了，吊车不够用，几十吨的设备怎么从车上卸下来、运过去？王进喜说："咱们一刻也不能等，就是人拉肩扛也要把钻机运到井场。有条件要上，没有条件创造条件也要上。"他们人拉肩扛运钻机，奋战 3 天 3 夜，将 38 米高、22 吨重的井架矗立在荒原上。此时的大庆天寒地冻，缺水无法搅拌泥浆，开不了钻，王进喜想起运钻机时路过的水泡子，于是振臂一呼，带领工友到附近破冰取水，硬是用脸盆水桶，一盆盆、一桶桶地往井场端了 50 吨水。在重重困难面前，王进喜带领全队以"宁可少活 20 年，拼命也要拿下大油田"的顽强意志和冲天干劲，苦干 5 天 5 夜，打出了大

---

① 李杰、关燕炯：《甘肃玉门：铁人精神的孕育和形成》，《发展》2021 年第 12 期，第 45 页。

庆第一口喷油井。第一口井完钻后，王进喜被滚下来的钻杆砸伤了脚，当时就晕了过去，但醒来后仍忍痛继续工作。领导把他送进医院，他又从医院跑到第二口井（2589 井）的井场，拄着双拐指挥打井。钻到约 700 米时，突然发生井喷。当时没有压井用的重晶粉，经研究决定用加水泥提高泥浆密度的办法来压井喷。①水泥加进泥浆池就沉底，又没有搅拌机器，他见状甩掉拐杖，带头跳进齐腰深的泥浆池，用身体搅拌，井喷终于被制服。可是王进喜旧伤未愈，泥浆对身体伤害又大，手脚被烧出血泡，伤势更重了。②房东赵大娘看到王进喜领着工人没日没夜地干，饭做好了也不回来吃，4 月 6 日感慨地说："你们的王队长可真是个铁人哪！"从王进喜 1960 年 3 月 25 日到达大庆至 4 月 6 日被房东赵大娘赋予"铁人"的称号，仅 12 天。这说明铁人精神是在玉门孕育和形成的，在大庆表现出来，并被群众认可。③石油工业部部长余秋里（发现、培育先进典型"铁人"王进喜）得知"铁人"称呼后，连赞大娘叫得好。在第一次油田技术座谈会上，余秋里号召 4 万会战职工"学铁人、做铁人，为会战立功，高速度、高水平拿下大油田！"④"铁人"的美名由此传开。在随后的岁月里，王进喜率领 1205 钻井队和 1202 钻井队，在极端困苦的情况下，双双达到年进尺 10 万米的奇迹。大庆石油会战的成绩和王进喜的"铁人"精神，得到了毛泽东主席的高度评价。1964 年 1 月 25 日，《人民日报》以头版头条通栏刊出毛泽东的号召："工业学大庆"，毛泽东亲自接见王进喜。王进喜不仅是工人阶级的楷模，更是一个为国家分忧解难、为民族争光争气的英雄。由于长期积劳成疾，他身患胃癌，在病床上仍然关心着油田建设，直到生命最后一刻，病逝时年仅 47 岁。

---

① 刘梦丹：《王进喜：为祖国献石油的铁人》，《人民日报》2021 年 5 月 28 日。
② 成靓：《王进喜："宁肯少活 20 年，拼命也要拿下大油田！"》，《党建》2021 年第 9 期，第 66 页。
③ 李杰、关燕炯：《甘肃玉门：铁人精神的孕育和形成》，《发展》2021 年第 12 期，第 45 页。
④ 《铁人王进喜》，http://dangjian.people.com.cn/n1/2015/1216/c346323-27937622.html.

（三）铁人精神的丰富内涵

王进喜为我国石油工业的发展和社会主义建设作出了突出贡献，留下了宝贵的精神财富。[1]铁人精神内涵丰富，主要包括："为国分忧，为民争气"的爱国主义精神；为"早日把中国石油落后的帽子甩到太平洋里去"，"宁肯少活20年，拼命也要拿下大油田"的忘我拼搏精神；为革命"有条件要上，没有条件创造条件也要上"的艰苦奋斗精神；"要为油田负责一辈子"，"干工作要经得起子孙万代检查"，对技术精益求精，为革命"练一身硬功夫、真本事"的科学求实精神；"甘愿为党和人民当一辈子老黄牛"，不计名利，不计报酬，埋头苦干的无私奉献精神。[2]

王进喜身上体现出来的铁人精神，集中展现了我国工人阶级的崇高品质和精神风貌，是团结凝聚百万石油人的强大精神动力，已经成为中华民族伟大精神和中国共产党精神谱系的重要组成部分，永远激励中国人民不畏艰难、勇往直前。王进喜在2009年9月10日当选"100位新中国成立以来感动中国人物"，2019年9月25日被评选为"最美奋斗者"。

世界冠军要咱当

王进喜

大地回春练兵忙，磨好刀枪整好装。

只待战令一声下，跃马扬鞭上战场。

庄稼喜雨花朝阳，会战全靠共产党。

中华民族站起来，世界冠军要咱当。

——发表于1961年2月23日《战报》

《世界冠军要咱当》是铁人王进喜的第一首署名诗歌，我们一起朗诵这首诗，来领略一下那个物质缺乏、精神充实时代中国青年的奋斗豪情和骨气、底气、志气吧！并以此向铁人致以崇高敬意！

---

① 《新中国石油战线的铁人王进喜》，https://rmh.pdnews.cn/Pc/ArtInfoApi/article？id=7563249.

② 《铁人精神》，https://news.12371.cn/2016/03/01/ARTI1456813040895255.shtml.

三、甘肃三线建设

三线建设从 1964 年开始延续到 1970 年年末，是以我国西南和西北地区为重点区域，开展的一场以战备为中心，以基础工业、国防科技工业和交通设施为重点的大规模经济建设活动，为增强我国国防实力，改善生产力布局，促进中西部地区工业化作出了重要贡献。三线地区包括京广线以西、甘肃省的乌鞘岭以东和山西省雁门关以南、贵州南岭以北的广大区域，具体包括四川、重庆、云南、贵州、青海和陕西的全部，山西、甘肃、宁夏的大部以及豫西、鄂西、湘西、冀西、桂西北、粤北等地。在这些地区开展以国防工业和基础工业为主体，包括交通运输、邮电通信的国家战略后方基地建设，这被称为全国的"大三线"建设。同时，在全国一、二线地区腹地（一线是沿海和边疆的省市区；二线是介于一、三线地区的省市区），依靠地方自筹资金，以战备为中心、以地方军工和工业交通设施为主的经济建设活动被称为各省的"小三线"建设。①甘肃省的三线建设属于大三线。

（一）三线建设开展的背景

20 世纪 60 年代新中国周边环境逐渐恶化，备战的重要性日益突出，这是开展三线建设的直接动因。60 年代初，中国刚经历"大跃进"、人民公社化运动和三年经济困难，国民经济正在恢复发展，正在贯彻八字方针（调整、巩固、充实、提高），调整农、轻、重之间的比例关系。这时很需要和平的休养生息环境，然而，国际局势并不乐观，"一手反帝、一手反修"的中国正面临四面受敌的不利形势。

在北面，中苏论战不断升级，苏联在边境不断挑起事端，并且陈兵百万，中苏关系走向破裂。据统计，1964 年 10 月 15 日至 1969 年 3 月 5 日，中苏边界冲突事件达 4189 起，比 1960 年至 1964 年增加 1.5 倍。中国与苏

---

① 张扬：《三线建设：共和国史上的神秘工程》,http://yhcqw.com/105/12992.html.

联接壤的北部边境线面临严峻的军事压力。

在南面，美国插手越战不断升级，从出钱出枪出顾问的"特种战争"发展为直接出人的"局部战争"，空袭北越，直接威胁我国南部安全。

在东面，美国企图联合苏联和我国台湾地区打击中国核设施，试图阻止新中国拥有核武器，支持蒋介石集团袭扰大陆，妄图建立反攻大陆的"游击走廊"。在美国的支持下，国民党从1962年到1965年向广东、福建、浙江、江苏等东南沿海地区，5次派出40余股特务登陆从事骚扰活动，先后被歼灭594人。[1]日本和韩国皆有美国的军事基地，且日本与韩国签订"日韩条约"，密谋制定了针对中国的"飞龙计划"，直接对我国东北构成威胁。

在西面，1962年印度在中印边界东西两段挑起军事冲突，中国军队被迫进行自卫反击，印军虽被击退，但双方对峙态势并未得到根本缓和。[2]

在四面受敌的严峻形势下，毛泽东等党和国家领导人意见一致，决定贯彻积极防御策略，开展战略大后方建设，采取多快好省的方法，在我国纵深地区建设起一个工农业结合的、为国防和农业服务的、比较完整的战略后方基地。[3]于是，"三五"计划的指导思想从解决吃穿用转变为以备战为中心，基本任务确定为：把国防建设放在第一位，加快三线建设，逐步改变工业布局；发展农业，逐步改善人民生活。

（二）甘肃三线建设的成就

甘肃三线建设从1964年10月开始筹划，1965年全面展开，大体分可为两个阶段：1964年至1970年为第一阶段，投入基本建设资金52.99亿元；1971年至1980年为第二阶段，投入基本建设资金102.54亿元。甘肃三线建设主要集中在"三五""四五"两个五年计划时期（1966—1975），

---

① 汪红娟：《甘肃三线建设述论》，《河西学院学报》2008年第3期，第45页。

② 宋银桂、岳小川：《国内三线建设决策动因问题研究述论》，《三峡大学学报》2022年第5期，第18页。

③ 宋银桂、岳小川：《国内三线建设决策动因问题研究述论》，《三峡大学学报》2022年第5期，第19页。

"五五"计划期间（1976—1980）主要是续建收尾，筹划项目700多个，真正建成的有150多个。甘肃三线建设项目主要布局在省会兰州和"九点一线"（九点是酒泉、张掖、永登、红古、靖远、临夏、定西、天水、平凉；一线是白银至靖远宝积山的铁路线）。

大规模的三线建设，促进了甘肃经济社会发展，形成了比较完整的工业体系，推动了城市发展和边远地区社会进步。

1. 形成比较完整的工业体系，甘肃工业获得全面发展

能源工业：在电力方面，建成一批水力和火力发电站，有全国第一个超过百万千瓦的刘家峡水电站、八盘峡水电站、盐锅峡水电站、碧口水电站、连城电厂、甘谷电厂、嘉峪关电厂、酒泉热电厂等。在石油化工方面，国家投资7771万元扩建玉门油田，原油产量在1970年达45万吨，比1965年增长63.1%。开发长庆油田，生产能力在1975年达101.3万吨。到1980年，全省原油产量达135.51万吨。兰化得到扩建，从西德、英国引进砂子裂解炉装置等4个项目，新建西北油漆厂、刘家峡化肥厂、盐锅峡化工厂、庆阳石油化工厂、河西化工厂等企业。在煤炭方面，国家投资6.9亿元，建成窑街、靖远、华亭等大型煤矿，原煤产量由1965年的180.4万吨增加到1980年的767万吨。[①]

电子工业：第四机械工业部在甘肃迁建和新建一批电子企业及研究所，即平凉的虹光电子管厂、建华机器厂，秦安的庆华仪器厂、永红器材厂、天光电工厂，靖远的风雷机械厂，徽县的徽特电机研究所、光纤光缆研究所。地方还建成一批电子企业：红卫机器厂、敬东机器厂、春光器材厂、甘肃省无线电器材供应公司等。[②]

冶金工业：扩建白银有色金属公司，新建金川有色金属公司、连城铝

---

① 代宏刚：《论三线建设对甘肃社会经济发展的积极影响》，《西昌学院学报》2010年第2期，第98页。

② 中共甘肃省委党史研究室：《中国共产党甘肃历史》（第二卷），中共党史出版社，2023年，第504页。

厂、兰州铝厂、西北铜加工厂、西北铝加工厂、甘肃铝厂、甘肃稀土公司等。到 1976 年，甘肃 10 种有色金属生产达 10.8 万吨，有色金属加工 2.25 万吨。[1]建成我国西北最大的钢铁联合企业——酒泉钢铁公司、西北铁合金厂、河西堡铁厂、陇西冶金机械厂、兰州炭素厂等一批黑色冶金企业。

机械制造工业：由沿海迁建的企业有甘肃长通电缆厂、甘肃光学仪器厂、兰州电力修造厂、天水长城控制电器厂、天水长城开关厂、天水风动工具厂、天水海林轴承厂、兰州长津电机厂、兰州真空设备厂等。[2]还新建了兰州汽车齿轮厂、兰州柴油机厂、兰州轴承厂、天水拖拉机厂等企业。以兰州、天水为中心，遍布全省的机械工业体系形成。到 1975 年底，甘肃机械工业总产值达 21.7 亿元，占全省工业总产值的 34.39%在工业总产值构成中、由 1965 年的第四位跌居第一位。[3]

三线建设不仅让甘肃工业形成比较完整的体系，还促进了甘肃工业的快速增长。到 1980 年，甘肃省工业总产值 82.37 亿元，其中全民所有制工业 75.95 亿元，分别是 1964 年的 5.24 倍和 5.03 倍。[4]

2. 推动城市建设发展，农业农村获得发展进步

三线建设时期，兰州市的科技实力得到极大增强，来自全国各地的一批科研院所、大批专家学者和先进科研设备聚集兰州。1965 年，东北重型机械学院的水利机械、化工机械、石油矿产机械 3 个专业和北京机械学院的焊接工业、设备专业成建制迁入甘肃工业大学，同时从湖南大学、合肥工业大学抽调一批教师前来工作。1966 年，天津电气传动设计研究所电源车辆设计研究室迁到兰州，成立兰州电源车辆研究所。1969 年天津化工研

---

① 代宏刚：《论三线建设对甘肃社会经济发展的积极影响》，《西昌学院学报》2010 年第 2 期，第 99 页。

② 中共甘肃省委党史研究室：《中国共产党甘肃历史》（第二卷），中共党史出版社，2023 年，第 504 页。

③ 代宏刚：《论三线建设对甘肃社会经济发展的积极影响》，《西昌学院学报》2010 年第 2 期，第 100 页。

④ 代宏刚：《论三线建设对甘肃社会经济发展的积极影响》，《西昌学院学报》2010 年第 2 期，第 101 页。

究所涂料、颜料专业以及相关人员 555 人迁至兰州，组建化工部涂料工业研究所。[1]此外，兰州石油化工设计院、中国科学院兰州化学物理研究所、兰州地质研究所、中国农业科学院兰州兽医研究所、中国市政工程西北设计院、兰州化学工业公司化工设计院等十余家科研院所也是在此时期迁建于兰州。1978 年，这些科研院所科研人员达到 4000 余人，[2]成为建设兰州、富民兴陇、开发西北的重要力量。部署在兰州安宁区的电子工业、城关区和七里河区的机械工业、红古区的冶金工业进一步壮大了兰州市的经济实力和人口数量。

白银市因有数十个企业迁入，大批的工人和科技人员前来，人口猛增。1965 年，西北铜加工厂、白银公司第三冶炼厂兴建，银光化学材料厂扩建，迁入人口 9600 多。1970 年，白银有色金属公司、西北铜加工厂、银光化学材料厂、中国有色建筑公司第二十一冶金建筑公司、甘肃稀土公司等企业因扩产招工，净迁入人口 2.55 万。三线建设丰富了白银市的工业结构，使白银市从一个工业生产结构较为单一的城市逐渐发展为以有色金属冶炼为主，以石油化工、电机、纺织等为辅的工业基地。[3]嘉峪关市因酒泉钢铁公司而于 1965 年设立，金昌市因金川公司而于 1981 年设立，这些新兴工业城市均是因企设市。

三线建设主要是为了备战，但也注意解决人民的吃穿用，促进了甘肃农业、农村的发展。甘肃农业农村落后，农民生活水平低，有些地方粮食都不能自给。于是甘肃省委在做三线建设规划时，把支援农业放在重要位置，把解决人民的吃穿用问题与备战工作结合起来，有重点地建设化肥厂，增加农药化肥产量。三线建设时，甘肃新建铁路支线 183 公里，新建公路5752 公里[4]，这极大改善了全省交通落后的状况，促进了边远地区的经济

---

① 李斌：《三线建设对兰州现代工业的影响分析》，《城市住宅》2021 年第 3 期，第 140—141 页。
② 中共甘肃省委党史研究室：《中国共产党甘肃历史》（第二卷），中共党史出版社，2023 年，第 504 页。
③ 马涛：《甘肃省白银市白银区三线建设简介》，《中国战略新兴产业》2020 年第 22 期，第 238 页。
④ 李荣珍：《甘肃三线建设研究概况》，《档案》2015 年第 5 期，第 17 页。

发展。①

3.形成三线精神，甘肃发展获得精神动力

为响应党中央"好人好马上三线"的号召，一大批优秀人才从祖国的不同角落来到三线，形成了千军万马的建设大军。这场伟大的建设事业孕育了以"艰苦创业、无私奉献、团结协作、勇于创新"为主要内涵的伟大三线精神。

极端恶劣的建设环境孕育了艰苦创业精神。"靠山，分散，进洞"的建设方针决定三线建设项目大都位于信息封闭、交通落后、经济不发达的穷乡僻壤地区。然而，三线建设者们没有被困难吓倒，充分发扬了不怕苦、不怕累、不怕死的艰苦创业精神，克服了环境的极端恶劣，用勤劳智慧取得了伟大成就。②曾经奋战在甘肃酒泉的"三线人"温家宝 2003 年答记者问时说过："我在大学学地质到从事地质工作整整 25 年。这期间大部分是在非常艰苦和恶劣的环境中度过的。我深知人生的艰辛，也知道国家建设的艰难，但我也树立了一种信念：一个人、一个民族、一个国家，只要不畏艰险，勇于攀登，一定能达到光辉的顶点。"③

顾全大局的政治担当孕育了无私奉献精神。三线建设归根到底要依靠广大人民群众来建设。据统计，从 1964 年到 1980 年，云集到甘肃的建设者就有 5 万余人。④他们顾全大局，舍小家顾大家，挺身而出，奔赴三线，用实际行动为年轻的新中国奉献力量，为甘肃的发展作出了重大贡献，"革命战士是块砖，哪里需要哪里搬""献了青春献终身、献了终身献子孙"就是他们无私奉献精神的真实写照。⑤

齐心协力的制度优势孕育了团结协作精神。三线建设充分发挥了社会

---

① 汪红娟：《甘肃三线建设述论》，《河西学院学报》2008 年第 3 期，第 47 页。

② 柴菁铭、张熊玲：《论三线精神的历史传承与时代价值》，《攀枝花学院学报》2022 年第 2 期，第 88 页。

③ 李荣珍：《甘肃三线建设研究概况》，《档案》2015 年第 5 期，第 18 页。

④ 李荣珍：《甘肃三线建设研究概况》，《档案》2015 年第 5 期，第 18 页。

⑤ 柴菁铭、张熊玲：《论三线精神的历史传承与时代价值》，《攀枝花学院学报》2022 年第 2 期，第 88 页。

主义集中力量办大事的制度优势，在这种制度下，一线地区齐心协力将人力、物力、财力转移搬迁到三线地区，鼎力支持三线地区工业的发展。正是团结协助，中西部在三线建设时期才能建成 1100 多个大型项目，8000 多公里的铁路干线和 40 多个大型生产科研基地，为进一步发展奠定了工业、交通和人才基础，①也为甘肃建立了一批骨干企业和输送了大批技术人才。

攻坚克难的奋进状态孕育了勇于创新精神。三线建设本身就是一部攻坚克难、勇于创新的创业史。三线地区绝大部分属于经济落后地区，当时面临着吃穿住行都成问题的重重困难，三线人只有充分发挥敢于斗争、勇于拼搏的创新精神，才能解决物资匮乏、信息闭塞、交通落后等困难，完成党和国家交予的建设任务。

在新时代全面建设社会主义现代化国家的新征程中，我们要向重点工程建设者、三线建设者致敬，他们让甘肃工业从一穷二白而发展成为比较完整的体系，让甘肃从农业省变为工业省，也为我们创造了内涵丰富的红色文化。社会主义建设时期在陇原大地孕育的铁人精神、三线精神仍然具有重要的时代价值，我们要传承和弘扬铁人精神、三线精神，深入挖掘、把握其精神内涵和实质，不忘来时路，奋进新时代，为推动全面建设社会主义现代化幸福美好新甘肃注入强大精神动力。

---

① 柴菁铭、张熊玲：《论三线精神的历史传承与时代价值》，《攀枝花学院学报》2022 年第 2 期，第 89 页。

第八讲　"两弹一星"铸辉煌

科技是第一生产力，人才是第一资源，创新是第一动力。中国共产党非常重视发挥科技、人才和创新在生产发展和社会进步中的重要作用。新中国成立后，党号召侨居海外的中国科学家回国，共同建设新中国。科学家们突破重重困难，在党和人民的帮助下，回到祖国怀抱，满怀热情地投入建设祖国的大洪流，和广大科技工作者一道谱写了科技报国的壮丽诗篇，在 20 世纪 50 至 70 年代，自立自强、艰苦创业，作出了"两弹一星"的杰出贡献，孕育出了宝贵的"两弹一星"精神。载人航天是继"两弹一星"之后，在改革开放时期中国尖端科技领域的又一重大工程。本专题主要讲述"两弹一星"精神和载人航天精神，这是 20 世纪 50 年代以来党领导人民在高科技领域为实现科技自立自强、国家繁荣富强的奋斗过程中孕育和创造的红色文化精神结晶，也是中国共产党精神谱系和中国科学家精神的重要组成部分。

一、"两弹一星"精神

"两弹一星"，最初是指原子弹、导弹和人造卫星，后来有了氢弹，又将原子弹和氢弹合称核弹，于是"两弹一星"指的是导弹、核弹、人造卫星。中国的"两弹一星"，是 20 世纪下半叶新中国科技工作者白手起家、自主创新的辉煌成果，是中国人民自力更生、艰苦奋斗的伟大成就，也是社会主义建设时期新中国在高科技领域取得的代表性成果，极大地提高了新中国的国际地位。1988 年 10 月 24 日，邓小平在视察北京正负电子对撞机工程时说："过去也好，今天也好，将来也好，中国必须发展自己的高科技，在世界高科技领域占有一席之地。如果 60 年代以来中国没有原子弹、氢弹，没有发射卫星，中国就不能叫有重要影响的大国，就没有现在这样的国际地位。这些东西反映一个民族的能力，也是一个民族、一个国家兴旺发达的标志!"①

"两弹一星"精神形成于 20 世纪 50 至 70 年代，是我国老一辈科学家在自主完成原子弹和氢弹爆炸、导弹飞行和人造卫星发射的过程中，自觉培育践行的一种崇高精神，是爱国主义、集体主义、社会主义精神和科学精神的高度凝练和有机融合，是中国人民在社会主义建设时期为中华民族创造的一笔极其宝贵的精神财富。2020 年 9 月 11 日，习近平总书记在科学家座谈会上指出："希望广大科技工作者不忘初心、牢记使命，秉持国家利益和人民利益至上，继承和发扬老一辈科学家胸怀祖国、服务人民的优秀品质，弘扬'两弹一星'精神，主动肩负起历史重任，把自己的科学追求融入全面建设社会主义现代化国家的伟大事业中去。""两弹一星"精神的主要内涵是"热爱祖国、无私奉献，自力更生、艰苦奋斗，大力协同、勇于登攀"。在陇原大地上，五〇四厂、四〇四厂、八一二〇基地（酒泉卫星发射中心）等重要设施均有"两弹一星"精神的深深烙印。

（一）"两弹一星"精神的内涵

20 世纪 50 年代，面对西方国家的核威胁、核垄断与核讹诈，面对国防安全的严峻形势，维护国家安全、维护民族自立自强逐渐成为党和国家的重要任务。基于这样的战略需要，党和国家作出研制"两弹一星"的战略部署。回忆起当年的情形，中国原子弹之父、两弹元勋钱三强感慨万分："作为一个有爱国心的知识分子，此时此刻心里是什么滋味，很清楚，这对于中国的原子核科学事业，以至于中国历史，将意味着什么。前面有道道难关，而只要有一道攻克不下，千军万马都会搁浅。真是这样的话，造成的经济损失且不说，中华民族的自立精神将又一次受到莫大创伤。但是，历史的进步客观存在。中国已经改朝换代，尊严和骨气再也不是埋在地层

---

① 邓小平:《邓小平文选》(第三卷)，人民出版社，1993 年，第 279 页。

深处的矿物。"制造原子弹有很大风险，那要不要做呢？其实早在 1956 年毛泽东在《论十大关系》中就进行了回答："在今天的世界上，我们要不受人家欺负，就不能没有（原子弹）这个东西。"在当时经济科技水平极度落后、国际国内形势极其复杂的时代背景下，一大批科学家义无反顾地投身于"两弹一星"伟大科学工程。在复杂环境和时局下形成的"两弹一星"精神内涵丰富，具体包括了热爱祖国、无私奉献的爱国精神；自力更生、艰苦奋斗的斗争精神；大力协同、勇于攀登的创新精神等。[①]

1. 热爱祖国、无私奉献的爱国精神

"热爱祖国、无私奉献"，是"两弹一星"精神的灵魂。在"两弹一星"精神中，爱国精神是最重要的内容。爱国主义是中华民族自古以来的优良传统，是民族精神的核心。大批科学家、科研人员、工程技术与管理人员正是在爱国主义旗帜的号召下，全身心投入"两弹一星"事业中。许多参与"两弹一星"工程的科学家，原本在国外学习、工作，生活水平高，科研条件较国内更为优越，但当听到新中国成立，祖国真诚希望海外游子回国参加社会主义建设事业的消息时，他们纷纷放弃优越条件、义无反顾、冲破重重阻拦回到祖国怀抱。满怀爱国之心的归国科学家们响应国家号召，为"两弹一星"事业奉献出自己的一切。对于他们来说，爱国不仅是一种浓烈的情感，还是一种切实的行动。他们包括钱学森、王淦昌、彭桓武、邓稼先、朱光亚、程开甲、赵忠尧、赵九章、郭永怀、姚桐斌、王承书、张文裕等令今人仰慕的科学巨匠，他们这个群体不仅仅是这十几个人，而是上千人。作为"第一个在英国获得教授职称的中国人"，物理学家彭桓武在被问到为什么要回国时说："回国不需要理由，不回国才要理由！"世界著名科学家钱学森 1950 年准备回国时，被无理拘禁，失去人身自由长达 5年。直到 1955 年，经过周恩来总理在与美国外交谈判中的不断努力，甚至

---

① 戴伟安：《"两弹一星"精神的内涵诠释、时代价值及弘扬之道》，《党史博采》2022 年第 3 期，第 11页。

不惜释放 11 名在朝鲜战争中俘获的美军飞行员作为交换，他才得以回国。物理学家赵忠尧归国途中被驻日美军关进监狱，在中国人民和世界科学家的声援下才得以恢复自由。他用在国外省吃俭用攒下的钱，购买了一批科研器材，为中国原子能研究组装了第一台质子静电加速器。[1]据统计，至1956 年年底，共有 1805 名侨居海外的科学家回国，他们大都成为各方面的学术带头人和科研领路人，为发展新中国的科学技术事业，尤其是为原子弹的研制建立了不可磨灭的功勋。主管科研工作的聂荣臻元帅对他们予以高度评价："这批原有的和回国的高级知识分子……他们都有很强的爱国心和事业心，具有第一流的专业知识，在我国各项事业中发挥了很好的作用。"

爱国主义让他们从世界各地回到祖国，聚集在一起从事"两弹一星"工程，也是他们在"两弹一星"的研发过程中，攻坚克难最坚强、最持久的精神支柱。在"两弹一星"研发过程中，工作环境和科研条件都是异常艰苦的。同时"两弹一星"属国家最高机密，科研人员需要隐姓埋名，甚至不能向家人透露工作内容，也不能有通信往来，由此就产生了罗布泊夫妻树的故事：参与造原子弹的工作人员是需要严格保密的，"上不告父母，下不告妻儿"。有一对夫妻接到命令，互相隐瞒着，各自悄悄出发，当来到同一棵树下等车时，才发现两人都是为了同一个任务而来，前往同一个目的地。张爱萍将军在听到这个动人的故事时，望着那棵树说："就叫它夫妻树吧。"1958 年初春的一个晚上，邓稼先因接到参加原子弹研制任务而兴奋得彻夜未眠。他告诉妻子许鹿希："以后家里的事情我就不能管了，我的生命就献给未来的工作了。做好这件事情，我这一生就过得很有意义，就是为它死了也值得。"从此，邓稼先的名字和身影都消失了，他走进了筹建中的核武器研究设计院。第一颗原子弹爆炸后，著名物理学家严济慈（钱三强的老师）到许德珩家串门，聊起了原子弹。许老悄声问："是谁有这么大本事，把原子弹搞了出来？"严老笑个不停："嘿！去问问你的

---

① 科苑:《载人航天精神的特别故事》,《今日科苑》2011 年第 16 期,第 68 页。

女婿吧!""我女婿?"许老惊愕不已:"邓稼先?"①大家要知道邓稼先是中国第一颗原子弹的理论设计负责人,许德珩是邓稼先的妻子许鹿希的父亲。邓稼先为了严格保密,没有向妻子和岳父透露研制原子弹的信息。在恶劣的工作环境下,许多科技工作者把国家利益放在首位,默默奉献。核武器技术专家程开甲说:"为了祖国强大的明天,我们愿意贡献自己的全部力量和价值!我觉得奉献的人生才是有价值、有意义的!"周恩来在接见归国留学生时,询问空气动力学专家郭永怀有什么要求,郭永怀说:"我唯一的愿望就是盼望祖国能迅速强大起来,我想抓紧时间尽快投入工作,为祖国尽一点力……"②正是有这样的愿望,郭永怀在飞机快要坠毁时,宁愿舍弃自己的生命,也要保护热核导弹实验数据。郭永怀和警卫员牟方东在生命的最后一刻作出选择,用身体保护珍贵的科研资料。于是在飞机残骸的机舱里,人们发现两具烧焦的尸体,他们紧紧地抱在一起。人们费了很大的力气将两人分开后,发现一个公文包,一份热核导弹实验数据在包里完好无损。为了纪念郭永怀烈士,2018年编号为212796号的小行星被永久命名为"郭永怀星"。

2. 自力更生、艰苦奋斗的斗争精神

"自力更生、艰苦奋斗"是"两弹一星"精神的核心,也是中华民族的优良传统,是中国共产党在革命、建设、改革时期夺取胜利的重要法宝。"两弹一星"工程是国家在经济基础薄弱、科学技术落后的情况下开展的。工程启动时,虽然得到苏联的援助,但党中央清醒地认识到苏联的援助毕竟是有限的,必须坚持"自力更生为主、争取外援为辅"的方针。这个方针随着中苏关系恶化,苏联撕毁合同,中止援助,撤回专家而不断显示出其高明之处。面对苏联的背信弃义,毛泽东说:"要下决心搞尖端技术。赫鲁晓夫不给我们尖端技术,极好!如果给了,这个账是很难还的。"周恩

---

① 科苑:《载人航天精神的特别故事》,《今日科苑》2011年第16期,第65—66页。
② 高晓林、范宾扬:《"两弹一星"工程的决策过程和历史经验》,《上海党史党建》2020年第11期,第7—8页。

来坚定表示："我们中华民族是有骨气的民族，也是有智慧的民族，没有什么力量能压服我们，也没有什么事情会难住我们。"从此，中国给自己还未面世的原子弹起了一个让人铭心刻骨的名字"596"。"596"是指1959年6月，当时苏联政府单方面撕毁了中苏双方签订的关于国防新技术的协定，拒绝向中国提供原子弹样品和生产原子弹的技术资料。[1]苏联的霸权主义举动进一步激发了广大科技工作者自力更生、艰苦奋斗的精神。他们决心依靠自己，独立自主地研制出属于中国自己的核武器。钱三强回忆起这段岁月时说："曾经以为是艰难困苦的关头，却成了中国人干得最欢、最带劲、最舒坦的黄金时代。"面对极其恶劣的工作、生活环境，广大科技工作者没有低头，而是斗志昂扬地交出了一份份令人民满意的答卷。1956年研制导弹、原子弹被列入新中国十二年科学技术发展规划，仅用4年时间，1960年中国成功发射第一枚导弹。1964年，中国研制的第一颗原子弹爆炸成功。1967年，中国又成功爆炸第一颗氢弹。从第一颗原子弹爆炸到第一颗氢弹爆炸，美国用了7年多，苏联用了6年多，英国用了4年多，法国用了8年多，而中国只用了2年多时间，以前所未有的速度实现了从原子弹到氢弹的跨越。1970年中国成功发射第一颗人造卫星——东方红一号，成为世界上第五个能独立发射人造地球卫星的国家。中国第一颗原子弹试验总指挥张爱萍将军精辟指出："原子弹不是武器，它是一种精神，是中华民族自强不息的精神！"[2]

3. 大力协同、勇于攀登的创新精神

"大力协同、勇于登攀"，是"两弹一星"精神的根本，是成就"两弹一星"事业的重要保证，充分体现了集中力量办大事的社会主义制度优越性。"两弹一星"的研制是一个庞大的系统工程，不是一个研究院能够做得下来的。在"两弹一星"研制过程中，全国各有关地区、1000多家工厂、科研机构、院校，广大科技工作者、后勤保障人员和解放军指战员群

---

① 科苑:《载人航天精神的特别故事》,《今日科苑》2011年第14期,第68页。
② 戴伟安:《"两弹一星"精神的内涵诠释、时代价值及弘扬之道》,《党史博采》2022年第3期,第12页。

策群力，在党中央的坚强领导下，群策群力，团结协作，提高了整体效益，由此使中国科研综合实力得到了质的提升。原子弹研制中的"九次计算""草原大会战"；氢弹原理突破中的"群众大讨论""上海百日攻坚战"；小型化研究中的"五朵金花""多种外源"方案等等，都是集体攻关、紧密合作的创举。例如，"两弹一星"所需的大型机械设备是机械部制造的，一些特殊材料是由冶金部、化工部和纺织部提供的，而一些重要元器件是电子部、邮电部制造的。仅中国科学院就有20多个研究所承担了核弹研制的科研协作攻关项目。中国科学院原党组书记、原副院长张劲夫说，没有协作，没有各科研机构的技术配合，单独搞原子弹是不行的。[1]1970年4月，我国第一颗人造地球卫星发射成功。当时，我们动用了全国近60%的通信线路，为防破坏，从试验场区到各个观察测控站，数万公里的线路上，每一根电线杆都日夜有人值守，仅守卫通信线路的民兵就多达60万人。正是社会主义制度形成的气势磅礴的强大合力，有效地解决了我国经济科技基础薄弱与发展尖端科技需求之间的矛盾，大大加速了"两弹一星"以及其他大国重器的研发制造和投入使用进程，成为中国人民保护和平、探索宇宙、利用太空、造福人类的重要支撑。[2]

（二）核科学家王承书的故事

1964年10月16日下午3点，中国西北地区一声震天巨响之后，腾空升起蘑菇状烟云，中国成功爆炸了第一颗原子弹，这颗大炮仗打开了中国通向世界强国之门。当我们在半个多世纪后，回首当年那段艰苦卓绝的绝密历史，便可在众多讲述中，发现一位瘦弱而执着的女性在兰州五〇四厂忙碌的身影。她便是我国核物理学家、工程物理学家、中国科学院院士王承书。她一生三次为国改换专业，是我国铀同位素分离理论研究的奠基人，为我国第一颗原子弹的成功爆炸及铀浓缩技术的发展作出重要贡献。

---

[1] 科苑：《载人航天精神的特别故事》，《今日科苑》2011年第16期，第67页。

[2]《中国共产党人精神谱系之："两弹一星"精神》，https://baijiahao.baidu.com/s?id=1732327709478808955&wfr=spider&for=pc.

1.归心似箭的爱国者

王承书祖籍湖北武汉，1912 年出生在上海，长大于北京。因学习成绩优异被保送到燕京大学物理系，在那个年代，女子学物理是很少的，同专业年级的学生中只有王承书这一名女学生，而上、下两个年级中，连一个女生也没有。学物理是王承书自己的选择，而且一经选择，她便执着地去追求物理学的奥秘。1936 年她获得燕京大学硕士学位，1944 年获得美国密歇根大学博士学位。在美国留学期间，她与导师乌伦贝克合作提出"王承书——乌伦贝克方程"，一发表便轰动世界，至今仍被沿用。乌伦贝克教授高度评价她："她真是一个不可多得的人才，她的前途无可限量，如果在美国继续工作研究下去，将会极大可能获得诺贝尔奖!"美国的优越生活和诺贝尔奖没有挽留住王承书。新中国成立后，王承书密切关注祖国的变化，她在自传中写道："新中国成立后，通过一封封家信感受到祖国的变化。抗美援朝的消息传来，引起了我极大的不安。那时，我已经知道国内情况好了许多，我国国际地位有了显著的提高，但依旧担心在我国元气还没有完全恢复的时候，与这样的强国交战，如果战事失败将会影响国家的前途。其实，我也有个人的考虑牵扯在内，我身在美国，战事发生起来将是很不方便的。我最后下定决心，在必要时宁愿前往集中营也不能做不利于祖国的事情，心里便安宁下来了。这以后的五年光景，我对祖国比以前更加关心，回国的心情也与日俱增，甚至于有较长一个时期由于不能回国而很焦急。"

她和丈夫张文裕（高能物理学家，中国宇宙线研究和高能物理研究的开创者之一）一听到祖国的呼唤，便归心似箭，多次申请回国，却都被美国政府加以拒绝。一位美国教授一语道破："知道为什么不让你们回国吗？你们回去后就是潜在的原子弹制造者。"经过不懈努力，冲破重重阻挠，他们毅然决然地回到了祖国的怀抱。在归国前，她分别从几个邮局将 300 多包、2000 多磅的宝贵科技资料寄到北京的姐姐家。[①]1956 年 10 月 6 日是她

---

① 高玉兰：《执着的追求 默默的奉献——记核科学家王承书教授》，《现代物理知识》1992 年第 2 期，第 3—4 页。

回到祖国的日子，她呼吸着祖国的空气，无比激动。这股兴奋表达在她的自传里："1956年10月6日是我难忘的一天，虽然那时还没意识到这将是我真正有意义生活开始的日子。在回到了阔别15年的祖国土地上，第一次看到五星红旗在空中飘扬，心里说不出的兴奋。"她说："我就是要为国家作贡献，我不能等人家把中国建设好了再来，所以国家需要什么我就干什么。"她用4次"我愿意"践行了炽热的爱国之情。

2.隐名埋姓的"我愿意"

归国后，她被分配到中国科学院近代物理研究所理论研究室任研究员，兼任北京大学物理系教授，讲授热力学及统计物理。1956年年底，主管原子能工业的第三机械工业部部长宋任穷希望她能去搞同位素分离研究，并告诉她，这在国内还是个空白。搞同位素分离，这对已是44岁的王承书来说，不异于放弃自己搞了多年的专业，重新改行。面对回国后的第一次选择，她没有犹豫，没提任何条件和要求，以"我愿意"来回应国家需要，不惜从零开始。她离开了丈夫和儿子，来到位于北京郊区的研究所，住进集体宿舍，全身心投入新的专业领域，只有周末才进城和亲人团聚。

1958年，面对钱三强的邀请，她进行了第二次改行。当时聚变能被认为是人类最理想的清洁能源，也称人造太阳。但热核聚变技术在当时国内一片空白，也是王承书从未接触的陌生领域，对46岁的她而言，这完全又是新的开始。面对祖国的需要，王承书毫不犹豫地说："半路改行我不怕，我愿意接受这个任务！"王承书愉快地接受了组织的安排，从事热核聚变理论工作。她带领同事到苏联学习，在回国七天七夜的火车上，她翻译了《雪伍德方案——美国在控制聚变方面的工作规划》，这本资料在很长时间里是我国热核聚变领域的重要书籍。经过两年的努力，王承书不仅熟悉了热核聚变领域，产生了浓厚兴趣，还带出了一支研究队伍，填补了热核聚变理论空白，为中国受控热核聚变和等离子研究奠定了坚实的基础。正当王承书准备在热核聚变领域中进行更深层次研究时，一个突然的情况不仅让她再次改行，还让她从国际物理学领域彻底"消失"了。

当时中苏关系交恶，苏联撤走援华专家，带走技术资料，只留下一堆拆不走的机器和厂房，位处甘肃兰州的五〇四厂（浓缩铀生产工厂）随即陷入困境，而生产浓缩铀是制造原子弹的核心技术。面对如此形势，1961年3月，钱三强再次找到王承书："承书同志，现在国家需要你再次转行，这件事情要绝对保密，你看行吗？"王承书平静地说："我愿意。"从此之后，王承书的日记戛然而止，因为第三次的改行，意味着她要放弃之前所有的功成名就，从此隐姓埋名。[1]1961年王承书加入中国共产党，1965年起按月将工资中的大部分交纳党费，直至"文革"后期组织上不同意为止。[2]

3.五〇四厂的奋斗者

王承书于1962年年初，悄悄带着攻关小组来到兰州市西郊的五〇四厂。她忘我工作，埋头攻坚，和吴征铠、钱皋韵、刘广均等科学家一起，先后解决了许多理论、技术等问题。王承书负责当时最为核心的净化级联理论研究，就是解决怎样使上千台机器分级联系起来连续运转这个问题。王承书带领同事们设计了许多方案，一方面送到中关村让电子计算机运算，另一方面又不坐等结果，而是带着两个年轻人，用机械计算机进行手工复核。她自己运算数据很多，整整装满了三个抽屉，电子计算机运算的数据则装满了10个箱子。在繁重而枯燥的运算工作支撑下，运行方案在不断完善之中制订出来了。她一边在北京进行理论研究，一边还要到兰州五〇四厂现场指导联机运行，于是不断奔波于北京和兰州之间。当时中央决定在15周年国庆爆炸第一颗原子弹，原子弹试验基地等米下锅。[3]时间的紧迫、任务的艰巨，让她和同事们夜以继日地工作。功夫不负有心人，他们的科研攻关工作不断取得突破，让五〇四厂工艺车间的上千台机器成功地运转起来，这为五〇四厂早日拿出合格产品提供了根本保证，打破了苏联专家撤走时留下的"你们的设备将会变成一堆废铜烂铁"的预言。1964年1月

---

① 李敏楠：《三次"我愿意"背后的坚强党性》，《国防科技工业》2021年第8期，第26—28页。
② 诸葛福、黄更生：《记核科学家王承书》，《现代物理知识》1993年第1期，第18页。
③ 陈祖甲：《追忆理论物理学家——王承书》，《民主与科学》1994年第5期，第36页。

14 日，五〇四厂成功取得第一批高浓铀合格产品。喜讯传到中南海，毛主席写下"已阅，很好"的著名批示。4 月 12 日，邓小平和彭真到五〇四厂视察，邓小平从陪同人员中一眼认出了王承书。他说："我见过你嘛！1959 年你胸戴大红花，参加了全国群英会。从此你隐姓埋名，不知去向了，连你的先生张文裕也找不到你了。"10 月 16 日，我国第一颗原子弹在罗布泊上空腾起壮观的蘑菇云。这标志着王承书出色地完成了在五〇四厂的技术攻关任务。不久，钱三强来到兰州，在五〇四厂找到王承书，有过这样一次感人肺腑的对话：

——"你在这里工作有什么困难？"

——"没有！"

——"那生活有什么困难？"

——"没有！"

——"有什么话让我捎给文裕吗？"

——"没有！"

——"如果让你继续选择核事业，继续在 504 厂发挥作用，你愿意吗？"

——"我愿意！"

这三个"没有"和一个"我愿意"，体现出王承书真挚而深沉的家国情怀。①1966 年国庆节，她作为有重要贡献的科技工作者，上天安门城楼观礼，聂荣臻在向毛泽东介绍王承书时说，她为我国第一颗原子弹的装料作出了巨大贡献，毛泽东听到后，夸赞说："这是中国第一颗原子弹爆炸的女功臣。"

1994 年 6 月 18 日，王承书平静地离世。遗体捐献给了医学研究单位，书籍和资料送给了华北六〇五所（核工业理化工程研究院的前身），积攒的约 10 万元存款全部捐给了"希望工程"，零存整取的 7222.88 元上交了最后一笔党费。王承书将毕生精力献给了祖国。如今我们走进位于天津的核

---

① 谢武战：《我愿意——王承书先生在五〇四厂的故事》，《中国人才》2018 年第 10 期，第 42—43 页。

工业理化工程研究院,这里不仅有王承书院士纪念馆,还珍藏有这位国家级女功臣的 187 本笔记本以及各类手稿。在这些笔记手稿中,王承书工整的手书,娟秀的字迹,让人赞叹不已。半个多世纪的岁月积尘,泛黄了这些笔记手稿的纸张、磨损了纸角,却无法褪去烙印在上面的拳拳爱国之心和倾尽毕生心血的忘我奉献。中国工程院院士馆对她的科研贡献做了如此评价:王承书早期从事气体分子运动论的理论研究,并有创新成果。1958年在中国开创了受控核聚变反应和等离子体物理的研究并为其发展打下基础。1961 年后,改做铀同位素分离工作。解决了净化级联计算、级联的定态和动态计算等重大课题,为中国第一座铀浓缩气体扩散工厂分批启动作出重要贡献。为中国铀同位素分离理论研究奠定了基础。

二、载人航天精神

2002 年 3 月 25 日,"神舟三号"飞船在酒泉卫星发射中心发射成功,江泽民发表重要讲话,指出:航天科技队伍是一支特别能吃苦、特别能战斗、特别能攻关、特别能奉献的队伍。2003 年 11 月 7 日,胡锦涛在庆祝中国首次载人航天飞行圆满成功大会上指出:"伟大的事业孕育伟大的精神。在长期的奋斗中,我国航天工作者不仅创造了非凡的业绩,而且铸就了'特别能吃苦、特别能战斗、特别能攻关、特别能奉献'的载人航天精神。"2016 年 12 月 20 日,习近平总书记在会见"天宫二号"和"神舟十一号"载人飞行任务航天员及参研参试人员代表时强调:"我们注重传承优良传统,发扬特别能吃苦、特别能战斗、特别能攻关、特别能奉献的载人航天精神,彰显了坚定的中国特色社会主义道路自信、理论自信、制度自信、文化自信,为坚持和发展中国特色社会主义增添了强大精神力量。"党和国家领导人的讲话既是对我国航天事业和航天工作者的高度赞扬与肯定,更是对载人航天精神的高度概括和凝练。中科院院士、中国航天科技集团科技委主任包为民表示,载人航天是世界高新科技中最具挑战性的领域之一。我国载人航天工程在起步晚、基础弱、技术门槛高的情况下启动,仅用 20 多年就敲开了建设空间站的大门。这不仅是航天技术快速发展的成果，更依赖于一种强大的精神动力，这就是广大航天人在夜以继日的"攀高峰""啃骨头"过程中铸就的载人航天精神。①

（一）中国载人航天工程

作为继"两弹一星"后中国尖端科技领域的又一重大工程，中国载人航天工程开始于 1992 年。1992 年 9 月 21 日，中央政治局常委会批准我国载人航天工程，确定"三步走"发展战略，即第一步，发射载人飞船，建成初步配套的试验性载人飞船工程，开展空间应用实验；第二步，在第一艘载人飞船发射成功后，突破载人飞船和空间飞行器的交会对接技术，并利用载人飞船技术改装、发射一个空间实验室，解决有一定规模的、短期有人照料的空间应用问题；第三步，建造载人空间站，解决有较大规模的、长期有人照料的空间应用问题。在这次常委会上，中央政治局常委们纷纷表态支持，李瑞环说："要在世界上站住脚，还得有高科技，如飞船，宁肯别的省一点儿。真正在世界上被人看得起，没有看家的宝贝不行。这件事真正施行要有个连续性，要不断进行下去。同时要发挥社会主义制度的优势，集中兵力攻坚。"刘华清说："钱不够，动用国库里的金子也要干！"江泽民表示："发展载人航天，这是件大事，大家同意，我完全同意，要下决心搞……搞这个在政治、经济、科技、军事上都有意义，是综合国力的标志。因此，建议静静地、坚持不懈地、锲而不舍地去搞。除中央专委外，具体的要有个班子，经常研究些大问题，要抓紧，抓而不紧等于不抓。多方面综合些实力，静悄悄地搞。今天我们就作这样一个决策，发展我们自己的载人航天。"②这个工程因为批准日期而有了代号"921 工程"。中国载人航天事业就是按照"三步走"战略稳步发展到今天。

---

① 付毅飞：《载人航天精神托起的不仅是飞天梦想》，《科技日报》2021 年 8 月 13 日。
② 彭继超：《决胜太空——从"东方红一号"到载人航天》，《炎黄春秋》2020 年第 4 期，第 66 页。

1. 酒泉卫星发射中心与载人航天发射场

中国载人航天事业，是在巴丹吉林沙漠边缘、甘（甘肃）蒙（内蒙古）交界的一片戈壁滩上起步的。20 世纪 50 年代，面对西方的封锁制裁和战略威胁，中共中央决定发展我国尖端国防科技事业。1958 年 3 月，中央决定在甘肃酒泉地区建设我国第一个导弹武器试验靶场。这个靶场就是"一五"计划时期 16 个甘肃重点项目之一的八一二〇基地。面对极其恶劣的自然环境，建设者们战严寒、斗酷暑，顶风冒沙，挖地窝、住干打垒，用沙枣、骆驼刺解渴充饥。经过十万建设者两年零六个月的不懈努力，中国终于在戈壁滩上建立起了自己的导弹试验靶场，为"两弹一星"和载人航天事业的发展奠定了坚实的基础。这个导弹发射基地后来发展为中国第一个卫星发射中心——酒泉卫星发射中心，即东风航天城，创造了中国航天事业上的十个第一：成功发射中国的第一枚导弹、第一枚导弹核武器、第一颗人造卫星、第一颗返回式卫星、第一枚远程运载火箭、第一次一箭三星、第一颗国土资源卫星、第一颗外星的发射、第一艘实验宇宙飞船、第一艘载人宇宙飞船。之所以能创造这么多第一，这与酒泉卫星发射中心得天独厚的优势离不开：（1）建场时间长，拥有了相当雄厚的物质基础，技术保障、测控通信、铁路运输、发配电等配套设施和生活设施完善；（2）位于戈壁滩，航区 200 公里以内基本为无人区，方圆 600 公里内没有大城市和重要的交通干线，航区安全有保证；（3）占地 50000 平方公里，地势开阔，完全满足待发段和上升段航天员救生要求，能提供天地往返运输系统最理想的发射和回收着陆场；（4）有大型机场，可以满足人员和物质快速运输的需求。（5）可以充分利用西起喀什，东至福建闽西，距离数千公里的陆上航天测控网。（6）气候条件干燥少雨，雷电日少，满足发射条件的日子多。①

酒泉载人航天发射场于 1994 年动工建设，1998 年正式投入使用，隶

---

① 张泽天、陈应麒：《载人航天发射场设计回顾与主要特点》，《载人航天》2003 年第 4 期，第 48 页。

属于酒泉卫星发射中心，是我国建设的第一座航天发射场，也是我国唯一一座载人航天发射场，这是世界三大载人航天发射场之一。①采用了具有国际先进水平的"垂直总装、垂直测试、垂直运输"及远距离测试发射控制的先进模式，主要承担载人飞船和空间实验室的发射任务。海南文昌航天发射场于2007年8月启动建设，隶属于西昌卫星发射中心，是中国首个开放性滨海航天发射基地，也是世界上为数不多的低纬度发射场之一。主要承担"天宫"空间站舱段和"天舟"货运飞船的发射任务。作为低纬度滨海发射基地，文昌航天发射场不仅可用于满足中国航天发展的新需要，还能借助接近赤道的较大线速度，以及惯性带来的离心现象，使火箭燃料消耗大大减少，可让同型号火箭运载能力增加10%，同时可通过海运解决巨型火箭运输难题并提升残骸坠落的安全性。

2. 载人航天第一步的实现

1999年11月20日，中国第一艘无人飞船"神舟一号"在酒泉卫星发射中心成功发射，并于次日凌晨成功返回，这是中国载人航天工程第一次飞行试验。这次飞行试验的成功，意味着中国航天用短短七年时间走完了发达国家三四十年走过的路，表明中国载人航天队伍是能战斗、靠得住的队伍。2001年1月10日我国第一艘正样无人飞船"神舟二号"在酒泉卫星发射中心成功发射，在飞船上进行诸多领域的试验。这标志着我国载人航天事业取得新进展，向实现载人飞行迈出重要的一步。2002年3月25日，"神舟三号"无人飞船在酒泉卫星发射中心成功发射。"神舟三号"圆满完成了预定的全部科学试验和探测任务。这标志着我国载人航天工程取得了新的重要进展，为把中国的航天员送上太空打下坚实基础。2002年12月30日"神舟四号"无人飞船在酒泉卫星发射中心成功发射。"神舟四号"的配置、功能及技术状态与载人飞船完全一致，在轨飞行期间，载

---

① 另外两个载人航天发射场是：俄罗斯的拜科努尔航天发射场（该发射场不是位于俄罗斯国内，而是位于哈萨克斯坦西南部克孜勒奥尔达州），美国的肯尼迪载人航天发射场（位于美国佛罗里达州的梅里特岛）。

人航天应用系统、航天员系统、飞船环境控制与生命保障分系统全部都参加了实验，船上各种仪器设备性能稳定，进行了多项科学研究，取得了大量宝贵的飞行试验数据和科学资料。2003 年 10 月 15 日，"神舟五号"飞船在酒泉卫星发射中心发射，将航天员杨利伟送上太空。这次飞行任务实现了一人一天飞行，获取了航天员空间生活环境、安全的相关数据，考核了载人航天工程各系统的工作性能、可靠性、安全性和系统间的协调性，标志着我国成为继苏联和美国之后，第三个有能力独自将航天员送上太空的国家。2005 年 10 月 12 日"神州六号"飞船在酒泉卫星发射中心成功发射，将航天员费俊龙、聂海胜送上太空。这次飞行任务实现了两人多天飞行并安全返回主着陆场，标志着中国多项载人航天技术达到世界领先水平。通过实施上述四次无人飞行任务和两次载人飞行任务，掌握了载人天地往返技术，使中国成为第三个具有独立开展载人航天活动能力的国家，实现了工程的第一步任务目标。①

3. 空间实验室阶段建设

2010 年 9 月 25 日，中共中央政治局常委会议批准《载人空间站工程实施方案》，这标志着载人空间站工程正式启动。该实施方案决定载人空间站工程分为空间实验室和空间站两个阶段实施，这实际上是载人航天工程"三步走"战略第二步和第三步的具体化。②目前，空间实验室阶段任务已经完成，突破和掌握了货物运输、航天员中长期驻留、推进剂补加、地面长时间任务支持和保障等技术，开展空间科学实验与技术试验，为空间站建造和运营奠定基础、积累经验。该阶段任务细分为掌握交会对接技术阶段和空间实验室建造阶段。

掌握交汇对接技术阶段：2008 年 9 月 25 日"神舟七号"飞船在酒泉卫星发射中心成功发射，将航天员翟志刚、刘伯明、景海鹏送上太空。

---

① 《中国载人航天工程简介》，http://www.cmse.gov.cn/gygc/gcjj/.
② 《载人航天简介》，http://www.cmse.gov.cn/art/2011/4/23/art_24_1054.html.

27 日 16 时 43 分，航天员翟志刚穿着我国研制的舱外航天服走出轨道舱舱门，迈开了中国人走向太空的第一步！这次任务实现了航天员出舱活动、小卫星伴飞，完成了多项技术试验，开启了中国载人航天工程的新篇章。2011 年 9 月 29 日"天宫一号"在酒泉卫星发射中心成功发射，这标志着中国迈入航天"三步走"战略的第二步取得阶段性进展。"天宫一号"是中国载人航天工程发射第一个目标飞行器，是中国第一个空间实验室。"天宫一号"主要是配合神舟飞船完成交会对接试验，并作为简易的空间实验平台，开展一些空间科学实验。11 月 1 日"神舟八号"无人飞船在酒泉卫星发射中心成功发射，并与"天宫一号"目标飞行器成功进行我国首次航天器空间交会对接试验，这标志着我国空间交会对接技术取得了重大突破，实现了我国空间技术的重大跨越，是我国载人航天事业发展进程中的重要里程碑，为下一步建造空间站、开展大规模的空间应用奠定了良好的基础。2012 年 6 月 16 日"神舟九号"飞船在酒泉卫星发射中心成功发射，将航天员景海鹏、刘旺、刘洋送上太空，圆满完成"天宫一号"与"神舟九号"载人交汇对接任务，全面实现了"准确进入轨道、精准操控对接、稳定组合运行、安全健康返回"的预定目标。2013 年 6 月 11 日"神舟十号"飞船，将聂海胜、张晓光、王亚平送上太空，通过 15 天的在轨飞行，进一步巩固了交汇对接技术，验证了航天员在轨驻留保障技术。自 2011 年 9 月以来至此，中国连续成功发射了"天宫一号"目标飞行器和"神舟八号""神舟九号""神舟十号"飞船，实现了四次自动交会对接和两次手动交会对接，预定任务目标全部实现，掌握交会对接技术阶段胜利完成，这也为后续载人航天空间站的建设奠定了良好的基础。[①]

空间实验室建造阶段：该阶段任务是利用载人飞船技术改装、发射一个空间实验室，解决有一定规模的、短期有人照料的空间应用问题。2016

---

① 《神十任务第二场新闻发布会答记者问实录》，http://www.cmse.gov.cn/fxrw/tgyhyszsh/xwfbh_631/201306/t20130626_23007.html。

年 9 月 15 日，"天宫二号"在酒泉卫星发射中心发射升空，这标志着中国载人航天进入应用发展新阶段。[①]"天宫二号"是真正意义上的太空实验室，可以开展较大规模的空间科学实验、空间应用试验、航天医学实验，可以实现航天员中期驻留、推进剂补加、在轨维修等空间站建造运营。10月 17 日，"神州十一号"承载着航天员景海鹏、陈冬，在酒泉卫星发射中心成功发射。飞船入轨后与"天宫二号"交会对接构成组合体，航天员进入"天宫二号"开展空间科学实验和技术试验，在轨飞行 30 天后乘返回舱返回。此次任务标志着我国空间实验室阶段任务取得具有决定性意义的重要成果，为我国空间站建造运营和航天员长期驻留奠定了坚实的基础。[②]2017 年 4 月 20 日，"天舟一号"货运飞船在文昌航天发射场成功发射，与在轨运行的"天宫二号"进行三次交会对接，三次推进剂在轨补加，开展空间应用和航天技术等领域的多项实（试）验。[③]

4. 载人空间站阶段建设

中国空间站建造阶段是完成载人航天工程第三步任务，建造载人空间站，解决有较大规模的、长期有人照料的空间应用问题。该阶段分为关键技术验证和建造两个阶段实施，两个阶段各自分别规划了 6 次飞行任务。

空间站关键技术验证阶段：空间站关键技术验证阶段主要任务目标是突破并掌握空间站建造和运营相关的一系列关键技术。2020 年 5 月 5 日，为我国载人空间站工程研制的"长征五号"B 运载火箭，搭载新一代载人飞船试验船和柔性充气式货物返回舱试验舱，在文昌航天发射场成功发射，首飞任务取得圆满成功，实现空间站阶段飞行任务首战告捷，拉开我国载人航天工程第三步任务序幕。2021 年 4 月 29 日，空间站"天和"核心舱

---

① 《接力天宫一号，天宫二号将是真正的空间实验室》，http://www.cmse.gov.cn/ztbd/xwzt/kjsysfxrw/rwjx/201609/t20160915_39740.html.

② 《天宫二号与神舟十一号载人飞行任务新闻发布会召开》，http://www.cmse.gov.cn/art/2016/11/18/art_21_31355.html.

③ 《天舟一号货运飞船发射取得圆满成功》，http://www.cmse.gov.cn/ztbd/xwzt/kjsysfxrw/rwdt/201704/t20170420_39720.html.

在文昌航天发射场成功发射，这标志着中国空间站在轨组装建造全面展开，为后续关键技术验证和空间站组装建造顺利实施奠定了坚实基础。5月29日，"天舟二号"货运飞船在文昌航天发射场成功发射，这是中国空间站关键技术验证阶段发射的首艘货运飞船，也是我国空间站货物运输系统的第一次应用性飞行，为空间站送去6.8吨补给物资。在轨运行期间，"天舟二号"货运飞船先后与"天和"核心舱进行了4次交会对接，完成了飞船绕飞、机械臂转位舱段验证、手控遥操作交会对接等多项拓展应用试验。6月17日，"神舟十二号"载人飞船在酒泉卫星发射中心成功发射，将航天员聂海胜、刘伯明、汤洪波送上太空，这是本阶段的首次载人飞行任务。飞船入轨后，与"天和"核心舱进行自主快速交会对接。组合体飞行期间，航天员进驻"天和"核心舱，完成为期3个月的在轨驻留，开展机械臂操作、太空出舱等活动，验证航天员长期在轨驻留、再生生保等一系列关键技术。9月20日，"天舟三号"货运飞船在文昌航天发射场成功发射，为空间站送去航天员生活物资、舱外航天服等约6吨物资。在轨运行期间，"天舟三号"货运飞船先后与"天和"核心舱组合体进行了2次交会对接，开展了绕飞试验。与"天和"核心舱组合体分离后，还开展了空间技术试验，为空间站在轨建造和运营管理积累了重要经验。[1]10月16日，"神舟十三号"载人飞船在酒泉卫星发射中心成功发射，将航天员翟志刚、王亚平、叶光富送上太空，这是空间站关键技术验证阶段第六次飞行任务，也是该阶段最后一次飞行任务。[2]"神舟十三号"载人飞船与空间站核心舱对接，3名航天员进驻核心舱，对核心舱设施设备进行照料和维护，进行了两次出舱活动，开展了空间科学实验及技术试验，进行了两次"天宫课堂"太空授课。"神舟十三号"乘组在轨飞行183天，创造了中国航天员

---

① 《天舟三号货运飞船受控再入大气层任务顺利完成》，http://www.cmse.gov.cn/xwzx/202207/t20220728_50413.html.

② 《神舟十三号载人飞行任务新闻发布会召开》，http://www.cmse.gov.cn/xwzx/zhxw/202110/t20211014_48856.html.

连续在轨飞行时间的最长纪录。①

空间站在轨建造阶段：根据任务计划安排，2022 年实施 6 次飞行任务，完成我国空间站在轨建造。2022 年 5 月 10 日，"天舟四号"货运飞船在文昌航天发射场成功发射，主要任务是为即将上天的"神舟十四号"航天员乘组提供物资保障、空间站在轨运营支持等。②这标志着空间站在轨建造阶段的开始，为稳步推进我国空间站建设工程任务，建成国家太空实验室奠定基础。6 月 5 日，"神舟十四号"载人飞船在酒泉卫星发射中心成功发射，将航天员陈冬、刘洋、蔡旭哲送上太空，这是我国空间站在轨建造阶段首次载人飞行任务。飞船入轨后，与空间站组合体进行自主快速交会对接。航天员进驻"天和"核心舱，进行为期 6 个月的在轨驻留，开展空间站平台维护与照料、机械臂操作、出舱活动、舱段转移等工作。2007 年 7 月 24 日，③"问天"实验舱在文昌航天发射场成功发射。"问天"实验舱是中国空间站第二个舱段，也是首个科学实验舱，由工作舱、气闸舱和资源舱组成，起飞重量约 23 吨，主要用于支持航天员驻留、出舱活动和开展空间科学实验，同时可作为"天和"核心舱的备份，对空间站进行管理。25 日"神舟十四号"航天员乘组顺利进入"问天"实验舱。这是中国航天员首次在轨进入科学实验舱。④10 月 31 日，"梦天"实验舱在中国文昌航天发射场发射升空。1 日，"梦天"实验舱与"天和"核心舱成功对接。3 日，"梦天"实验舱顺利完成转位，空间站形成"T"字基本构型（"天和""问天""梦天"）在轨组装完成。12 日，"天舟五号"货运飞船在中国文昌航天发射场发射，与在轨运行的空间站组合体进行自主快速

---

① 《我国空间站关键技术验证阶段完美收官，2022 年将实施 6 次飞行任务》，https://baijiahao.baidu. com/s? id=1730339220680217275&wfr=spider&for=pc.

② 《"宇宙级带货"再登场，天舟四号看点多！》，http://www.cmse.gov.cn/xwzx/202205/t20220511_49742. html.

③ 《神舟十四号载人飞船发射取得圆满成功》，http://www.cmse.gov.cn/xwzx/202206/t20220605_50061. html.

④ 《神舟十四号航天员乘组顺利进入问天实验舱》，http://www.cmse.gov.cn/xwzx/202207/t20220725_ 50407.html.

交会对接。13 日，"神舟十四号"航天员进入"天舟五号"，开展货物转运工作。29 日，"神舟十五号"载人飞船将航天员费俊龙、邓清明和张陆送上太空。此次发射成功标志着空间站关键技术验证和建造阶段规划的 12 次发射任务全部圆满完成，这些发射任务是在不到 20 个月的时间内完成，刚满 30 年的中国载人航天工程取得连战连捷、任务全胜的优异战绩，在探索浩瀚宇宙的新征程上跑出了中国航天的"加速度"。①30 日"神舟十五号"乘组与"神舟十四号"乘组实现首次"太空会师"，并共同在轨工作 5 天。此时中国空间形成"三大舱段"（"天和""问天""梦天"）+ "三艘飞船"（"神舟十四号""神舟十五号""天舟五号"）的组合体，这是中国空间站的最大构型，组合体总重近百吨。我国首次实现空间站 6 个型号舱段组合体结构和 6 名航天员同时在轨驻留的"太空会师"。12 月 2 日，"神舟十四号""神舟十五号"航天员乘组进行空间站交接仪式，移交了中国空间站的钥匙，完成首次航天员乘组在轨轮换，中国空间站正式开启长期有人驻留模式。4 日，"神舟十四号"航天员陈冬、刘洋、蔡旭哲结束 183 天太空之旅，乘坐"神舟十四号"载人飞船返回舱在东风着陆场成功着陆。

目前中国载人航天已全面迈入空间站时代，建成和运营我国近地载人空间站，掌握近地空间长期载人飞行技术，具备长期开展近地空间有人参与科学实验、技术试验和综合开发利用太空资源能力。

（二）载人航天精神的内涵

伟大事业孕育伟大精神，伟大精神推动伟大事业。载人航天精神是中国共产党和中国人民在改革开放和社会主义现代化建设时期，实施载人航天工程过程中形成的革命精神，是对"两弹一星"精神的继承和发展，是中国共产党精神谱系的重要组成部分。中国载人航天工程从一开始就承继了"两弹一星"创业者留下的宝贵物质财富和精神财富。中国载人航天事

---

① 《神舟十五号载人飞船发射取得圆满成功空间站关键技术验证和建造阶段 12 次发射任务全部完成》，http://www.cmse.gov.cn/xwzx/202211/t20221129_51683.html.

业的成功，不是靠空喊口号喊出来的，而是靠一代代航天人的汗水和泪水换回来的，是靠全国 100 多个行业、3000 多个单位、几十万科技大军团结协作干出来的。孕育其中的载人航天精神既是中国载人航天取得辉煌成就的巨大动力，也是党、国家和人民宝贵的精神财富。

20 世纪 90 年代，面对日趋激烈的世界军事、科技竞争，为了能够在高技术领域占有一席之地，追赶世界科技发展潮流，党中央决定实施载人航天工程。广大航天工作者响应号召、牢记使命、不负重托，在长期的奋斗中创造了非凡的业绩，培育出特别能吃苦、特别能战斗、特别能攻关、特别能奉献的载人航天精神。[1]

特别能吃苦，体现了我党我军艰苦奋斗的优良传统。航天人所吃的"苦"包括起步创业的艰难，科研攻关时的压力，实（试）验时的紧张。以艰苦奋斗为根本的吃苦意识，是载人航天精神的基础，是载人航天成功的保证。[2]我国载人航天事业的辉煌成就，凝聚着几代航天人的艰辛和奉献。他们不计个人得失，不求名利地位，距离中国的"硅谷"——北京中关村不过数公里的中国航天科技集团，其科技人员的薪水却相差好几倍。飞船系统总体主任设计师张智曾多次拒绝高薪聘请，他说："看到中华民族的飞天梦在我们手中一天天变为现实，这样的自豪与喜悦哪里是金钱能够衡量的！"[3]很多科研工作者守住清贫、甘于寂寞、默默无闻，以苦为乐，无怨无悔，为航天事业奉献了青春年华和聪明才智，有的甚至献出宝贵生命。在酒泉卫星发射中心有一座东风烈士陵园，从元帅、将军到普通官兵、科技工作者，760 多名烈士在这里长眠，平均年龄不足 27 岁，其中的绝大多数人甚至还没有看见自己的努力飞上蓝天、飞向太空。他们用无怨无悔的

---

① 李鹏：《干惊天动地事　做隐姓埋名人——载人航天精神的内涵、历史地位和时代价值》，《人民教育》2020 年第 20 期，第 29 页。

② 崔佳、刘迎春：《载人航天精神的生成逻辑、丰富内涵和时代要求》，《桂林航天工业学院学报》2022 年第 2 期，第 292 页。

③ 科苑：《载人航天精神的特别故事》，《今日科苑》2011 年第 16 期，第 68 页。

坚守和付出，在平凡的岗位上书写了不平凡的人生华章。[①]

特别能战斗，是我党我军长期实践中形成的特有优势，是我党我军战胜困难、夺取胜利的重要法宝。中国航天人是一群爱拼、敢拼的人，有着"初生牛犊不怕虎"的冲劲，更有"狭路相逢勇者胜"的坚定信念。"肩挑重任敢为先，剑弩争锋撼苍穹"是中国航天人"特别能战斗"精神面貌的真实体现。中国载人航天事业在航天人敢打敢拼的性情中，变得有声有色，在他们的过硬战斗精神中，经受住各种严峻考验。[②]载人航天是当今世界最具风险的高科技实践活动，空前复杂的载人航天工程能够在较短时间里不断取得历史性突破，这与航天人特别能战斗的工作作风分不开。航天人始终把确保成功作为最高原则，始终秉承周恩来提出的"严肃认真、周到细致、稳妥可靠、万无一失"的十六字方针，始终坚持"组织指挥零失误、技术操作零差错、产品质量零隐患、设备设施零故障"的高标准和飞行产品"不带问题出厂，不带隐患上天"的严格要求。每次神舟飞船发射任务，酒泉卫星发射中心都要对测试厂房 8000 多个插头、火箭系统 1160 个对接插头、412 件火工品逐一检查核对三遍以上，做到"不下错一个口令，不做错一个动作，不减少一个项目，不漏掉一个数据，不放过一个异常现象"，这样的"认真"才让中国载人航天创造了一个又一个奇迹。[③]2010 年 1 月，孙家栋院士荣膺国家最高科学技术奖时说："航天的事情，一丝一毫都马虎不得，每个人手中的事情看似不大，但集合起来就是事关成败、事关国家经济利益的大事情，不论是哪个航天人，他都会想尽一切办法把事情办好。如果要说我自己，那我也就是那千千万万航天大军中的一分子而已。"[④]

---

① 李鹏：《干惊天动地事　做隐姓埋名人——载人航天精神的内涵、历史地位和时代价值》，《人民教育》2020 年第 20 期，第 30 页。

② 崔佳、刘迎春：《载人航天精神的生成逻辑、丰富内涵和时代要求》，《桂林航天工业学院学报》2022 年第 2 期，第 292 页。

③ 李鹏：《干惊天动地事　做隐姓埋名人——载人航天精神的内涵、历史地位和时代价值》，《人民教育》2020 年第 20 期，第 30 页。

④ 郭宇廷：《一辈子搞航天无怨无悔——记"中国探月工程"首任总设计师、"两弹一星"勋章获得者孙家栋》，《中国科技奖励》2020 年第 8 期，第 45 页。

特别能攻关，是我党我军勇于探索、勇于创新精神的生动体现，是抢占科技制高点的重要保证。"特别能攻关"源于中国航天事业崇高使命的召唤，是航天人开拓创新的不竭动力。[①]中国载人航天起步比世界航天大国晚40年，"怎样在人家的飞船上天几十年之后，我们做出一个飞船来还能振奋人心呢"，这是中国航天工作者需要回答的重要课题。中国航天人知难而进，挑战权威，挑战传统规则，攻克了运载火箭、飞船、空间实验室、空间站研制、轨道控制、飞船返回等尖端课题，在一些重要技术领域达到了世界先进水平，实现中国载人航天从无到有、从有到强，形成了一套符合中国载人航天工程要求的科学管理理论和方法，创造出中国航天史上的一个又一个奇迹。中国航天人用11年时间跨越了发达国家几十年走过的历程，把只有极少数大国才有能力研究建造的载人航天系统变成现实。一系列关键技术的突破，让中国在世界高科技领域占有了一席之地。[②]

特别能奉献，是我党我军根本宗旨的集中表现，也是我党我军应有的精神风貌。特别能奉献源于对伟大祖国的浓浓爱恋，对航天事业的深深吸引和对祖国强起来的迫切期待。"挽将天上银河水，散作甘霖润九州"是中国航天人"特别能奉献"的生动描述。在中国航天人的眼中，祖国的需要就是命令，人民的呼唤就是使命。[③]航天工作者始终以国家为重、以人民为中心，把国家和人民利益放在首位，自觉把个人理想与祖国命运、个人选择与党的需要、个人利益与人民利益紧紧联系在一起，始终以发展航天事业为崇高使命，表现出强烈的爱国情怀和对党对人民的无限忠诚。从钱学森"祖国已经解放，我们该回去报效祖国了"，到孙家栋"国家需要，我就去做"、王永志"听党的话，跟党走，党让干什么就干什么，无论干什

① 崔佳、刘迎春：《载人航天精神的生成逻辑、丰富内涵和时代要求》，《桂林航天工业学院学报》2022年第2期，第292页。

② 李鹏：《干惊天动地事 做隐姓埋名人——载人航天精神的内涵、历史地位和时代价值》，《人民教育》2020年第20期，第30页。

③ 崔佳、刘迎春：《载人航天精神的生成逻辑、丰富内涵和时代要求》，《桂林航天工业学院学报》2022年第2期，第292页。

么都要干好",再到戚发轫"国家事情再小也是大事,个人的事情再大也是小事",面对重重困难和严峻挑战,发出"一切为了祖国,一切为了成功"口号,这些表白和口号体现了一代代中国航天人为党为国奉献的崇高精神。[①]航天英雄杨利伟在接受采访时,总是不禁表达出深深的爱国情感:"荣誉属于伟大的党,属于伟大的祖国,属于光荣的军队,属于英雄的人民!"

以下是上海航天局在酒泉卫星发射中心试验队的总调度毕雨雯写给自己女儿的一封信。

珊珊,我的宝贝:

每次在电话中听到你稚嫩的声音,妈妈的心中总是涌起无限感慨。

妈妈已离开你很久了,现在在很远的地方工作。这个地方的四周是由沙石组成的茫茫戈壁滩,一眼望不到边,人烟稀少。

妈妈现在在这片戈壁滩上,和许多人一起在做一件了不起的大事,这件事是我们中国人几千年来想做的事,就是让中国的航天员能到星星居住的太空中遨游。在遥远的太空中,可以做很多地球上做不到的事,上过太空的种子可以结出又大又好吃的水果和蔬菜;太空中的风景非常好看,到那儿去旅游一定景色很美,说不定还会遇到外星人。怎么样,太空很有趣吧!我们马上要用我们中国人自己制造的"神舟"飞船把第一位中国航天员送上太空,这可是个了不起的大事吧。全世界的人都在关注妈妈做的事,你是不是为妈妈而骄傲?

我的宝贝,妈妈天天想着你,你也想着妈妈吗?妈妈答应你,等到飞船成功地遨游太空,中国的航天员从太空返回的时候,妈妈一定会回到你身边,和你一起做游戏,再对你讲太空美丽而神奇的故事,好吗?

毕雨雯写这封信时,已经3个月没回家。由于工作忙,女儿从小就交给在安徽的年迈双亲抚养,直到3岁才接回上海。和许多航天人一样,她

---

① 李鹏:《干惊天动地事　做隐姓埋名人——载人航天精神的内涵、历史地位和时代价值》,《人民教育》2020年第20期,第29页。

对工作没有遗憾，最大的亏歉就是自己的家人。这样的故事不断在一代代航天人中续写。在杨利伟首飞太空前，家人不知道他在执行什么任务，究竟在哪里，儿子杨宁康在作文中写道："爸爸的工作太忙了，很难见到他一面，好在我手中有爸爸一张照片，看到照片上爸爸的雄姿，我还有什么困难不能克服呢？"①

载人航天精神是"两弹一星"精神在新时期的传承和升华，是以爱国主义为核心的民族精神和以改革创新为核心的时代精神的延伸和扩展，昭示了一条自主创新道路。在新时代全面建设社会主义现代化强国的新征程上，弘扬载人航天精神，我们就要树立热爱祖国、为国争光的坚定信念，增强勇于登攀、敢于超越的进取意识，发扬科学求实、严肃认真的工作作风，传承淡泊名利、默默奉献的崇高品质。我们要在全社会大力弘扬两弹一星、载人航天精神，增强全民族的自信心和自豪感，凝聚全民族的智慧和力量，坚定历史自信，发扬主动精神，紧紧抓住发展机遇，积极应对各种风险挑战，战胜前进道路上的艰难险阻，团结奋斗，以中国式现代化全面推进中华民族伟大复兴。

---

① 科苑：《载人航天精神的特别故事》，《今日科苑》2011年第14期，第66页。

第九讲 脱贫攻坚兴 "三农"

消除贫困是人类的共同愿望，实现全面小康是党作出的庄严承诺。甘肃及西北地区脱贫攻坚的实践与成就，具体生动的脱贫案例，全面真实地反映了我国脱贫攻坚的总体思路、目标、具体措施，和实现社会主义现代化强国 "两步走" 战略的具体安排，深刻揭示了全面建成小康社会的理论逻辑、历史逻辑和实践逻辑，脱贫攻坚对全面建成小康社会的重要意义和全面建成小康社会在实现中华民族伟大复兴的历史进程中的里程碑意义，揭示了中国特色社会主义制度的巨大政治优势，和党领导人民为国家富强、人民幸福而不懈奋斗的红色基因和红色传承。

贫困和反贫困一直是全人类共同关注的热点问题之一。习近平总书记指出："贫穷不是社会主义。如果贫困地区长期贫困，面貌长期得不到改变，群众生活长期得不到明显提高，那就没有体现我国社会主义制度的优越性，那也不是社会主义。" 新中国成立以来特别是改革开放以来，我们党带领人民持续向贫困宣战，实施大规模扶贫开发行动，使贫困人口大幅减少，贫困群众生活水平显著提高，贫困地区面貌发生根本变化。党的十八大以来，党中央实施精准扶贫、精准脱贫，加大扶贫投入，创新扶贫方式，扶贫开发工作呈现新局面，取得了一系列重大成就。今天，我们可以自豪地说，打赢脱贫攻坚战，中华民族千百年来存在的绝对贫困问题，将在我们这一代人的手里历史性地得到解决。作为长期经济欠发达的西部地区，我们甘肃经历了什么样的脱贫历程呢？在这一伟大历程中，陇原儿女是如何接续奋斗呢？

一、奋力三西建设　谱写脱贫开发华章

(一) 开发三西的战略决策

西北在人们的脑海中似乎永远和荒凉贫瘠相连。三西地区简单来说，指河西走廊西北部祁连山以北、合黎山和龙首山以南、乌鞘岭以西的甘肃省19个县 (市、区)、宁夏南部西海固地区8个县和甘肃省中部以定西地区为代表的干旱地区20个县 (区)。这里曾是西北乃至全国最贫困的地区。清光绪二年 (1876年) 正月初六，时任陕甘总督的左宗棠前往新疆平叛期间，曾经陇西入会宁过定西，沿途看到土地瘠薄、民不聊生的境况后，发出了"陇中苦瘠甲于天下"的感慨。这是甘肃中部地区贫困面貌的时代评价。中华人民共和国成立后，甘肃一直是全国最贫困的省份之一，特别是河西地区和以定西为代表的中部干旱地区，是全省集中连片贫困地区，至20世纪70年代初，相当部分的群众生活依然处于极度贫困的状态，生产生活十分困难。"三西"地区穷，到底有多穷？土生土长的西海固作家火仲舫这样描述："有的农民家里就一个碗，老爷爷先吃，吃完儿子吃，然后两个小孩吃，再是女人吃。小孩没有衣服穿，光着屁股，只用个绳子在腰里系着，冬天冻得直打颤。"

1972年，周恩来总理听取甘肃省委的汇报后，安排中央八部委来甘肃访贫问苦，确定了中部18个干旱县为重点救济扶持的范围。党的十一届三中全会后，甘肃省委省政府及时把党的工作重点转移到经济建设上来，全面贯彻"调整、改革、整顿、提高"的方针，全省经济建设走上了健康发展的道路，着力解决广大群众的温饱问题，着力摆脱贫困。1982年，西海固地区遭受了严重旱灾，农民人均有粮仅88公斤，人均纯收入44元，70%的农户不能维持温饱。而以定西为代表的甘肃省中部干旱贫困地区，农村贫困面更是达到74.8%。甘肃一直以来都是我国贫困人口集中的主要地区，也是我国扶贫攻坚的主战场之一。在社会历史、自然地域、人口文化、经济市场等综合因素的共同作用下，我省贫困问题产生的原因纷繁复

杂，贫困状况也凸显出很强的地域性特征。

1982 年 7 月，中央领导同志到甘肃河西地区和定西地区视察工作，针对定西地区生态恶化、群众生活十分困苦的状况，决定要从根本上解决这里的问题。

12 月 10 日，中央财经领导小组专门召开会议，研究甘肃、宁夏的农业生产和扶贫问题，决定将甘肃的河西地区和以定西为代表的中部地区列入国家"三西"农业建设范围，并从 1983 年起，每年拨出 2 亿元专项资金，用 10 年时间进行专项投资建设，解决自然条件十分严酷的甘肃中部干旱地区 20 个县和宁夏西海固干旱高寒山区 8 个县的贫困问题，帮助开发甘肃的河西地区，总称"三西"建设。党中央和国务院决定对"三西"地区进行大规模的开发式扶贫，拉开了中国历史上大规模区域性扶贫开发建设的序幕，这是我国实施的第一个以大规模农业基础建设为主要内容、跨省区的区域性反贫困扶贫开发计划。这也拉开了甘肃历史上有计划、有组织、大规模区域性扶贫开发工作的序幕。

为此，国务院成立了"三西"农业建设领导小组，协同甘肃、宁夏做好规划和组织实施。甘肃省委省政府召开了"两西"建设座谈会，传达国务院对甘肃"两西"建设的重要指示，就如何加快"两西"建设步伐进行了讨论。会议指出，"两西"建设是甘肃农业建设的战略重点，按照"兴河西之利，济中部之贫"的方针，重点是建设河西商品粮基地、改变定西地区当前的贫困面貌。为加强对"两西"建设的领导，决定成立常设机构"甘肃省两西建设指挥部"涉及"两西"建设的地、县（市）建立相应的专门机构，具体负责各地、县（市）的"两西"建设工作。

（二）开发三西的基本历程

总体讲，三西开发经历了三个十年的发展历程。

第一个十年：初步改变贫困面貌

1983 年至 1993 年，甘肃"两西"农业建设和扶贫开发在全省全面展开。面对严峻形势，党中央、国务院决定，在建设方针上，坚持"有水走水路，无水走旱路，水旱不通另找出路"的工作思路，即有条件的地区通过兴建水利工程解决生产生活用水问题，干旱地区以梯田建设发展旱作农业，"水旱不通"地区则开展劳动力转移或移民搬迁。以"三年停止破坏，五年解决温饱，两年巩固提高"为建设目标，狠抓水利建设、梯田建设、移民搬迁和乡镇企业建设。

1986 年，甘肃省委省政府先后将陇东革命老区的华池、环县、宁县等 9 个县和南部高寒阴湿地区的岷县、积石山、迭部等 21 个县纳入扶持范围。至此，甘肃全省扶贫资金扶持的县达到 69 个，占全省县（区、市）总数的 80% 以上，形成了全面扶贫开发的局面。此后，甘肃把扶持重点放在了农业生产基本条件改善、民族地区支柱产业和区域经济的发展以及温饱工程建设上。

通过十年的全面扶贫开发，全省"两西"地区的群众生产生活条件有了很大改善，贫困状况明显好转，初步解决了贫困群众"衣不蔽体、食不果腹、住不避风雨"的问题。甘肃河西商品粮基地初具规模，粮食总产由 1982 年的 17.1 亿斤增加到 22.8 亿斤，基本实现了粮食省内自求平衡。中部干旱地区贫困状况明显缓解，全省贫困人口由 1982 年的 1254 万人减少到 1993 年的 547 万人，农村贫困面由 74.8% 下降到 28.9%。

第二个十年：基本解决温饱问题

1992 年 7 月 25 日，国务院召开会议研究决定："三西"建设资金再延长十年，到 2002 年。这十年，甘肃"两西"地区提出"四个一"的目标：即贫困农户达到人均 1 亩基本农田、户均 1 亩林果园、户均出售 1 头商品畜、户均输出 1 个劳动力。到了 2000 年，甘肃全省 10 个贫困市州农民人均纯收入由 1992 年的 325 元增加到 2000 年的 1334 元，人均占有粮食由 152 公斤增加到 350 公斤，贫困人口由 547 万人减少到 68 万人（不含 128 万返贫人口）。自此，"三西"地区贫困农民温饱问题基本解决。

第三个十年：加快脱贫走向致富

2001 年，《中国农村扶贫开发纲要（2001—2010 年）》正式发布。纲要提出，要集中力量，加快贫困地区脱贫致富的进程，把我国扶贫开发事业推向一个新的阶段。在这个十年，甘肃继续坚持改善贫困地区农业生产条件，集中"两西"专项资金，整合其他"三农"资金，帮助"两西"地区培育和建立有地方优势条件的主导产业，带动千家万户发展商品生产。同时，结合退耕还林还草，积极扶持群众发展林牧业及其深加工，增加经济收入，为脱贫致富奠定基础。到2010年，甘肃"两西"地区农民人均纯收入达到2918元，"十五"以来年均递增33.6%；宁夏贫困地区农民人均纯收入从1982年的44元增加到2011年的3964元，增长了90倍。

（三）开发三西的基本措施

"三西"农业建设是中国扶贫开发事业的一次创新探索，一改过去单纯发救济粮、救济衣，变过去单纯"救济式扶贫"为"开发式扶贫"。实践证明，这条路子管根本、管长远。三西开发的主要目标和实施措施有：

1. 抓水利建设，改善生产生活条件

1983年开始，"两西"建设专款资金分配到水利工程建设项目后，全省水利工程建设步伐进一步加快，通过找水、引水、提水、挖潜、配套、改造等农田水利基础建设，极大地改善了当地人民群众的生产生活条件。

疏勒河流域灌区，改建新建了昌马河灌区、双塔堡水库灌区、党河水库灌区，取得了明显的社会经济效益。其中昌马河灌区是20世纪50年代兴建的一项大型自流灌溉工程，处于河西走廊西部疏勒河中游冲积扇区域，东与花海灌区相通，西和安西榆林河冲积扇相接，南临祁连山北麓昌马戈壁，北至马鬃山南麓。灌区气候干旱多风，日照充足。1985年，省"两西"建设指挥部将疏勒河流域第三次规划中的新总干和渠首改建两项工程列入昌马灌区工程改扩建项目计划进行建设，国家投资1.338亿元。经过改扩建，灌区水的利用率得到极大的提高，灌溉面积发展到41.52万亩，实灌率100%。乡镇粮食亩产由98.8公斤提高到313.9公斤，总产由1900万公斤上升到8695.97万公斤。经济作物由过去单一种植发展为油料、瓜果、蔬菜、啤酒花等多品种种植，年总产值达2.77244亿元。除经济效益外，社会效益也很显著，除工业年用水 0.5 亿立方米外，还给铁路防护林栽培供水。在"两西"资金补助下，灌区建成了腰站子移民乡，垦荒灌地万余亩，使 808 户移民脱贫。

经过十年"两西"建设，石羊河、黑河、疏勒河三大流域基本形成了较完善的灌溉系统，为河西农业的持续稳定发展打下了坚实的基础，河西商品粮基地建设初具规模，使甘肃长期粮食紧张的局面有所缓解。中部干旱地区通过改建、扩建、新建各类水利工程 100 多项，设计规模 200 万亩，完成 90 项。主要有西岔电力提灌工程、兴堡子川电力提灌工程、锦屏水库灌区、榆中三角城电力提灌工程。到 1992 年，新增有效水地 101.6 万亩，新增保灌面积 81.3 万亩。有效水地面积累计达到 349.04 万亩，人均 0.57 亩，川水地区人均达到 1.5 亩。

2. 抓移民基地建设，促进移民开发

1983 年，甘肃省"两西"农业建设指挥部设立移民安置处，移民迁移任务大的地（市、州）、县（区），也相继设立了专管移民的机构。按照"移民自愿，自力自主；创造条件，合理流动；积极稳妥，讲求实效"的原则，采取分散和集中相结合，投靠亲友和建设移民基地等多种形式，展开了大规模的移民安置工作。

从 1983 年开始，"两西"地区采取"先行试点，取得经验，推动全盘"的办法，成熟一批迁移一批，落户一批巩固一批，扎根一批脱贫一批。在安置形式上大致有四种：一是投靠亲友，自选分散安置；二是组织协调引导，与建设项目挂钩，带移民指标分散安置；三是兴建移民基地，集中进行安置；四是在国有农场和企事业单位停办的农、林场进行安置。

在河西黑河和疏勒河流域先后建成了南华、骆驼城、羊井子湾、腰站子、双墩子、小金湾等 12 个移民基地，为安置中部贫困山区移民打下了良好的基础。迁往河西地区和黄灌区的移民一般都能做到"一年搬迁，二年定居，三年解决温饱，四年、五年稳定脱贫"。据统计，到 1992 年年底，河西地区总计安置移民 59358 人，移民人均纯收入达 570 元，人均纯收入超千元的达 4300 人，占移民总数的 6.3%。[1]在黄灌区，为实现人口合理流动、因地制宜进行扶贫开发，在黄河沿岸新灌区主要采取大分散、小集中的方式，在引黄灌溉区建立村、社移民点的办法进行移民安置。在中部新开发灌区建设了白草塬、兴堡子川、刘川、三场塬、西岔、景泰川等 7 个移民基地，就地安置移民 23 万人。

3. 抓实体经济，促进乡镇经济发展

发展乡镇企业是全面振兴农村经济、实现有效脱贫的重要措施。1983年以前，甘肃"两西"地区农村基本上从事清一色的传统种植业和少量家庭养殖业，生产产能低且不稳定。"两西"农业建设开始实施后，全省各县立足于当地资源，面向城乡市场，以农副产品加工为重点，以区域经济开发、解决群众温饱、增加县财政收入为目的，大力兴办冶金、建筑、建材、轻纺、食品、竹柳纺织、木制品、煤砖、皮革等各类乡镇企业。

1985 年 3 月，甘肃省委省政府作出《关于加快发展乡镇企业的决定》，强调要真正树立"无工不富、无商不活"的思想，发展乡镇企业要"突破官办企业的旧模式，由只抓乡、村企业转变到家庭办、联户办、村办、乡办、城乡联营办上来，做到五个轮子一起转，特别要注意发展联户企业和合作企业"。《决定》为乡镇企业的发展创造了宽松的政策环境，调动了广大群众办企业的积极性和创造性，农村联户企业、个体企业、私营企业和股份合作企业蓬勃发展，并向政企分离、产权明晰、权责明确、投资多元化的方向迈出新的步伐。

在河西地区，围绕扶贫和区域经济开发，依靠油料、甜菜、棉花、瓜果、蔬菜、啤酒大麦、黑瓜子、细毛羊、奶肉牛、瘦肉型猪 10 个商品基地，积极发展农畜产品加工、运输、建筑、建材、采矿、旅游等支柱产业和家庭工副业，建起了一批相应的骨干企业。1982 年至 1993 年，先后扶持新建、改建、扩建乡镇企业 375 个，新增产值 2.6 亿元，新增利税 4800

---

[1] 甘肃省地方史志编纂委员会编纂：《甘肃省志·扶贫开发志(1983—2010)》，敦煌文艺出版社，2020年，第 241 页。

万元。与 1982 年相比，河西地区乡镇企业数量增长了 26.5 倍，年均递增率达到 39.3%。乡镇企业产值占到农村社会总产值的 34.5%，占农业总产值的 52.7%，极大地促进了河西地区经济的发展，河西地区农村经济迈上了新台阶，初步形成了区域性的支柱产业。

在中部地区，各县面向城乡市场，以农副产品加工为重点，以区域经济开发、解决群众温饱、增加地区财政收入为目的，从 1983 年至 1993 年的十年间，利用扶贫专项资金直接投资兴办了 600 多个骨干企业，重点进行了"一乡一业，一村一品"的建设，初步形成了淀粉、亚麻、地毯、编绣、林果畜产品等覆盖面较大、带动能力较强的六大支柱产业。其中，淀粉系列有加工点 781 个，年产值 7684 元；亚麻系列建有厂点 157 个，产值 3525 万元；地毯系列有加工厂点 250 个，产值 8413 万元；编绣系列建起加工厂点 412 个，年产值 2468 万元；林果畜产品系列中，新建果园面积 50 多万亩，加工企业 255 个，产值 8135 万元；采矿、建材、化工系列，新建企业 445 个，年收入近 2 亿元。六大系列产业的开发，促进了乡镇企业的较快发展。

1983—1992 年，列入"两西"建设范围的中部地区 20 个县（区）乡镇企业发展迅速，数量从 1983 年的 2582 个增加到了 1992 年的 55936 个，增长近 22 倍；从业人员从 1983 年的 8.88 万人增加到了 1992 年的 41.50 万人，增长近 5 倍；利润从 1983 年的 1177.15 万元增加到了 1992 年的 1.58 亿元，增长 13 倍。乡镇企业逐步成为这些县（区）农村经济的重要支柱。[1]

由"输血式"救济向"造血式"扶贫的转变，实施的跨区域移民搬迁、大力发展乡镇企业、劳务输出等扶贫方式，为全国扶贫提供了经验和借鉴。

二、着力农村建设　续写扶贫攻坚诗篇

（一）扶贫攻坚计划开启新征程

小康不小康，关键看老乡，关键看贫困老乡能不能脱贫。摆脱贫困是

---

[1] 甘肃省地方史志编纂委员会编纂：《甘肃省志：扶贫开发志(1983—2010)》，敦煌文艺出版社，2020 年，第 279 页。

甘肃人民长期不懈的追求，为此，他们因地制宜，大胆探索，开拓创新，蹚出了一条脱贫路。在决胜全面小康的脱贫攻坚战中，甘肃人民依然奋勇向前，不断开创脱贫建设的新成就。

1983 年至 1993 年十年间，在党中央、国务院和有关部门的关怀支持下，甘肃省先后有计划、有组织地开展了大规模的"两西"建设和老区贫困地区的扶贫开发工作，全省农业生产条件有了较大改善，贫困面貌明显改观，贫困面大幅度下降，全省大多数群众的温饱得到解决。

但是，到 1993 年年底，全省仍然还有 427 万贫困人口，人均纯收入在 300 元以下，约占全省农村总人口的 20%。这些人口主要分布在南部高寒阴湿地区和中部干旱地区，以及陇东老区和河西地区的少数地方，绝大部分集中在高寒阴湿地区、干旱缺水地区、高山区、石山区和民族地区。自然条件严酷，基础设施差，人口素质低，且相互制约，是扶贫开发的"硬骨头"，扶贫工作的难度更大。

1994 年 1 月，国家核定贫困县 592 个，仅甘肃就有 41 个。其中定西市七县区全部列为国家贫困县，甘肃省确定 38 个省扶贫困县。同年，为进一步解决农村贫困问题，缩小东西部地区差距，实现共同富裕的目标，1994 年 3 月，国务院制定和发布《国家八七扶贫攻坚计划（1994—2000年)》，启动八七扶贫攻坚计划，即力争用 7 年，基本解决当时全国农村 8000 万人的温饱问题。按照国家八七扶贫攻坚计划要求，从 1994 年至 2000 年，甘肃扶贫开发进入突出解决温饱，着力推进攻坚式扶贫阶段。

为全面贯彻落实全国扶贫开发工作会议精神，根据甘肃农村实际和面临的严峻扶贫任务，1994 年 4 月 25 日至 28 日，省委省政府在陇南召开了全省扶贫开发工作会议，14 个地州市、41 个国扶县、8 个省扶县以及河西"三县一片"的党委、政府主要负责人和扶贫部门的领导，省直 45 个部门的领导参加会议。与会人员讨论通过了《全省四七扶贫攻坚计划》。《计划》明确了甘肃省四七扶贫攻坚目标，即从 1994 年到 2000 年，基本解决目前全省 427 万贫困人口的温饱问题，并对已初步解决温饱的地方继续巩固提高。《计划》提出修梯田、打水窖、兴科技、调结构的战略方针，以"三西"项目区、庆阳革命老区、南部高寒阴湿和民族地区为重点，大力引导群众调整农业结构，推广"121雨水集流工程"、地膜温饱工程、改土工程和先进实用的旱作农业技术等10条开发路子和20条优惠措施。这成为新世纪前甘肃省扶贫攻坚的路线图。《计划》明确了扶贫开发的重点是41个县的高寒阴湿和民族贫困地区以及中部特干旱地区，其中"七县一片"和其他人均纯收入在300元以下的271个乡是重点攻坚目标。河西地区除仍作为"两西"范围进行建设，除抓好"三县一片"的扶贫外，要把重点放在移民基地建设上，安置好南部和中部的移民。

根据甘肃扶贫开发的形势和任务，《全省四七扶贫攻坚计划》确定了四个层次的扶贫开发范围：

国家确定扶持的41个县	兰州市	永登、榆中
	白银市	平川区、靖远、景泰、会宁
	武威地区	古浪、天祝
	定西地区	定西、陇西、临洮、通渭、渭源、漳县、岷县
	天水市	武山、甘谷、清水、张家川、秦安
	庆阳地区	庆阳、华池、环县
	平凉地区	静宁、庄浪
	陇南地区	武都、文县、康县、宕昌、西和、礼县
	临夏州	临夏、广河、和政、康乐、积石山、东乡、永靖
	甘南州	临潭、卓尼、舟曲
省列的8个县	庆阳地区	正宁、合水、宁县、镇原、西峰
	平凉地区	华亭、崇信、平凉市
河西地区		山丹县、民乐县、民勤县和武威市张义区
四是没有列入范围的其他17个县的贫困带片		

对这四个层次的扶贫开发，《全省四七扶贫攻坚计划》提出了具体的奋斗目标，并对各县达到攻坚目标提出时间要求。到 20 世纪末，扶贫开发的具体奋斗目标是：（一）41 个贫困县人均纯收入都要超过 500 元。8 个省扶县和河西的"三县一片"人均纯收入超过 700 元。（二）贫困县要有 70%以上的农户人均纯收入超过 500 元，并要具备稳定收入来源的条件。（三）基本解决人畜饮水困难，乡乡通电、通车，95%的行政村通电、通公路。（四）基本普及初等教育，搞好扫盲工作，特困地区文盲半文盲率降到 30%以下。

为了完成攻坚目标和任务，《全省四七扶贫攻坚计划》明确提出了 10 条开发路子和 20 条优惠措施。10 条路子是指：加强基础性建设的路子；种养业为基础，种养加相结合的路子；发展区域性支柱产业的路子；大办乡镇企业的路子；兴办扶贫经济实体的路子；科技扶贫和智力开发的路子；异地开发和联合协作的路子；发展非公有制经济的路子；劳务输出和移民开发的路子。

具体配套设施是：实施"星火""火炬"计划，广泛开展科技承包，大力推广新品种、新技术、新工艺，实现优质高产高效；搞好科技、流通、市场、信息等社会化服务体系建设，健全双层经营机制，提供产前、产中、产后服务，使种、养、加一条龙，贸、工、农一体化；选好扶贫项目，提高管理水平，做到办一个、成一个，获取最佳经济、社会效益；对特困地区要划定范围，建立项目区，进行综合治理，全面覆盖，分期分批地解决问题。

20 条优惠政策主要包括：（一）省地县将扶贫开发列入财政预算，并逐步增加对扶贫开发的投入；（二）在省内贫困地区新办的企业，包括国有企业、集体企业、乡镇企业、股份制企业和股份合作制企业，以及贫困地区在省内异地兴办的企业，三年内免征企业所得税；（三）允许和支持贫困地区在省内进行异地开发，兴办乡镇企业和扶贫经济实体，工商行政管理部门要予以登记注册，企业所实现的产值利润计入贫困地区，所得税可回原地缴纳；（四）娱乐业营业税收入的 1/3 专项用于扶贫；（五）用足用活国家规定的信贷优惠政策；（六）开发建设项目向有条件的贫困县、乡倾斜；（七）以工代赈资金严格按照国家规定集中用于贫困地区的小水利工程、人畜饮水、乡村道路、农村通信、农牧业等项目的建设；（八）国有企业和城市集体企业积极同贫困地区乡镇企业和农民联合办企业、搞开发，可以将闲置设备采取低价租赁、优惠转让、折价入股或支援等形式，扶持贫困地区；（九）对高寒阴湿和民族贫困地区增加基本农田建设任务，适当提高石坎梯田和小水利建设补助费标准，对移民适当增加补助费用；（十）各有关部门用于贫困地区农电建设的投资渠道不变，并要有所增加；（十一）贫困地区开发建设用地要适当放宽，简化审批手续，鼓励兴办乡镇企业；（十二）对高寒阴湿和其他特困地区吃返销粮的农户从民政、财政和粮食风险基金中拿出一批资金给予补助；（十三）对贫困地区（含地区所在城市和县城）新办的乡镇企业和私营、个体企业，可以先开业、后登记，并免收或减收工商管理费；（十四）在贫困地区征收的工商管理费，以 1993 年为基数，每年新增部分的 90% 留在当地用于市场建设；（十五）积极争取有关国际的援助；（十六）增加对贫困地区教育、卫生事业和扫盲资金的投入，安排更多的资金用于贫困地区科技进步和技术培训；（十七）鼓励党政机关、企事业单位的干部职工和科技人员，到贫困地区领办、帮办乡镇企业或扶贫经济实体；（十八）对实现脱贫的县（市、区），继续实行既定的扶持政策；（十九）从 1994 年起，贫困地区的县（市、区）按本计划要求如期实现脱贫的，奖励 30 万元；对提前实现脱贫的，每提前 1 年增加奖金 30 万元；（二十）鼓励县、乡干部长期坚持在贫困地区努力工作。以上 20 条优惠政策，涉及财政预算、教育、税收、信贷、土地等多个行业部门，力度大，范围广，可操作性强。

（二）庄浪梯田开发

"三西"建设以来，甘肃省委省政府始终按照"三条路"的总体部署，在广大干旱、半干旱山区，"无水走旱路"，以梯田为重点大搞基本农田建设。被誉为"梯田王国"的甘肃平凉市的庄浪全县就是其中的典型代表。庄浪地处甘肃中南部，毗邻三西地区，总土地面积1553平方公里，人口43万，耕地114万亩，其中103万亩坡地分布在402国道两旁的山梁丘顶和2553条沟壑中，耕地面积少，农业生产受到严重制约。据《庄浪县志》记载："立群山之中，居偏隘之区，田不川，山不林，雨少干旱，雨多则寒，一遇寒霜，秋木尽萎，果菜桑麻皆非所产。"新中国成立前后，庄浪县是甘肃省18个干旱贫困县之一，也是甘肃省有名的"没治县"。"十山九坡头，耕地滚了牛"，麦子长得像马尾，亩产很难过百斤。人们过的是"早吃野菜午吃糠，晚上清汤照月亮"的穷困生活。"天上下雨地下流，肥土冲到沟里头""无雨苗枯黄，有雨泡黄汤"，是当年庄浪水土流失的真实写照。

新中国成立后，庄浪县委县政府就千方百计寻找摆脱贫困的出路。怎么能让种不了庄稼的荒山土坡变成生机勃勃的千里良田？怎么才能改变家乡落后贫瘠的面貌？庄浪人不甘心守着土地没饭吃，更不愿放弃生于斯长于斯的这片热土。1964年庄浪县作出《开展治理坡耕地为主的农田基本建设的决定》。坚持实事求是的思想路线，从实际出发，因地制宜，把治理水土流失、保护生态环境作为改变生产生存条件，把发展梯田农业作为彻底摆脱困境的根本出路。

1. 坚持综合治理，把兴修梯田始终作为解决群众温饱的基础工程

从20世纪60年代开始，到80年代初期，围绕改善农业生产条件和生态环境，大抓梯田建设，实行山、水、田、林、路综合治理。80年代中期至90年代初，采取"梯田+地膜"的方式，大力发展"两高一优"农业，提高粮食单位面积产量。90年代中期，以梯田为载体，实行"梯田+科技+集雨"，开始向农业产业化方向发展。1995年，全县人均产粮246公斤，人均纯收入663元。至1996年年底，全县累计梯田面积84.3万亩，占到耕地总面积的90%，人均2.2亩，基本实现了"山地梯田化，川地条田化"的目标。在1991年至1995年持续干旱年景下，梯田发挥了显著的抗旱保收作用，亩产保持在 150 公斤以上，人均产粮达到 260 公斤。据五年梯田与坡地测产对比，梯田亩增产 55 公斤，仅此一项全县每年增产粮食 1.88 万吨以上，可解决 6.2 万人的吃饭问题。

2. 建立政策激励机制，不断提高梯田开发的整体效益

为了进一步加大梯田建设力度，加快全县整体解决温饱步伐，庄浪县制定实施了 6 条优惠政策：（1）对新修的梯田，实行分等定级，以质定补。（2）每个劳动力每年集中 30 个劳动积累工，用于梯田建设。对有劳动力或劳动力外出不投工的农户，实行以资代劳。（3）凡是在梯田内种植地膜玉米和地膜小麦的农户，优先扶持贷款，对贫困户给予重点保证。（4）发展山地梯田雨水节灌，每建一眼水窖，补助资金 200 元。（5）对"四荒地"允许拍卖、承包，发展种草养畜，经营期限可以延长到 50 年。（6）农村支柱产业用地，建立土地流转机制，扶持种、养加大户承包经营。

3. 实行"四集中四统一"的形式，协调推进梯田建设

把梯田建设与实施温饱工程、集雨节灌工程统一起来。在庄浪梯田建设中，探索出了以实行劳动积累工制度为主的"四集中四统一"的组织形式。每年秋冬两季，采取打战役的方式，联村联社联乡、人机结合，大规模开展梯田建设。在大搞梯田建设的基础上，全县把实施温饱工程、集雨节灌工程有机地结合起来。在东北部贫困片带 8 乡实行综合开发，即人均种植地膜玉米 0.48 亩、坑种洋芋 0.52 亩、户均种植油豆药 2.3 亩、户均输出劳力 1 个、户均出售商品畜 2 头、户均 1 项工副业的 6 项到户措施，使贫困户人均产粮增加 185 公斤，人均纯收入增加到 630 元。在北部干旱山区的 10 个乡镇，以推广"121"雨水集流灌溉为主，新增梯田集雨灌溉面积 2.2 万亩，发展庭院经济 4492 亩。

30 多年来，县委县政府 9 次换届、10 次易人，但梯田建设的目标始终未变，步伐始终未停。在当地党委的领导下，40 万庄浪儿女自强不息，艰苦创业，征山不止，治水不休，坚持不懈地在山地坡面上兴修水平梯田，协调推进山、水、田、林、路综合治理。苦战 30 多个春秋，付出了价值

4.75 亿元的劳动量，累计移动土方量 2.96 亿立方米，终于建成了占全县总耕地面积 90% 以上的百万亩梯田。有人测算，如果将这些土方堆成一米见方的土墙可绕地球六圈半。这是庄浪人用汗水乃至生命铺就的脱贫路、致富路。

1998 年，全县粮食总产量达到 13.3 万吨，农民人均产粮达到 343 公斤，人均纯收入达到 1137 元，实现了整县基本解决温饱的目标。1998 年，庄浪干部群众兴修梯田的伟大壮举被《人民日报》头版头条报道后，在国内外引起了广泛关注，同年庄浪县被水利部命名为第一个"全国梯田化模范县"。国家林业局授予"全国生态环境建设先进县"等称号。日本、以色列、美国等十多个国家的专家考察庄浪梯田后，叹为"世界奇迹"。

当年的庄浪是遇旱地裂，逢雨泥泻的穷山沟，变成了今天的望山山翠，看地地平。"山顶沙棘戴帽，山间梯田缠腰，埂坝牧草锁边，沟底穿鞋"的生态梯田综合治理模式将黄土高原装扮成了层层田地的立体风景画，也探索出了一条自然环境恶劣的欠发达地区的脱贫路径。梯田化县的建成，奠定了庄浪农业产业化和可持续发展战略的基础，也为当地群众开展农业生产、脱贫致富找到了出路。

（三）庄浪梯田精神

在建成中国第一个梯田化模范县的同时，庄浪人民也铸就了"实事求是、崇尚科学、自强不息、艰苦创业"的"庄浪梯田精神"，体现了当地人民不向困难低头、不向命运弯腰的优秀品质。2002 年 8 月，中宣部在人民大会堂举行"庄浪精神——再造一个秀美山川"报告会。庄浪梯田精神不是刻在纪念碑上的记忆，而是成为持续推动当地社会发展的不竭精神动力和价值理念。

在决胜全面小康和乡村振兴的新征程中，弘扬庄浪梯田精神又有了新的时代价值。在"庄浪梯田精神"的鼓舞下，庄浪人民苦干实干、披荆斩棘，在脱贫攻坚、乡村振兴等重点工作中取得了一系列骄人成绩。当地政府严格按照"四个不摘"要求，健全完善动态监测和全面核查机制，制定易返贫致贫户"一户一策"帮扶计划 2899 份。统筹整合第一批财政涉农资金 2.8 亿元，安排村组道路建设、农村饮水安全巩固提升等各类项目 35 个，有效巩固了"两不愁三保障"成果。72 个先行村、131 个重点村、90 个攻坚村的规划编制正在有序推进。第一批 74 公里村组道路硬化和巷道硬化项目已全面开工。全力实施农村人居环境整治提升五年行动，高标准抓建乡村振兴示范村 18 个，建成"清洁村庄"示范村 20 个。另外，当地政府继续推动特色产业发展提质增效，完成苹果果树病虫害防治 65 万亩，新植补植短枝型红富士苹果 2.6 万亩。畜牧产业投放基础母牛 500 头，集中饲养的良种母牛产犊 2600 多头。种薯产业建成马铃薯种薯繁育基地 25 万亩，带动种植商品薯 36 万亩。县职教中心整体迁建一期工程全面建成，县医院异地扩建、梁河水库建设等重点项目进展良好。融合推进党支部建设标准化和党建统领"一强三创"行动，全面落实"四抓两整治"工作，圆满完成了村"两委"换届工作。深化"四察四治"专项行动，从严整治发生在群众身边的腐败问题，为建设绿色开放幸福美好新庄浪提供了有力保障。[①]

三、坚持共同富裕　开创精准脱贫新局面

(一) 决战脱贫攻坚是决胜全面小康的关键一招

党的十八大以来，习近平总书记站在决胜全面建成小康社会，努力实现中华民族伟大复兴的战略高度上，把脱贫攻坚摆在治国理政的突出位置。党的十八大提出到 2020 年全面建成小康社会的奋斗目标。"建设"与"建成"一字之差，却表现出我们的目标更加明确，我们的决心也更加坚定。2015 年，党的十八届五中全会把"扶贫攻坚"改成"脱贫攻坚"，并下发《中共中央、国务院关于打赢脱贫攻坚战的决定》。党的十九大进一步明确

---

① 【决战决胜脱贫攻坚看平凉】庄浪：梯田奏响"富民曲" http://gansu.gansudaily.com.cn/system/2020/04/19/017410534.shtml.

了决胜全面建成小康社会的战略安排，从 2017 年至 2020 年是全面建成小康社会的决胜期，要坚决打好三大攻坚战，即：打好防范化解重大风险攻坚战、打好精准脱贫攻坚战、打好污染防治攻坚战，同时确保经济社会持续健康发展。到 2020 年，稳定实现农村贫困人口不愁吃、不愁穿，义务教育、基本医疗和住房安全有保障，实现贫困地区农民人均可支配收入增长幅度高于全国平均水平，基本公共服务主要领域指标接近全国平均水平，确保我国现行标准下农村贫困人口全部脱贫，贫困村全部退出，贫困县全部摘帽，解决区域性整体贫困。

脱贫攻坚事关人民福祉，事关国家前途命运。为此，党中央制定了脱贫攻坚的基本原则：

坚持党的领导，夯实组织基础。充分发挥各级党委总揽全局、协调各方的领导核心作用，严格执行脱贫攻坚一把手负责制，省市县乡村五级书记一起抓。切实加强贫困地区农村基层党组织建设，使其成为带领群众脱贫致富的坚强战斗堡垒。

坚持政府主导，增强社会合力。强化政府责任，引领市场、社会协同发力，鼓励先富帮后富，构建专项扶贫、行业扶贫、社会扶贫互为补充的大扶贫格局。

坚持精准扶贫，提高扶贫成效。扶贫开发贵在精准，重在精准，必须解决好扶持谁、谁来扶、怎么扶的问题，做到扶真贫、真扶贫、真脱贫，切实提高扶贫成果可持续性，让贫困人口有更多的获得感。

坚持保护生态，实现绿色发展。牢固树立绿水青山就是金山银山的理念，把生态保护放在优先位置，扶贫开发不能以牺牲生态为代价，探索生态脱贫新路子，让贫困人口从生态建设与修复中得到更多实惠。

坚持群众主体，激发内生动力。继续推进开发式扶贫，处理好国家、社会帮扶和自身努力的关系，发扬自力更生、艰苦奋斗、勤劳致富精神，充分调动贫困地区干部群众积极性和创造性，注重扶贫先扶智，增强贫困人口自我发展能力。

　　坚持因地制宜，创新体制机制。突出问题导向，创新扶贫开发路径，由"大水漫灌"向"精准滴灌"转变；创新扶贫资源使用方式，由多头分散向统筹集中转变；创新扶贫开发模式，由偏重"输血"向注重"造血"转变；创新扶贫考评体系，由侧重考核地区生产总值向主要考核脱贫成效转变。

　　2015 年 10 月 16 日，国家主席习近平在减贫与发展高层论坛上首次提出"五个一批"的脱贫措施，为打通脱贫"最后一公里"开出破题药方。随后，"五个一批"的脱贫措施被写入《中共中央、国务院关于打赢脱贫攻坚战的决定》，经中共中央政治局会议审议通过。习近平强调，要解决好"怎么扶"的问题，按照贫困地区和贫困人口的具体情况，实施"五个一批"工程，即：

　　一是发展生产脱贫一批，引导和支持所有有劳动能力的人依靠自己的双手开创美好明天，立足当地资源，实现就地脱贫。

　　二是易地搬迁脱贫一批，贫困人口很难实现就地脱贫的要实施易地搬迁，按规划、分年度、有计划组织实施，确保搬得出、稳得住、能致富。

　　三是生态补偿脱贫一批，加大贫困地区生态保护修复力度，增加重点生态功能区转移支付，扩大政策实施范围，让有劳动能力的贫困人口就地转成护林员等生态保护人员。

　　四是发展教育脱贫一批，治贫先治愚，扶贫先扶智，国家教育经费要继续向贫困地区倾斜、向基础教育倾斜、向职业教育倾斜，帮助贫困地区改善办学条件，对农村贫困家庭幼儿特别是留守儿童给予特殊关爱。

　　五是社会保障兜底一批，对贫困人口中完全或部分丧失劳动能力的人，由社会保障来兜底，统筹协调农村扶贫标准和农村低保标准，加大其他形式的社会救助力度。要加强医疗保险和医疗救助，新型农村合作医疗和大病保险政策要对贫困人口倾斜。要高度重视革命老区脱贫攻坚工作。

　　一系列新思想新观点，作出一系列新决策新部署，推动中国减贫事业取得巨大成就，为世界减贫事业作出伟大贡献。也为甘肃决胜小康指明了方向。甘肃是全国脱贫攻坚的主战场之一。2013 年习近平总书记来甘肃视察时强调，连片特困地区党委和政府的工作重点要放在扶贫开发上。2019年 3 月，习近平总书记参加十三届全国人大二次会议甘肃代表团审议时着重就打赢打好脱贫攻坚战提出"坚定信心不动摇、咬定目标不放松、整改问题不手软、落实责任不松劲、转变作风不懈怠"5 个方面的明确要求。2019 年 8 月的甘肃之行，脱贫攻坚仍是总书记关注的重点，强调要坚决攻克最后的贫困堡垒。甘肃省第十三次党代会以来，甘肃省委省政府把习近平总书记对甘肃重要讲话和指示批示精神作为全部工作的统揽和主线，树牢抓脱贫攻坚就是抓发展的意识，聚焦"两不愁三保障"底线任务，知重负重、感恩奋进，结合实际，创新机制，着力构建脱贫攻坚组织领导、条块责任、工作推进、农民增收、资金保障、脱贫帮扶、政策支持、考核评估、监督检查九大体系，举全省之力、集各方之智，部署展开了精准扶贫、精准脱贫的攻坚战、大决战。

（二）布楞沟群众决战深度贫困

2012 年，全国扶贫办按照《中国农村扶贫开发纲要（2011—2020 年)》精神，确定了全国 14 个片区，680 个县，作为新阶段扶贫攻坚的主战场。甘肃省 86 个县市区中，有 58 个县列入国家六盘山、秦巴山区和藏区"三大片区"。2017 年，临夏回族自治州、甘南藏族自治州和武威市天祝藏族自治县共 17 个县被整体列入国家重点支持的"三区三州"范围。此外，甘肃省又确定了 18 个深度贫困县，这 35 个深度贫困县是全省的贫中之贫、困中之困、坚中之坚、难中之难。2019 年 8 月，习近平总书记考察甘肃时强调，把脱贫攻坚重心向深度贫困地区聚焦，以"两州一县"和 18 个省定深度贫困县为重点，逐村逐户、逐人逐项去解决问题，坚决攻克最后的贫困堡垒。甘肃贫困面积大、贫困程度深，是全国脱贫攻坚的主战场。甘肃省把深度贫困地区摆在更加突出位置，各项精准扶贫政策始终要确保巩固脱贫攻坚成果，确保全面小康路上一个都不能少。

布楞沟，东乡语意为"悬崖边"，位于临夏回族自治州东乡族自治县境内，村如其名，山大坡陡，沟壑纵横，自然环境极端恶劣。从 20 世纪 80 年代起，布楞沟村的 136 户村民走的走、搬的搬，到 2012 年，村里只剩下 351 人，贫困面高达 96%。村内基础设施建设滞后，产业单一，人均纯收入仅有 1624 元，贫困面大、贫困程度深、自我脱贫能力低，是东乡县最偏僻、居住最分散、经济发展最落后、生活条件最恶劣的地方。曾经的布楞沟村有"六难"：行路难，全村道路都为又窄又陡的土路，交通闭塞；吃水难，吃水要往返 30 公里到洮河，人背畜驮；住房难，80% 的群众居住的都是危房；就医难，没有村卫生室，有个头痛感冒的要到 9 公里外的乡卫生院；上学难，只有一所三年制教学点；增收难，全村都是坡耕地，靠天吃饭，十年九旱。[①]

2013 年 2 月 3 日，习近平总书记来到了村里，亲切地对乡亲们说，"把水引来，把路修通，把新农村建设好，让贫困群众尽早脱贫，过上小康生活"。"党和政府要高度重视扶贫开发工作，特别是高度重视少数民族和民族地区的发展，一定要给乡亲们更多支持和帮助，乡亲们要发扬自强自立精神，找准发展路子、苦干实干，早日改变贫困面貌。"

2013 年，东乡县新建 105 座大小蓄水池，开始在村里实施新一轮退耕还林项目，实施退耕还林、荒山造林等 6000 余亩。村里还成立了布楞沟农民养殖专业合作社，建成规模养殖场 3 个。2019 年，推广种植金银花 1500 亩，补植补栽行道树 800 株，使昔日贫瘠的荒山披上了绿装、焕发了生机，恶劣的生态得到改善。2013 年到 2019 年，东乡县贫困人口从 10.91 万人减少到 1.28 万人，累计减贫 9.63 万人，贫困发生率从 38.69% 下降到 4.25%，下降 34.44 个百分点。2020 年，全县剩余 2567 户、12933 人建档立卡贫困人口全部达到脱贫标准，剩余 45 个贫困村全部达到退出标准。2021 年年底，布楞沟村群众人均可支配收入达 8862 元，是 2012 年的 5.46 倍。2020 年 11 月 21 日，甘肃省政府召开新闻发布会，宣布甘肃省剩余 8 个县退出贫

---

① https://baijiahao.baidu.com/s?id=1741457366453969563&wfr=spider&for=pc.

困县序列。作为我国东乡族相对集中居住的民族自治县——东乡族自治县位列其中，这标志着东乡族整体脱贫。①东乡族历史性地甩掉了绝对贫困的帽子。

近年来，为进一步加快红色旅游产业发展，打造临夏州级乡村振兴示范村，持续增加群众收入，布楞沟村围绕"产业兴旺、生态宜居、乡风文明、治理有效、生活富裕"的目标，全力打造布楞沟村"一村一品，一户一产业"乡村振兴新发展模式。"县里投资 3350 万元，实施布楞沟村乡村振兴基础设施建设项目，着力打造东乡民俗及记忆展示体验区和民族特色文化商业区。目前，已完成农耕文化体验区改造和 5 个窑洞建设，初步完成了磨坊体验馆、水文化体验馆、手工作坊体验馆的改造，正在建设塑石浮雕体验馆等项目，真实还原东乡群众当时从事农业生产的场景。"依托沿洮河经济带开发建设优势、折红二级公路穿村而过区位优势、布楞沟村史馆红色资源优势、中石化和济南市历城区等帮扶优势，充分发挥党建引领作用，大力发展乡村红色旅游，继续提升改建红色教育旅游基础设施，提升南北两山绿化标准，加大技能培训力度，不断推动劳务输转、规模养殖等产业提质增效，着力打造"布楞沟"品牌，全力打造产业强村、乡村振兴示范村。

（三）富民新村易地搬迁脱贫

对居住在生存条件恶劣、生态环境脆弱、自然灾害频发等地区的农村贫困人口，加快实施易地扶贫搬迁工程。易地搬迁是破解"一方水土养不起一方人"困境最有效的途径。武威市古浪县地处青藏、蒙新、黄土三大高原交会地带，位于河西走廊东端，乌鞘岭北麓，腾格里沙漠南缘，自然条件极度恶劣。2013 年贫困发生率高达 39.86%，比全省平均水平高 13.4 个百分点，是甘肃省脱贫攻坚的难点所在。为了离开苦瘠的大山，古浪县探索出了一条通过易地搬迁谋发展的新路子。

---

① http://gs.people.com.cn/n2/2020/1128/c183283-34443253.html.

让贫困人口搬得出、稳得住。从 2012 年开始，古浪县举全县之力开始易地扶贫搬迁。让贫困人口搬得出、稳得住。在搬迁过程中，当地政府整合易地搬迁、农村危旧房改造、生态功能区补偿、扶贫专项、政策性银行低息贷款等各类项目资金，从政策上扶持搬迁安置，减轻易地扶贫搬迁移民的经济压力。

富民新村，这个承载着 1379 户 4580 人的美丽家园，在沙漠戈壁滩上悄然崛起。富民新村的 1379 户 4580 人来自南部山区的 8 个乡镇，而南部山区自然条件恶劣，村民们只能靠天吃饭，广种薄收与吃水难、下山难、看病难、上学难等问题，严重制约着大家的发展。[1]富民新村由 2018 年后半年开始搬迁入住至今，搬迁时，政府给予搬迁群众的政策是：每户出资 5 万元左右，即可获得有 90 平方米住房的院子 1 个、日光温室大棚 1 座、养殖棚 4 个、每人 1.75 亩耕地。富民新村是黄花滩生态移民易地扶贫搬迁工程的典型缩影。这一工程先后建成富民新村等 12 个移民新村和 1 个生态移民小城镇，共搬迁安置南部高深山区 11 个乡镇 73 个贫困村 6.24 万人。同步配套建设水、电、路、气、网等基础设施和教育、卫生、文化等公共服务设施，一揽子解决了搬迁群众吃水、行路、上学、就医等问题，建起了幸福家园。

让搬迁人口能致富。为了让困难群众既搬得出又住得下，古浪县加快产业培育工程，坚持脱贫抓产业，产业抓覆盖，覆盖抓达标，达标抓效果，大力发展"牛、羊、鸡（鸽）、日光温室精细果蔬、枸杞、高原绿色蔬菜、特色制种、食用菌、中药材、花海经济+"十大特色产业，以产业纽带拉动新型农业经营主体与贫困户联动发展，实现了使贫困群众脱贫增收的目标。富民新村"两委"号召大家将大棚种起来、牛羊养起来。几年来，富民新村的村集体经济实现从无到有、由弱变强的转变。"2021 年，村集体经济收入达到 166.5 万元。全村人均可支配收入从 2019 年的 5572 元，提高到

---

① https://baijiahao.baidu.com/s?id=17259792894820158026&wfr=spider&for=pc.

2021 年的 7500 元。"易地搬迁群众"留得住、能就业、有收入"目标已全面实现。①"隔山喊得应,走路要半天",是搬迁前绝大多数移民群众真实生活的写照。"出门就是硬化路,用的是天然气,喝的是自来水,生活格外好",这是现在富民新村村民嘴边常说的话。②3 年后的 2021 年,富民新村已然又是一幅"富美"景象:金色大道贯通东西,产业园区厂房林立,温室大棚连绵数里,养殖区内牛羊成群,村道两旁绿树成荫。

2019 年 8 月习近平总书记视察古浪县黄花滩生态移民区富民新村,对乡亲们生活发生的巨大变化感到十分欣慰。21 日上午,习近平前往武威市古浪县黄花滩生态移民区富民新村考察调研。习近平强调,党的一切工作都是为老百姓利益着想,让老百姓幸福就是党的事业。贫困乡亲脱贫是第一步,接下来要确保乡亲们稳定脱贫,扶贫政策和扶贫队伍要保留一段时间,从发展产业、壮大集体经济等方面想办法、找出路,让易地搬迁的群众留得住、能就业、有收入,日子越过越好。③④2019 年年底,古浪县减贫6025 户 20320 人,贫困发生率下降到 0.07%,130 个贫困村全部脱贫,通过省市逐级严格验收,达到了整县脱贫摘帽的目标。

四、摆脱贫困的甘肃经验

地处西北内陆的甘肃,作为典型的贫困地区,在脱贫攻坚的艰辛路上,摸索出了一套既具有区域特色,又适合普遍推广的工作方法,创造了中国扶贫开发史上"三个第一",即:第一个有计划、有组织、大规模的开发式扶贫行动,第一个集中连片推进的区域性扶贫开发行动,第一个大规模易地扶贫和生态移民搬迁行动的典型经验,走出了独具一格的反贫困甘肃模式,为甘肃省、全国乃至全世界减贫事业积累了经验。

---

① https://baijiahao.baidu.com/s?id=1741365981082335214&wfr=spider&for=pc.

② http://wzgl.zwfw.gswuwei.gov.cn/art/2022/6/29/art_175_892961.html.

③ 习近平在甘肃考察时强调坚定信心开拓创新真抓实干团结一心开创富民兴陇新局面。2019-08-2219:05:49,新华网,http://www.xinhuanet.com/politics/leaders/2019-08/22/c_1124909349.htm.

④ https://baijiahao.baidu.com/s?id=1642677098189118289&wfr=spider&for=pc.

（一）有步骤推进大规模扶贫开发

甘肃，作为"三西"建设的主战场，在以定西为代表的中部地区 20 个县和河西 19 个县范围内进行扶贫开发，首开全国区域性扶贫开发的先河。以定西为中心的 20 个县，是典型的干旱地区，自然环境恶劣，人民生活困难，而以河西为中心的 19 个县，农业基础好，发展潜力大，两个区域的 39 个县在自然、经济、社会等方面既有代表性又有互补性，通过统筹协调、顶层设计，整体推进、督促落实，实现共同发展。1994 年年初，国家制定"八七"扶贫攻坚计划后，甘肃顺势而为，制定了"四七"扶贫攻坚计划。目标方向更加明确，政策措施更加准确，人力、财力、物力全面向 41 个国扶贫困县和 12 个省扶贫困县倾斜。

1998 年，全省选择了 10 个贫困村作为示范点开始了以村为单位的扶贫方式探索，1999 年又在总结前 10 个村的经验教训的基础上，再安排了 10 个村继续试验。2000 年，在探索阶段取得成功的基础上，全省开始在 99 个贫困村初步推广"整村推进"模式。由于甘肃整村推进效果明显，得到了国务院扶贫办的充分肯定，并从 2007 年开始在中西部地区广泛推广。"整村推进"模式从 10 个示范村起步，一点一滴探索、一村一县延伸，试点先行、以点带面，辐射面不断扩展、内容不断细化，机制不断创新，逐步形成了区域推进、连片开发的发展态势，推动全省扶贫开发工作迈上了新台阶。

进入 21 世纪，党中央作出建设社会主义新农村的重大战略决策。甘肃省委省政府确定了"抓好试点、探索路子、总结经验、以点带面"的工作思路。2006 年至 2009 年，在嘉峪关、金昌 2 个市和 3 区 9 县的 100 个村进行首轮省级试点。从 2009 年开始，又用 4 年时间选择 11 个不同区域、不同类型的县进行新一轮试点。

从"两西"建设到"四七"扶贫攻坚，从"整村推进""连片开发"到社会主义新农村建设，甘肃的扶贫开发从大水漫灌到精准滴灌，由点及面，从局部经验到全面推行，范围越来越广，措施越来越精准，贫困面越来越窄，贫困人口越来越少，实现了临时性救济扶贫向区域性开发扶贫的转变，改变了甘肃在扶贫工作中的被动局面，探索了成功经验，增强了甘肃人民继续与贫困对抗的信心和决心，为全省进一步推进大规模的扶贫开发创造了先决条件。

（二）协同整合构建"大扶贫"格局

打赢脱贫攻坚这场硬仗需要各级扶贫主体组织推动，需要全面动员社会各方力量，形成扶贫开发工作强大合力。随着扶贫开发的进一步深入，扶贫主体的范围也越来越广泛。甘肃不断整合各类资源，发挥政府和社会力量的共同作用，激发贫困群众积极投身脱贫攻坚内生动能，实现了从单打独斗到合力攻坚的转变。从政府层面上看，在省委省政府的领导下，财政、民政、农牧、水利、交通、社保、卫生、教育、科技等部门通力协作、各显神通，朝着一个目标奋进，吹响了脱贫攻坚战的集结号。全省各级党员干部始终牢记脱贫攻坚任务，明确责任，冲锋在前，苦干实干，通过激发扶贫主体的主观能动性，进一步调动群众脱贫致富的积极性，凝聚起脱贫攻坚的巨大力量。各类社会组织加入脱贫开发的主战场，积极投身于慰问扶贫、教育扶贫、卫生扶贫、技术扶贫等各领域，不仅提供了资金支持和人力支持，还拓宽了扶贫平台、创新了扶贫模式。在各种力量的支持、关怀与引导下，贫困群众等、靠、要的思想观念发生了转变，自主脱贫的意识明显增强，贫困群众的内生动力成为脱贫攻坚合力的重要组成部分，也成为推动脱贫攻坚取得胜利的根本动力。

另一方面，借助对口帮扶外力，激活内力。1996 年，天津市开始对口支援甘南州、天祝县等藏区 9 市县，拉开了东部省市对甘肃对口帮扶的序幕。2010 年，厦门市对口帮扶临夏州。党的十八大以来，特别是 2016 年习近平总书记主持召开中央东西部扶贫协作座谈会以来，中央不断加大东西部扶贫协作工作力度，新增福州市帮扶定西市 7 个县区、青岛市帮扶陇南市 9 个县区，天津市对甘肃的扶贫协作范围扩大至平凉、庆阳、天水、白银、兰州、武威等 7 市州 34 个贫困县。至此形成了东部 4 市 39 个区县对甘肃58个贫困县结对帮扶全覆盖的工作格局，形成了党政机关、企事业单位、社会组织等相互协作、优势互补、合作共赢助推脱贫攻坚的良好局面。随着东西部扶贫协作和中央定点单位帮扶的深入，外部的技术、智力、设备等与内部的资源、劳动力等要素充分结合，不仅推动了贫困地区的经济社会发展，也拓宽了贫困群众脱贫致富的门路、激活了自主脱贫的思路。

甘肃省统筹省内外各类帮扶资源，凝聚扶贫合力，构建"大扶贫"格局，解决了限制贫困地区发展的关键资源问题，增强了自我发展能力，推动了输血式扶贫向造血式扶贫的转变。

（三）培育特色产业提升扶贫效能

扶贫扶长远，长远看产业，发展产业是实现贫困人口稳定脱贫的根本途径和长久之策。甘肃在反贫困的实践探索中，抓住了产业发展的势头，尝到了产业发展的甜头。定西大力推进马铃薯产业，陇南依托油橄榄产业，静宁发展苹果产业，农民在黄土高原捧起了致富的"金饭碗"……实践证明，没有产业带动就难以彻底脱贫，缺乏产业支撑更难以持续脱贫。甘肃立足省情实际，确定了以"牛羊菜果薯药"六大特色产业为主导，以小庭院、小家禽、小手工、小买卖、小作坊"五小产业"为补充的优势特色产业布局。在区域产业整体构建的基础上，实现与到户产业培育的有机衔接，全面落实资金精准到户的扶持政策。采取"自建"和"外引"相结合的办法培育壮大龙头企业，使龙头企业同合作社、贫困户形成利益共同体，逐渐形成了扶贫项目资金跟着贫困户走、贫困户跟着合作社走、合作社跟着龙头企业走、龙头企业跟着市场走的带贫模式，龙头企业达到3096家，农民专业合作社实现贫困村全覆盖。在龙头企业的带动下，甘肃特色产业不断发展壮大，农户真正成为产业发展的参与者、受益者。贫困地区100多万农户依靠发展产业，鼓了腰包，富了脑袋。

《甘肃省2018—2020年农业保险助推脱贫攻坚实施方案》《关于支持贫困户发展"五小"产业的指导意见》《关于进一步完善产业扶贫措施和带贫减贫机制，促进高质量打赢脱贫攻坚战的通知》等产业扶贫政策文件，完善产业扶贫配套政策，围绕解决"谁来干""有钱干""闷头干""不白干"的问题，着力构建扶贫产业生产组织、投入保障、产销对接、风险防范"四大体系"。贫困地区扶贫产业发展从无到有、从弱到强，"星星之火"发展成"燎原之势"，涌现出"宕昌模式""庄浪模式""会宁模式"等产业扶贫模式，特色富民产业形成遍地开花的态势。

（四）发展现代农业延伸产业链条

特色产业的发展，产业体系的建立，使产业扶贫带来了巨大经济效益，有效拓宽了农民的增收渠道。甘肃围绕发展现代农业这个目标，不断延伸产业链，巩固脱贫成果。一方面，推进一、二、三产业的不断融合，带动生态产业、旅游产业、电商产业、休闲体验农业等新兴产业蓬勃发展，通过多种产业之间的相互渗透，不断延伸产业链，完善生产组织体系，推动产业结构优化升级。另一方面，利用大数据、物联网等现代信息技术，推广现代农业生产技术，推动农业现代化、专业化、产业化发展，农村产业发展实现了历史性突破。

甘肃的产业扶贫始终立足省情实际，深入挖掘特色优势资源，紧盯促进农民增收这个目标任务，不断探索、不断创新，一步步形成了健康向上的发展态势，整体上实现了"发展一个产业、带动一方经济、富裕一方百姓"的良性发展。

减贫是一个历史性、世界性难题。中国式扶贫的温暖故事和伟大壮举，为全球范围内消除贫困提交了可供借鉴的答卷。全面建成小康社会历史性地解决了我国绝对贫困问题。这是中华民族发展史上的重要里程碑，是中国共产党不忘初心使命，赓续红色血脉的生动写照。改革开放以来，我国农村贫困人口减少7亿多，是全世界第一个实现联合国千年发展目标中减贫目标的发展中国家。全面建成小康社会，承载着中华民族孜孜以求的美好梦想，承载着14亿中国人民的期盼。从解决温饱到小康水平，从总体小康到全面小康，从全面建设到全面建成，在长期艰辛探索和不懈努力下，党在实践中不断丰富发展全面小康的内涵，提升全面建成小康社会的成色。

全面建成小康社会的目标实现后，并不是说可以"歇歇脚""喘口气"。

伟大事业，奋斗以成。越是开启新的征程越要鼓足勇气，越是民族复兴在望越要奋力攀登。甘肃各族儿女为了实现小康付出了巨大的代价，留下了无数可歌可泣的红色奋斗故事。站在建设中国现代化的新起点上，甘肃人民将始终保持毫不懈怠的精神状态和一往无前的奋斗姿态，齐心协力将具有许多新的历史特点的伟大斗争进行到底，朝着中华民族伟大复兴的中国梦奋力前行！

第十讲　生态环保筑屏障

生态文明建设是关系中华民族永续发展的千年大计，是新时代中国特色社会主义的重要特征。党的十八大以来，以习近平同志为核心的党中央把生态文明建设作为统筹推进"五位一体"总体布局和协调推进"四个全面"战略布局的重要内容，全面分析我国生态文明建设和生态环境保护面临的严峻形势，深刻回答了为什么建设生态文明、建设什么样的生态文明、怎样建设生态文明等重大理论和实践问题，系统形成了习近平生态文明思想。习近平生态文明思想内涵丰富、博大精深，是系统完整、逻辑严密的科学理论体系，是习近平新时代中国特色社会主义思想的重要组成部分，是马克思主义关于人与自然关系思想的最新理论与实践成果，是推动新时代我国生态文明建设不断前进的根本遵循和行动指南。甘肃是我国西部重要的生态屏障，既有巍巍祁连也有甘南草原，既有黄河水系也有长江水系。在贯彻落实习近平生态文明思想的实践中，我们制定了一系列精准科学的制度，实施了一系列行之有效的措施，涌现出八步沙刘老汉、祁连山生态修复等一大批典型人物与案例，铸就了甘肃省生态文明建设的精神丰碑，给我们留下了丰富的文化遗产，将不断激励着一代又一代青年扎实推动生态文明建设取得新成就，建设美丽甘肃迈上新台阶。

一、坚持人与自然和谐共生　努力建设甘肃的生态屏障

（一）人与自然和谐相处的理论本质

人与自然的关系是人类社会最基本的关系。马克思主义认为，人靠自然界生活。人类在同自然的互动中生产、生活、发展。马克思警告人们不要因对自然的过分索取而沾沾自喜，他说："我们不要过分陶醉于我们人

类对自然界的胜利。对于每一次这样的胜利，自然界都对我们进行报复。"①人与自然和谐相处是中华民族的传统美德。中华文明自古以来就有"天人合一"的观念，强调系统性地看待天地人之间的关系，强调按照大自然规律活动，取之有时，用之有度。习近平总书记在十九大报告中曾指出："自然是生命之母，人与自然是生命共同体，人类必须敬畏自然、尊重自然、顺应自然、保护自然。"保护自然就是保护人类，建设生态文明就是造福人类。

生态兴则文明兴，生态衰则文明衰。生态环境是人类生存和发展的根基，生态环境变化直接影响文明兴衰演替。古今中外这方面的事例众多。古代埃及、古代巴比伦、古代印度、古代中国四大文明古国均发源于森林茂密、水量丰沛、田野肥沃的地区。而生态环境衰退特别是严重的土地荒漠化导致古代埃及、古代巴比伦衰落。我国古代一些地区也有过惨痛教训。河西走廊、黄土高原都曾经水丰草茂，但由于毁林开荒、乱砍滥伐，致使生态环境遭到严重破坏，加剧了经济衰落。

（二）甘肃是祖国西部的生态屏障

甘肃位居青藏高原、黄土高原、内蒙古高原三大高原交会处，是我国跨纬度最多的省份，犹如一把玉如意镶嵌在祖国的西北大地。这里是丝绸之路的咽喉要道更是国家重要的生态屏障。巍巍祁连，浩浩黄河，甘肃因其重要的地理位置和特殊的生态环境，被誉为"中华民族的挡风墙"。其独特的地理位置、复杂的气候类型和重要的生态地位对西北乃至全国的生态安全有着重大影响。"生态安全堪比国防安全"，甘肃不只国防安全地位重要，经贸、外交地位重要，生态地位更重要，生态屏障贡献更大，在国家生态安全战略和发展稳定大局中具有极其重要的战略地位。

甘肃阻挡了三大沙漠东进的通道。甘肃地处北方荒漠和沙漠交会处，是全国唯一占有东部季风区、西北干旱区和青藏高寒区三大自然区域的省

---

① 《马克思恩格斯选集》（第四卷），人民出版社，1995年，第383页。

份，气候类型复杂。河西内陆河地区是我国"两屏三带"青藏高原生态屏障和北方防沙带的关键区域，也是西北草原荒漠化防治区的核心区。中东部是国家黄土高原丘陵沟壑水土保持生态功能区的重要组成部分。他们共同阻挡了腾格里沙漠、巴丹吉林沙漠南移和库姆塔格沙漠的东进南移。

甘肃是黄河长江重要的水源涵养地。甘肃地跨长江、黄河、内陆河三大流域，是黄河、长江、内陆河重要的水源补给地区。中部沿黄河地区是黄河干流在甘肃境内的主要流经区域。甘南高原是我国青藏高原东端最大的高原湿地和黄河上游重要水源补给区，每年向黄河补水65.9亿立方米，黄河总径流量的11.4%。另外，祁连山冰川是石羊河、黑河和疏勒河三大水系56条内陆河流的发源地，每年75亿立方米的水资源补充，支撑着河西走廊及黑河下游内蒙古地区经济社会的可持续发展。南部陇南地区是我国秦巴山生物多样性生态功能区的重要组成部分，是我国长江上游水源涵养区。

甘肃是亚欧大陆桥的绿色通道。甘肃是连接亚欧大陆桥的战略通道和沟通西南、西北的交通枢纽，是全国"两横三纵"城市化战略格局路桥通道的重要支点，河西走廊，又有河西粮仓的美誉，是"一带一路"的黄金通道。这里的古城武威、张掖、酒泉、敦煌等地从汉代开始建设，不但为河西走廊发展提供物质保障和人员力量，更通过城市发展保障了河西生态的可持续发展与建设。

（三）八步沙三代人的治沙故事和时代精神

为了保护甘肃的绿色生态屏障，甘肃人民付出了巨大的代价和践行的探索。时代楷模，甘肃武威市古浪县八步沙六老汉三代人就是他们中的优秀代表。

位于河西走廊腹地的古浪县是全国荒漠化重点监测县之一，境内风沙线长达132公里，常年风沙肆虐。八步沙位于古浪县东北部，腾格里沙漠南缘，植被稀少，总面积7.5万亩。这里是古浪县最大的风沙口。沙丘每年以10米的速度向南推移，周围的农田、道路常常被黄沙埋没。当地村民有个形象的说法，"一夜北风沙骑墙，早上起来驴上房"。20世纪80年代，八步沙"六老汉"不甘心家园被沙漠吞噬，走上了一条漫漫治沙路，以实际行动践行着共产党员的初心和使命。他们用 40 年的时光，铸就了八步沙人"困难面前不低头、敢把沙漠变绿洲"的"当代愚公"精神。

任劳任怨担当作为的奉献精神。伴随着安徽凤阳县小岗村包产到户的大胆探索，我国的改革开放率先从农村开始。正是在这样的背景下，古浪县根据 1981 年 3 月中共中央、国务院《关于保护森林、发展林业若干问题的决定》精神，对荒漠化土地开发治理试行"政府补贴、个人承包，谁治理、谁拥有"政策的宣传动员，并把八步沙作为试点向社会承包，为无路可走的八步沙人带来了第一次命运转折的契机。1981 年，郭朝明、贺发林、石满、罗元奎、程海、张润元 6 人在各级党委政府支持下，签下合同书，摁下红手印，以联户承包的方式，组建了集体林场，封沙造林、治理沙害，成为八步沙第一代治沙人。

"种上庄稼，一场大风就被沙埋了。风沙逼得人跑，我们不去治理，将来子孙怎么办？"当年治沙年龄最小的张润源老人今年已 77 岁，他回忆说："当时，我们 6 人都是各村的干部和党员，商量几次后就硬着头皮上阵了。"6 枚鲜红的指印摁在一纸治沙合同上，不由让人想起安徽小岗村农民摁下中国首张承包土地指印那一历史瞬间的豪情！这是八步沙人在创新发展道路上的重大抉择。

40 年来，八步沙人始终信守要让荒漠变绿洲的朴实诺言，抛家舍业、不计得失、不图虚名，在平凡岗位上以无我境界忘我工作，干出了不平凡的事业，创造了不平凡的业绩。这种精神就是甘肃人民在建设甘肃生态屏障中任劳任怨、担当作为的具体体现。当前，在建设美丽甘肃，美丽中国，在两个一百年的历史交汇期，在社会主义现代化建设的关键时期，我们更要以功成不必在我的博大胸怀，负重前行、顽强拼搏，用自己的青春浇灌事业之花，做社会主义事业的合格建设者和可靠接班人。

不畏艰难实干苦干的拼搏精神。面对恶劣的自然环境和艰难的生活环境，八步沙"六老汉"三代人不懈怠，不气馁，不放弃，付出了常人难以承受的艰辛，战胜了常人难以想象的困难，以"黄沙不退人不退、草木不活我不走"的执着，长期同风沙搏斗，不断同困难抗争，书写了从"沙逼人退"到"人进沙退"的绿色篇章。

他们首先要过生活关。六老汉居住的土门镇距离治沙点 7 公里，人背驴驮，带着树苗、草种和工具挺进沙漠。在一望无际的沙丘上"安营扎寨"，挖个沙坑铺上被褥算是住房；放 3 块砖支一口锅，烧点开水，就着炒面吃。六老汉白天在沙漠里劳作、夜里睡在地窝铺，春夏植树压沙，秋冬看管养护，饿了吃炒面，渴了喝冷水，累了就抽根旱烟。石满老汉的儿子石银山只有 11 岁。他清晰地记得父亲当年治沙的艰辛。先挖个地窝住，后来塌了，又挖个窑洞，老爷子们在窑洞里坚持住了 1 年多。

其次，他们要过心理关。刚开始，没有任何治沙经验的六位老汉，只能按"一步一叩首，一苗一瓢水"的土办法栽种树苗。披星戴月在沙丘上栽植花棒、榆树和沙枣，好不容易在沙窝窝里种上了 1 万亩树苗。结果到第二年，几场大风后六七成的树苗被刮跑了，活下来的树苗连 30% 都不到。"只要有活的，就说明这个沙能治！"望着所剩无几的树苗，六老汉在大喜大悲间体味着成功路上的艰辛。

第三，他们要过技术关。通过观察，六老汉发现草墩子旁边种植的树成活率高，因为刮风时能保住树苗。他们逐渐摸索出"一棵树，一把草，压住沙子防风掏"的治沙技术，造林成活率大幅度提高。在沙漠里植树，三分种，七分管。为了保护好治沙成果，防偷牧、防盗伐、防火情，他们6 人每天日头一落就进沙窝值班，夜里 12 点再返回，时刻保护着脆弱的植被不被破坏。在之后的治沙实践中他们尊重自然规律，学习宁夏沙坡头的草方格治沙技术，并因地制宜，创新改造原料和工艺，不断实现着治沙技术的迭代。这种精神就是甘肃人民在决战决胜全面小康的征程中不畏艰难、实干苦干的具体体现。进入新时代，我们更需要这种敢啃硬骨头，勇打攻坚战，以担当体现忠诚，以实干创造实绩，一步一个脚印推进美丽甘肃建设。

　　矢志坚守接续奋斗的创业精神。八步沙的树变绿了，六老汉的头发也白了，1991 年、1992 年，贺发林、石满老汉相继离世，后来郭朝明、罗元奎老汉也去世了。第一代治沙人走了 4 个，剩下的 2 个老了也干不动了，但八步沙还没有治理完，六老汉的家人舍不得放弃这片林子，于是六老汉的孩子接替他们，成为第二代治沙人。1983 年，郭朝明老人生病干不动了。他让 31 岁的儿子郭万刚辞掉在土门镇供销社的"铁饭碗"，回家治沙植树。罗元奎老汉的儿子罗兴全告诉记者："老人们走的时候说了，无论多苦多累，我们 6 家人必须有一个继承人，要把八步沙管下去，这是老人们的约定，也是我们的责任。"

　　就这样，郭老汉的儿子郭万刚、贺老汉的儿子贺忠祥、石老汉的儿子石银山、罗老汉的儿子罗兴全、程老汉的儿子程生学、张老汉的女婿王志鹏，他们 6 人成了八步沙第二代治沙人，继续带着当地群众干。2016 年，郭万刚的侄子郭玺和当地一名大学生陈树君来到八步沙林场工作，成为八步沙第三代治沙人。昔日黄沙遍地，今天春花烂漫。经过三代人多年的治理，40 年时间完成治沙造林 25.2 万亩，管护封沙育林草面积 43 万亩。如今八步沙已成为南北长 10 余公里、东西宽 8 公里多的一片生机盎然的绿色屏障。植被保护着周边 3 个乡镇近 10 万亩农田，古浪县整个风沙线后退了 15 公里至 20 公里。昔日漫漫黄沙变成绿色防沙带、产业带，为构筑西部生态安全屏障作出重要贡献。

　　八步沙"六老汉"三代人始终牢记修复生态、守护家园的庄严承诺，以"献了青春献子孙、一代接着一代干"的决心前赴后继治沙造林，薪火相传绿色梦想，同沙害展开了旷日持久的较量，把八步沙从风沙肆虐的荒漠变成草木葱茏的生态绿洲，三代人接力谱写了"为有牺牲多壮志，敢教日月换新天"的生态壮歌。这种精神就是甘肃人民在干事创业的过程中矢志坚守、接续奋斗的具体体现。进入新时代，我们仍需保持这种砥砺奋进的光荣传统，以永不懈怠的奋斗姿态，奋力绘就美丽中国的新蓝图。

　　敢为人先勇于探索的进取精神。八步沙得到了根治，但八步沙林场的治沙人却始终没有闲下来，他们又开始探索如何从治沙中获取经济效益。新时代的八步沙人又开始踏上脱贫攻坚、乡村振兴的新长征路。

2003 年，他们主动请缨，向腾格里沙漠风沙危害最严重地段，距离八步沙林场 25 公里的黑岗沙、大槽沙、漠迷沙三大风沙口挺进。10 多年过去了，六老汉的后人们在三大风沙口完成治沙造林 6.4 万亩，封沙育林 11.4 万亩，栽植各类沙生苗木 2000 多万株。

郭万刚说，国家不断加大对生态项目补助力度，让八步沙的治沙人信心更足了，并逐渐发展成为一支职业治沙队伍。八步沙林场先后承接了国家重点工程西气东输、西油东送、干武铁路古浪段等植被恢复工程，带领八步沙周边农民共同参与治沙造林，不仅扩大了治沙队伍，还增加了当地百姓收入，林场职工的年收入从以前的 2000 元左右增加到现在的 5 万元。2015 年，他们又承包了甘肃和内蒙古交界的麻黄塘治理任务，管护面积 15.7 万亩。

除了治沙，郭万刚他们也在探索将防沙治沙与产业富民相结合的路子。在当地政府支持下，八步沙林场按照"公司+基地+农户"的模式，建立了"按地入股、效益分红、规模化经营、产业化发展"的公司化林业产业经营机制，他们在黄花滩移民区流转了 2500 多户贫困户的 1.25 万亩土地，种植梭梭嫁接肉苁蓉 5000 亩，还有枸杞、红枣 7500 亩，帮助贫困移民户发展特色产业，实现了"搬下来、稳得住、能致富"的目标。郭万刚说，"绿水青山就是金山银山，有了好的生态，才会有好生活"。从"沙进人退"到"人进沙退"，再到向沙漠要"效益"，六老汉和他们的后人们凭借"让荒漠变绿洲"的信念，创造了一个又一个治沙奇迹。这种精神就是甘肃人民在建设甘肃绿色屏障中敢为人先、勇于探索精神的具体体现。进入新时代，迫切需要我们坚持新发展理念，奋发有为、善作善成，破解改革发展难题，推动经济社会高质量发展，不断创造无愧于时代的新业绩。

二、树立和践行"两山"理念　努力实现甘肃绿色发展

(一)"两山"理念是党探索生态文明建设的时代理论成果

2005 年 8 月 15 日，时任浙江省委书记的习近平来到浙江余村进行调研，首次明确提出了"绿水青山就是金山银山"的理论。他说："我们过去讲既要绿水青山，也要金山银山，实际上绿水青山就是金山银山，本身，它有含金量。"调研余村 9 天之后，习近平以笔名"哲欣"在《浙江日报》头版《之江新语》栏目中发表《绿水青山也是金山银山》短评，文中指出："绿水青山可带来金山银山，但金山银山却买不到绿水青山。绿水青山与金山银山既会产生矛盾，又可辩证统一。"

(二)"两山"理念是中国式现代化的重要体现

建设社会主义现代化强国，实现中华民族伟大复兴，是中华民族的最高利益和根本利益。我们党领导中国人民进行的一切奋斗，归根到底都是为了实现这一伟大目标。在新时代，围绕如何全面建设社会主义现代化这一重大问题，习近平总书记提出了一系列新思想新观点新要求。他强调，"要在坚持以经济建设为中心的同时，全面推进经济建设、政治建设、文化建设、社会建设、生态文明建设，促进现代化建设各个环节、各个方面协调发展"。中国式现代化不同于西方国家的现代化之路。我们始终坚持人与自然和谐共生，强调创造更多物质财富和精神财富以满足人民日益增长的美好生活需要，提供更多优质生态产品以满足人民日益增长的优美生态环境需要；强调保护生态环境就是保护生产力，改善生态环境就是发展生产力。

经过改革开放 40 年的快速发展，我国经济建设取得历史性成就，同时也积累了大量生态环境问题，成为明显的短板。各类环境污染呈高发态势，成为民生之患、民心之痛。近年来，随着社会发展和人民生活水平不断提高，人民群众对干净的水、清新的空气、安全的食品、优美的环境等要求越来越高，生态环境在群众生活幸福指数中的地位不断凸显，环境问题日

益成为重要的民生问题。老百姓过去"盼温饱"，现在"盼环保"；过去"求生存"，现在"求生态"。习近平总书记反复强调，环境就是民生，青山就是美丽，蓝天也是幸福，绿水青山就是金山银山。

(三)"两山"理念是绿色发展的价值底色

生态环境保护和经济发展不是矛盾对立的关系，而是辩证统一的关系。绿水青山就是金山银山，阐述了经济发展和生态环境保护的关系，揭示了保护生态环境就是保护生产力、改善生态环境就是发展生产力的道理，指明了实现发展和保护协同共生的新路径。良好生态本身蕴含着无穷的经济价值，能够源源不断创造综合效益，实现经济社会可持续发展。生态环境保护的成败归根到底取决于经济结构和经济发展方式。经济发展不应是对资源和生态环境的竭泽而渔，生态环境保护也不应是舍弃经济发展的缘木求鱼，要坚持在发展中保护、在保护中发展。实现经济社会发展与人口、资源、环境相协调。要坚持和贯彻新发展理念，深刻认识保护生态环境就是保护生产力、改善生态环境就是发展生产力，坚决摒弃以牺牲生态环境换取一时一地经济增长的做法，让良好生态环境成为人民生活改善的增长点、成为经济社会持续健康发展的支撑点、成为展现我国良好形象的发力点，让中华大地天更蓝、山更绿、水更清、环境更优美，大踏步进入生态文明新时代。

绿水青山就是金山银山的理念，具有重大理论价值和实践价值。人类要过上更好的生活，需要发展经济。过去认为生产农产品、工业品、服务产品的活动才是经济活动，才是发展。但是人类除了对农产品、工业品和服务产品有需求外，还需要生态产品，需要清新的空气、清洁的水源、舒适的环境。过去之所以没有将这些生态产品定义为产品，没有将提供生态产品的活动定义为发展，是因为在工业文明之前以及工业文明的早期，生态产品是无限供给的，是不需要付费就可以自然而然得到的。现在，能源紧张、资源短缺、生态退化、环境恶化、气候变化、灾害频发，清新空气、清洁水源、舒适环境越来越成为稀缺的产品。比如，生产农产品需要耕地，提供生态产品也需要"耕地"。生态产品的"耕地"就是森林、草原、湿地、湖泊、海洋等生态空间，只有保护好这些生态空间，才能提供更多优质生态产品。自然是有价值的，保护自然，就是增值自然价值和自然资本的过程，就是保护和发展生产力，理应得到合理回报和经济补偿。党的十八届三中全会提出编制自然资源资产负债表，党的十九大提出建立市场化、多元化生态补偿机制，就是要探索生态产品价值的实现方式，探索绿水青山变成金山银山的具体路径。

(四)"两山"理念是甘肃实现绿色发展的行动指南

绿水青山既是自然财富、生态财富，又是社会财富、经济财富。要坚定不移保护绿水青山这个"金饭碗"，利用自然优势发展特色产业，因地制宜壮大"美丽经济"。在一些生态环境资源丰富又相对贫困的地区，要通过改革创新，让土地、劳动力、资产、自然风光等要素活起来，让资源变资产、资金变股金、农民变股东，把绿水青山蕴含的生态产品价值转化为金山银山。同时，我们也要防止走上拿资源换发展，竭泽而渔式发展老路。

祁连山是中国西部重要生态安全屏障，是黄河流域重要水源产流地，是中国生物多样性保护优先区域。国家早在1988年就批准设立了甘肃祁连山国家级自然保护区，但因矿藏和水资源富集，近几十年来，祁连山生态屡遭人为破坏。

2017年年初，中央电视台记者深入祁连山腹地调查，发现这里环境被破坏的情况。2月，中央决定由党中央、国务院有关部门组成中央督查组再次进驻祁连山，进行了20天的专项督查。通过督查组调查核实，甘肃祁连山国家级自然保护区生态环境破坏问题突出：

一是违法违规开发矿产资源问题严重。保护区设置的144宗探矿权、采矿权中，有14宗是在2014年10月国务院明确保护区划界后违法违规审批延续的，涉及保护区核心区3宗、缓冲区4宗。长期以来大规模的探矿、采矿活动，造成保护区局部植被破坏、水土流失、地表塌陷。

二是部分水电设施违法建设、违规运行。当地在祁连山区域黑河、石羊河、疏勒河等流域高强度开发水电项目，共建有水电站 150 余座，其中 42 座位于保护区内，存在违规审批、未批先建、手续不全等问题。由于在设计、建设、运行中对生态流量考虑不足，导致下游河段出现减水甚至断流现象，水生态系统遭到严重破坏。

三是周边企业偷排偷放问题突出。部分企业环保投入严重不足，污染治理设施缺乏，偷排偷放现象屡禁不止。巨龙铁合金公司毗邻保护区，大气污染物排放长期无法稳定达标，当地环保部门多次对其执法，但均未得到执行。石庙二级水电站将废机油、污泥等污染物倾倒河道，造成河道水环境污染。

四是生态环境突出问题整改不力。2015 年 9 月，环境保护部会同国家林业局就保护区生态环境问题，对甘肃省林业厅、张掖市政府进行公开约谈。甘肃省没有引起足够重视，约谈整治方案瞒报、漏报 31 个探采矿项目，生态修复和整治工作进展缓慢，截至 2016 年年底仍有 72 处生产设施未按要求清理到位。

为了还祁连山一片宁静，甘肃省委省政府多措并举，迅速开展祁连山保护区的生态修复工作。

制定整改方案。省委省政府制定了《甘肃省贯彻落实中央生态环境保护督察反馈意见整改方案》，省市县各级政府将清理整治祁连山地区违法违规活动作为重要内容，加强督导检查，持续跟踪推进；组织开展祁连山地区森林、草地、湿地、冰川等生态系统监测，对保护区人类活动现象定期进行卫星遥感监测，严防生态环境破坏问题发生；编制完成并上报了 2017—2020 年度《祁连山国家重点生态功能区（自然保护区）生态环境状况监测评价报告》《祁连山地区县域生态环境质量监测评价报告》；开展祁连山生态环境问题整改"回头看"，对检查发现的问题及时交办、建立台账、分类施策，督促按期整改完成，确保整改工作扎实见效。

加大治理投入。2017 年以来，祁连山生态环境治理投入持续加大，项目、资金密集支持。甘肃省落实祁连山地区中央和省级各类生态保护资金

195 亿元，祁连山沿线地区不仅完成了生态"应急修复"，还偿还了多年累积的历史欠账。其中，祁连山生态保护与建设综合治理规划累计下达投资38.56 亿元，全面实施林地保护、草地保护、湿地保护、水土保持、冰川保护、生态保护支撑和科技支撑 7 大类建设任务。甘肃省统筹开展山水林田湖草生态保护修复试点工作，张掖、武威两市规划实施的林草植被恢复、矿山环境治理、防风固沙造林、水环境保护治理等项目完成投资 76.4 亿元，建设任务全部完成。①

关停涉事企业。共涉及的 8 大类 31 项整改任务中，有明确整改时限的21 项已于 2020 年年底全部完成，需长期推进的 10 项整改任务已纳入日常工作持续推进。省政府制定印发祁连山保护区矿业权、水电站、旅游设施等分类退出办法及补偿方案，保护区内 144 宗矿业权已通过注销式、扣除式、补偿式 3 种方式全部退出并完成补偿工作；42 座水电站已完成分类处置，9座在建水电站退出 7 座、保留 2 座，33 座已建成水电站关停退出 3 座、规范运营 30 座；25 个旅游设施项目已按差别化整治措施完成分类整改。保护区所有草原纳入草原补奖政策范围，已完成 21.97 万羊单位减畜任务，传统共牧区放牧牲畜全部退出并实行禁牧管理。保护区 567 万亩林权证与草原证"一地两证"重叠区域调查核实，建立了统一的数据库并确权颁证。

祁连山生态问题教训深刻，其由乱到治，必将成为我国生态文明建设的典型样本。从"遮遮掩掩"到"主动揭短"，从"能保就保"到"坚决关停"，从"凑合发展"到"杜绝污染"，从"竭泽而渔"到"绿色发展"，甘肃经历了一场发展理念的阵痛与转变。绿水青山和金山银山绝不是对立的，关键在人，关键在思路。这场"史上最严"问责风暴带来的"绿色革命"，不仅需要"壮士断腕"的决心，更要运用治理智慧，梳理矛盾、化解顽疾，完善绿色制度，树立绿色导向，寻找绿色出路，实现绿色发展。

---

① 《甘肃：195 亿元资金治理祁连山生态环境见实效》，引自新华社，http://www.gov.cn/xinwen/2021-09/07/content_5636050.htm.

三、推动形成绿色发展方式和生活方式　努力建设甘肃绿色家园

（一）绿色转型是建设绿色家园的必然转向

绿色是生命的象征，是大自然的底色。绿色发展就其要义来讲，是要解决好人与自然和谐共生问题。习近平总书记指出："推动形成绿色发展方式和生活方式，是发展观的一场深刻革命。"

生态环境问题归根结底是发展方式和生活方式问题。要从根本上解决生态环境问题，必须贯彻绿色发展理念，坚决摒弃损害甚至破坏生态环境的增长模式，加快形成节约资源和保护环境的空间格局、产业结构、生产方式、生活方式，把经济活动、人的行为限制在自然资源和生态环境能够承受的限度内，给自然生态留下休养生息的时间和空间。

加快推进绿色发展方式的转变。绿色发展的重点是调整经济结构和能源结构，优化国土空间开发布局，培育壮大节能环保产业、清洁生产产业、清洁能源产业，推进生产系统和生活系统循环链接。要加快划定并严守生态保护红线、环境质量底线、资源利用上线这三条红线。绝不能突破三条红线，仍然沿用粗放增长模式。绝不能再干，绝不允许再干吃祖宗饭砸子孙碗的事。

建设绿色家园是各国人民的共同梦想。纵观人类文明发展史，工业化进程创造了前所未有的物质财富，也产生了难以弥补的生态创伤。杀鸡取卵、竭泽而渔的发展方式走到了尽头，顺应自然、保护生态的绿色发展昭示着未来。保护生态环境、应对气候变化需要世界各国同舟共济、共同努力，任何一国都无法置身事外、独善其身。

（二）绿色生活方式是建设绿色家园的文明风尚

加快形成绿色生活方式，要在全社会牢固树立生态文明理念，增强全民节约意识、环保意识、生态意识，培养生态道德和行为习惯，让天蓝地绿水清深入人心。开展全民绿色行动，倡导简约适度、绿色低碳的生活方式，反对奢侈浪费和不合理消费，形成文明健康的生活风尚。通过生活方

式绿色革命，倒逼生产方式绿色转型，把建设美丽中国转化为全体人民的自觉行动。绿色生活方式需要社会大众在日常生活中时刻保持绿色观念，时刻反思自身生活对自然环境带来的影响。这与中国传统文化中对于田园生活的追求高度契合。中国古人具有朴素的辩证法思维，认为自然万物与人会相互产生作用。人们不能竭泽而渔，要网开一面，适可而止，对自然的索取要与自身需求相匹配。

（三）绿色家园甘肃各族儿女的共同梦想

2010 年 8 月 7 日 22 时左右，甘肃省甘南藏族自治州舟曲县城东北部山区突降特大暴雨，降雨量达 97 毫米，持续 40 多分钟，引发三眼峪、罗家峪等四条沟系特大山洪地质灾害，泥石流长约 5 千米，平均宽度 300 米，平均厚度 5 米，总体积 750 万立方米，流经区域被夷为平地。截至 2010 年 10 月 11 日，遇难 1501 人，失踪 264 人。受泥石流冲击的区域被夷为平地，城乡居民住房大量损毁，交通、供水、供电、通信等基础设施陷于瘫痪，白龙江河道严重堵塞，堰塞湖致使大片城区长时间被水淹，造成严重损失。这是新中国成立以来最为严重的山洪泥石流灾害。舟曲特大山洪泥石流灾害是当地继 2008 年 5 月 12 日汶川特大地震之后又一次遭受的特大自然灾害。灾后重建也是甘肃省历史上建设密度较大、地质条件复杂、建设任务艰巨而又繁重的浩大工程。这次灾难也让当地人民反思与自然和谐相处的生活方式。如何改变自己的生活方式，建设绿色家园，减少对自然环境的影响，进而避免这种灾难的再次发生？

为此，国务院舟曲灾后恢复重建指导协调小组，国家发展和改革委员会，副组长单位是财政部、住房和城乡建设部、甘肃省人民政府。另有教育部、科技部、工信部等 33 个部委共同参与制定了《舟曲灾后恢复重建总体规划》，由国务院于 2010 年 11 月 4 日正式印发。

《规划》确定的重建目标是，2010 年年底前，基本完成城乡居民住房维修加固任务。2012 年年底前，全面完成城乡住房、公共服务和基础设施等各项恢复重建任务，使灾区基本生产生活条件和经济社会发展全面恢复并超过灾前水平，达到"居住安全、设施完善、生活提高、生态改善、社会和谐"的建设目标。舟曲灾后重建的目标还包括植被覆盖率逐年提高，环境质量有效改善，防灾减灾能力明显增强，生态建设和环境保护迈上新台阶；弘扬伟大的抗灾救灾精神，自力更生、艰苦奋斗，共建和谐美好新家园，形成各民族共同团结奋斗、共同繁荣发展的良好局面。

《规划》确定，按照科学规划、就近安置、适当转移、局部避让、积极设防的原则，并结合白龙江流域综合治理，将规划范围划分为原地重建区、就近新建区、转移安置区、综合治理区，合理确定各区域的功能定位。原地重建区，主要包括县城规划区内适宜恢复重建的区域。规划人口 2.3 万人。就近新建区，主要是峰迭新区，吸纳安置灾害影响区域部分人口，规划人口 1.5 万人。转移安置区，在兰州市秦王川安排部分建设用地，用于舟曲部分受灾群众转移安置，转移安置人口 0.8 万人，其中高中学生及教师约 3500 人，受灾群众 1150 户、约 4500 人。综合治理区，主要包括灾害影响区域内需要避让的区域、县城及峰迭新区周边需要重点进行灾害治理和生态修复的区域。

《规划》确定了以人为本、民生优先、尊重自然、科学布局等 5 个原则。要求把保障和改善民生作为灾后恢复重建的基本出发点，把城乡居民住房恢复重建摆在突出和优先位置，抓紧做好学校、医院等公共服务设施和供水供电、交通运输、防洪工程等基础设施恢复重建。把科学选址作为恢复重建各项工作的重中之重，根据资源环境承载能力，科学规划城乡布局、土地利用、人口分布、生态保护和产业发展，合理控制城镇人口规模，合理避让灾害风险区和隐患点。①这让我们看到了坚持人与自然相互协调、和谐相处的理念。

两年多来，在党中央、国务院的亲切关怀和省委省政府的坚强领导下，

---

① 国务院发布《舟曲灾后恢复重建总体规划》，《甘肃经济日报》，引自 http://gshzs.17888gs.com/ws-3000004-c0002_14-cn/news_11374.shtml.

在国务院舟曲灾后恢复重建指导协调小组的直接指导下，在全国人民和社会各方面的大力帮助下，参与重建工作的省、州、县所有建设者，大灾不惧，矢志不渝，上下同心，攻坚克难，先后圆满完成了省委省政府确定的2010年、2011年和2012年年度目标任务。到2012年年底基本完成了舟曲灾后恢复重建任务，夺取了重建工作的决定性胜利，如期实现了《舟曲灾后恢复重建总体规划》确定的重建目标，美丽新舟曲已经呈现在灾区人民面前。这是甘肃省战胜自然灾害的又一伟大壮举，充分体现了"以人为本、民生优先"的执政理念和"顺应自然、尊重科学"的重要原则，体现了社会主义制度的巨大优越性，也体现出甘肃省建设绿色家园的决心。

四、统筹山水林田湖草系统治理　推进黄河流域生态保护和高质量发展

（一）坚持系统生态观是实现生态治理的基本思路

实施生态治理要坚持系统生态观。联系地看问题是马克思主义认识论的基本观点。大自然是一个相互依存、相互影响的系统。山水林田湖草是一个生命共同体。人的命脉在田，田的命脉在水，水的命脉在山，山的命脉在土，土的命脉在树。如果种树的只管种树、治水的只管治水、护田的单纯护田，很容易顾此失彼，最终造成生态的系统性破坏。所以，绿色发展必须按照生态系统的整体性、系统性及其内在规律，统筹考虑自然生态各要素、山上山下、地上地下、陆地海洋以及流域上下游等，进行整体保护、系统修复、综合治理。

实施生态治理要深入实施山水林田湖草一体化生态保护和修复。统筹山水林田湖草系统治理，一定要算大账、算长远账、算整体账、算综合账。如果因小失大、顾此失彼，最终必然对生态环境造成系统性、长期性破坏。要按照生态系统的整体性、系统性及其内在规律，统筹考虑自然生态各要素、山上山下、地上地下、陆地海洋以及流域上下游，进行整体保护、系统修复、综合治理，增强生态系统循环能力，维护生态平衡。

实施生态治理要坚持力量整合与部门协同。生态保护和修复不能各管

一摊、相互掣肘，而必须统筹兼顾、整体施策、多措并举。要实施重要生态系统保护和修复重大工程，增强生态产品生产能力，开展大规模国土绿化行动，加快水土流失和荒漠化、石漠化综合治理，扩大湖泊、湿地面积，保护生物多样性，着力扩大环境容量生态空间，全面提升自然生态系统稳定性和生态服务功能，筑牢生态安全屏障。

(二) 坚持系统治理是推进黄河流域生态保护和高质量发展必然选择

黄河与甘肃相互成就。甘肃地处黄土高原、青藏高原和内蒙古高原三大高原交会处，是黄河、长江上游的重要水源涵养区。中华民族的母亲河黄河全流域长度 5400 多公里，发源于青海，成河于甘肃。从青海到甘肃，黄河在甘肃两进两出，入甘南藏族自治州、经临夏回族自治州、穿兰州、过白银，浩浩荡荡奔涌 913 公里，占黄河总长度的 1/6。甘肃沿黄流域总面积 14.59 万平方公里，占全省总面积的 34.3%，多年平均自产地表水资源量 125.2 亿立方米，超过黄河流域总水量的 1/5，其中甘南水源涵养区年均向黄河补水 64.4 亿立方米。黄河干流流经甘南、临夏、兰州和白银 4 市州，长达 913 公里，占黄河全长的 16.7%；黄河支流流经定西、天水、平凉、庆阳、武威 5 市，渭河、泾河、洮河、大夏河等河流是黄河重要的补给水源，有效保障了黄河上中游径流稳定。

在世界所有的大江大河中，像黄河这样被一个国家、一个民族所拥有，而且大浪滔滔，一泻千里的大河是独一无二的。黄河流域甘肃段既是甘肃政治、经济、历史、文化发展的核心区，也是重要的生态涵养区，更是全国脱贫攻坚的主战场之一。甘肃沿黄流域人口和生产总值占全省比重都在 80% 左右，黄河为她所流经的区域提供了源源不断的农业生产灌溉水源，昔日景泰戈壁滩，在黄河水的浇灌下变成了 "米粮川"。黄河赋予了甘肃厚重的历史文化、富集的自然资源和重要的经济基础，是陇原儿女的生命之源、生产之要、生态之基。做好甘肃省黄河流域生态保护和高质量发展战略，事关全省生态保护大局和高质量发展全局，事关幸福美好新甘肃建设。

黄河流域生态保护和高质量发展国家战略实施以来，甘肃坚定不移走生态优先、绿色发展之路，全力推动黄河流域生态保护和高质量发展取得新成效。重要的区域位置，突出的生态功能，赋予甘肃省特殊的使命和重大的责任。省第十四次党代会提出，推动黄河流域生态保护和高质量发展是甘肃义不容辞的责任。

（三）坚持系统治理是推进黄河流域生态保护和高质量发展的价值追求

坚持系统治理理念，明确"路线图"和"任务书"。为了全面推进黄河流域生态保护和高质量发展，2019年，甘肃成立黄河流域水土保持专项工作推进专家领导小组，由水利部水规总院、黄委会、北京林业大学等单位专家、学者为成员，把脉黄河流域甘肃段生态保护。

2020年，通过广泛听取各方面意见，在开展科学论证的基础上，《甘肃省黄河流域生态保护和高质量发展规划》正式出台。

2021年，甘肃省印发《甘肃水利"四抓一打通"实施方案》《甘肃省"十四五"水利发展规划》，提出以"抓续建、抓配套、抓更新、抓改造，打通最后一公里，用好现有水资源"为重点，优化水资源配置，提升水资源利用效益。

《方案》中提出，"十四五"时期，全省水利发展坚持问题导向、目标导向，立足区域特点和发展定位，构建"四横一纵、九河连通、多源互济、统筹调配"水网体系，打造"一带、二区、三源、十廊"水生态治理格局，推进点线面相结合的防洪减灾体系建设，统筹谋划"十四五"全省水利发展总体布局。

2022年，省第十四次党代会提出，未来五年，甘肃要实现"黄河流域生态保护和高质量发展战略深入实施，重点生态功能区建设加快推进，生态环境保护制度和绿色发展体制机制不断完善，国家西部生态安全屏障更加牢固"的目标。

按照《甘肃省黄河流域生态保护和高质量发展规划》要求，到2025年，甘肃黄河流域节水行动取得重大进展，水资源刚性约束机制基本建立，区域性供水网络体系不断完善。到2030年，水资源节约利用水平达到全国同类地区先进，"四抓一打通"取得重大进展，"骨干+区域+城市+农村+智慧"五大水网建设持续推进。

坚持系统治理理念，同步开展综合治理。甘肃省水利系统制定了黄河流域生态保护和高质量发展水土流失综合防治专项规划，涵盖了旱作梯田建设、生态清洁小流域建设、水土保持监测站网布局优化规划等4个主要领域，不仅涉及陇中陇东黄土高原和甘南黄河上游水源涵养区等重点区域治理，还涉及智慧水土保持信息化管理平台建设，甘肃黄河流域生态保护思路逐渐清晰。陇中陇东黄土高原水土流失综合治理重大项目持续推进，庆阳市在黄河流域水土保持综合治理的基础上，开展绿色长廊生态建设；平凉市、定西市针对黄河流域水土流失开展一系列综合治理工程；甘南州玛曲县将黄河干流沿岸水土保持综合治理工程列入县水利发展"十四五"规划；临夏县也依托黄河流域高质量发展，筹划建设水保经济林万亩金银花。

要构筑黄河上游生态安全屏障，必须花好每一分钱、抓好每一个项目。甘肃利用中央预算内投资和水利发展资金，通过实施小流域综合治理、黄土高原塬面保护、坡耕地水土流失综合治理等工程，构建以支流为骨架、小流域为单元、淤地坝工程为重点的水土流失综合防治体系。

两年多来，甘肃省黄河流域共计治理水土流失面积1600余平方公里，保护和治理塬面面积480余平方公里，兴修梯田66万亩，完成中央投资18.3亿元，投资规模和治理任务呈现"双增"。

2021年，甘肃省结合水利部"为民办实事"项目，在庆阳市环县依托塬面保护、坡耕地综合治理工程，通过沟头治理、径流调控、坡面梯田建设和绿化美化工程，化解了当地群众"急难愁盼"的实际难题，保障了人民群众生命财产安全，为乡村振兴打好基础，让老百姓实实在在感受到生态建设带来的实惠。

"十三五"以来，全省共落实水利金融贷款投资156.4亿元，社会资本等其他方式投入23.92亿元，水利金融投资达到"十二五"期间（38.06亿元）的 4.1 倍。

　　项目建设，监管不能缺席。全省水利系统严格贯彻落实"一法一条例"，开展市（州）生产建设项目监管履职情况督查，构建"省级督办、市级跟踪、县级落实"的工作机制，强力推进水土保持监管工作落地见效。为夯实相关市州的主体责任，甘肃省制定了严格的目标责任考核制度，构建"政府组织领导、水利牵头协调、部门配合协作、社会广泛参与"的水土保持工作格局。

　　对于陇中、陇东等地区而言，汛情隐患是每年汛期都要面对的考验。对此，甘肃将淤地坝防汛纳入各级政府防汛责任体系，实行地方行政首长负责制，统一指挥，分级管理，保证淤地坝工程安全运行。严格执行 24 小时防汛值班和逐级报告制度，落实防汛责任，完善防汛应急预案和防汛物资储备等各项度汛措施。

　　不仅如此，甘肃还不断夯实水土保持基础，为工作决策提供支撑。按照国家方案要求，编制了《甘肃省黄河流域坡耕地水土流失综合治理"十四五"实施方案》《甘肃省国家水土保持重点工程 2021—2023 年实施方案》等省级专项实施方案，确保"十四五"时期水保项目科学布局。

　　省水利系统成立工作专班，组织落实省级水土保持率远期目标值复核，抓好水土保持率指标的管理应用。应用高分遥感影像、无人机和移动终端技术，不断提升水土保持监测和信息化水平，提高管理能力。①

　　生态文明体系是一个具有内在逻辑结构的有机整体，诸要素均具有特定的职能作用，同时又离不开其他要素的交互作用。其中，生态文化体系是主导，生态经济体系是基础，目标责任体系是关键，生态文明制度体系是保障，生态安全体系是底线。建设生态文明是关系人民福祉、关乎民族未来的千年大计，是实现中华民族伟大复兴的重要战略任务，也是甘肃省

---

　　①《当好"排头兵"守护母亲河——甘肃多举措推进黄河流域生态保护和高质量发展》引自 https://baijiahao.baidu.com/s?id=1739467188406367182&wfr=spider&for=pc.

社会经济发展的重要任务。十八大以来，甘肃省生态文明建设取得了较大成就，为全国生态环境治理提供了丰富的经验，为全国生态文明建设的路径选择提供了重要借鉴。祁连山逐渐恢复往日风采，黄河流域生态治理成效显著，绿色发展方式和生活方式已经成为陇原儿女的共享理念和价值追求。这一切都源于甘肃人民数十年如一日的不懈奋斗和奉献，他们在生态环境脆弱的西部地区谱写了一曲绿色发展的生态之歌。

结语　富民兴陇谱新篇

百余年来，甘肃人民在党的领导下为民族独立、人民解放、国家富强、人民幸福不懈奋斗，书写了传承红色基因、赓续红色血脉的陇原篇章，甘肃各项事业取得历史性成就、发生历史性变化。站在新征程新起点上，以中国式现代化推进中华民族伟大复兴，书写全面建设社会主义现代化国家甘肃富民兴陇新篇章，更需要发扬红色传统、传承红色血脉，接续奋斗伟大事业。

一、弘扬红色传统，甘肃发展铸辉煌

习近平总书记强调，"用好红色资源，传承好红色基因，把红色江山世世代代传下去"[①]。在新民主主义革命时期，中国人民在党的领导下，经过 28 年浴血奋斗，成立了中华人民共和国，实现了民族独立、人民解放，实现了中国从几千年封建专制政治向人民民主的伟大飞跃。在社会主义革命和建设时期，党领导人民完成社会主义改造，消灭了一切剥削制度，建立了社会主义制度，其间取得的独创性理论成果和巨大成就，为在新的历史时期开创中国特色社会主义提供了宝贵经验、理论准备、物质基础。在改革开放和社会主义现代化建设新时期，实现了党和国家工作中心战略转移，实行改革开放，成功开创了中国特色社会主义，为实现中华民族伟大复兴提供了充满新的活力的体制保证和快速发展的物质条件。在中国特色社会主义新时代，党领导人民砥砺前行，全面建成小康社会，党和国家事业取得历史性成就、发生历史性变革，为实现中华民族伟大复兴提供了

[①] 习近平：用好红色资源，传承好红色基因把红色江山世世代代传下去 _ 滚动新闻 _ 中国政府网 http://www.gov.cn/xinwen/2021-05/15/content_5606697.htm.［2021-05-15］［2023-0319］.

更为完善的制度保证、更为坚实的物质基础、更为主动的精神力量。①

在不同的历史时期，甘肃人民与全国人民一道，在党的领导下，坚守为人民谋幸福、为民族谋复兴的初心使命，传承红色基因，赓续红色血脉，发扬红色传统，弘扬以伟大建党精神为源头的精神谱系，推进甘肃各项事业发生历史性变化、取得历史性成就，推进红色物质文化、红色精神文化、红色制度文化取得丰硕成果。

（一）红色精神文化代代相传

102 年前，中国共产党的先驱者们创建了中国共产党，形成了"坚持真理、坚守理想，践行初心、担当使命，不怕牺牲、英勇斗争，对党忠诚、不负人民"的伟大建党精神。

102 年以来，中国共产党弘扬伟大建党精神，在长期奋斗中构建起中国共产党人的精神谱系，集中体现了中国共产党人的理想信念、根本宗旨、道德品质、价值追求、工作作风和精神风貌，是党的一系列优良传统和作风的集中概括，是历经千锤百炼锤炼出的鲜明政治品格，是红色文化的核心本质和集中体现。

102 年以来，以伟大建党精神及其中国共产党人精神谱系为代表的红色精神在甘肃大地得到伟大实践、生动诠释和升华演绎，产生和发展、弘扬了一批批富有甘肃特色，或与甘肃息息相关的红色精神，激励和鼓舞甘肃人民不断为富民兴陇谱写新篇章、为实现中华民族伟大复兴的中国梦而奋斗，其中的南梁精神（面向群众、坚守信念、顾全大局、求实开拓）、红军会宁会师精神（坚定信念、艰苦奋斗、团结一致、敢于胜利）、铁人精神（为国争光、为民族争气的爱国精神；自力更生、艰苦奋斗的创业精神；讲求科学、"三老四严"的求实精神）、"两弹一星"精神（热爱祖国、无私奉献、艰苦奋斗、自力更生、大力协同、勇于登攀）、东风航天城精神（艰苦创业、无私奉献、科学求实、开拓进取）、莫高精神（坚守大漠、勇于担

---

① 本书编写组编著：《中共中央关于党的百年奋斗重大成就和历史经验的决议》（辅导读本），人民出版社，2021 年，第 21—70。

当、甘于奉献、开拓进取)、庄浪梯田精神(实事求是、崇尚科学、自强不息、艰苦奋斗)、八步沙精神(困难面前不低头,敢把沙漠变绿洲,矢志不渝、不畏艰难、拼搏奉献、科学治沙)、脱贫攻坚精神(上下同心、尽锐出战、精准务实、开拓创新、攻坚克难、不负人民)、舟曲抢险救灾精神(大灾不屈、抢险不惧、共克艰难、矢志不渝)等等就是主要体现。在长期的发展实践中,陇原大地积淀形成了"人一之我十之、人十之我百之"的甘肃精神,孕育了"勤奋质朴、吃苦耐劳、坚忍执着、百折不挠"的陇人品格,支撑着陇原儿女战天斗地、生生不息,激励着甘肃人民改变家乡面貌、创造幸福生活。

(二)红色物质文化丰富多彩

在新民主主义革命时期,甘肃各族人民在党的领导下不屈不挠、浴血奋战,创造了遍及陇原大地的红色物质资源,承载着党领导陇原人民为革命为理想为信念奋斗的红色历史、红色故事。在社会主义革命和建设、改革开放和社会主义现代化建设新时期、中国特色社会主义新时代,甘肃各族人民在党的领导下,弘扬伟大建党精神及共产党人的精神谱系,以红色精神为不竭动力,筚路蓝缕启山林,栉风沐雨砥砺行,改变家乡面貌,创造幸福生活,各项事业取得历史性成就、发生历史性变革,使甘肃发生了翻天覆地的变化,在全面建设社会主义现代化国家新征程上焕发出勃勃生机!

经济发展成效显著,2021年全省生产总值达10243.3亿元,突破万亿大关;一般公共预算收入1001.8亿元,突破千亿大关;人均GDP达到4.09万元。脱贫攻坚成绩明显,全省现行标准下552万农村建档立卡贫困人口全部脱贫,7262个贫困村全部出列,58个国家片区贫困县和17个省定插花型贫困县全部摘帽,与全国一道全面建成小康社会。科教实力快速提升,全省共有普通高校49所,兰州大学2017年入选世界一流大学建设高校(A类);全省科研人员2020年发展到60.52万人,科技进步对经济增长的贡献率2020年达到55.1%。切实加强生态保护,落实黄河战略,启动实施水源涵养、水土保持、节水治水等重点生态项目；持续加强"两江一水"综合治理，建设大熊猫国家公园，水源涵养功能明显增强；加强祁连山国家公园全域保护和系统修复。民生福祉得到改善，人均预期寿命由1982年的65.75岁提高到2018年的73.58岁，社会保障体系逐步完善。交通设施提档升级，2018年全省公路通车总里程达14.23万公里，全省高速公路2021年达到6700公里，居全国11位；2018年高铁达到799公里；新中国成立时甘肃没有1寸铁路，到2021年发展到5113公里；2018年全省民航旅客吞吐量达1639.7万人次。产业体系不断完备，形成以石油化工、有色冶金、煤炭建材、装备制造等为主的工业门类；建立了相对完备的产业体系，数控机床、真空设备、电工电器、草业科学、集成电路封装、农产品加工业等在全国具有比较明显的产业优势；传统产业"高端化、智能化、绿色化"改造不断加快；新能源、新材料、大数据、生物医药等新兴产业发展势头强劲。全省综合实力和竞争力全面提升，陇原大地发生了巨大变化，以崭新的姿态迈向新时代。①②

在新中国74年的发展历程中，陇原大地发生了翻天覆地的变化，处处留下为人民谋幸福、为民族谋复兴的红色记忆，涌现出一批批具有标志性意义的红色遗址、遗迹和建筑等。从玉门油田到兰化兰炼，从刘家峡水电站到引大、引洮工程，从酒泉卫星发射基地到404、405和风光电能源基地，从宝天、兰新、包兰铁路到兰渝铁路、兰州地铁、兰州新区等标志性工程，从八路军驻兰办事处等一大批红色纪念地修复开放，到哈达铺红军长征纪念馆等一大批红色纪念馆修建完成，到革命文物保护单位、革命文物的认定，红色资源、红色标志在甘肃大地不断呈现，不断昭示甘肃人民在党的领导下在新时代新征程传承红色基因血脉的信念信仰和信心。

---

① 成绩喜人！七组数据看甘肃70年嬗变_本网原创_中国甘肃网 http://gansu.gscn.com.cn/system/2019/09/20/012229060.shtml，2019-09-20/2023-01-18.
② 中国这十年甘肃取得六大发展成就_甘肃要闻_甘肃省人民政府门户, http://www.gansu.gov.cn/gsszf/gsyw/202208/2106591.shtml.［2022-08-21］［2023-01-20］.

新时代，甘肃人民在党的领导下，传承红色基因，赓续红色血脉，发扬团结奋斗精神，为红色文化注入了新时代的红色因素，是伟大建党精神及其精神谱系在陇原大地的生动写照和传承发展。甘肃焕然一新、天翻地覆的变化，特别是十八大以来发生的历史性变化、取得的历史性成就，充分说明中国共产党为什么能，社会主义为什么好，关键是马克思主义行，中国化时代化的马克思主义行，充分说明以习近平同志为核心的党中央掌舵领航的伟大正确，充分说明习近平新时代中国特色社会主义思想真理的伟力和理论的魅力。

（三）红色制度文化与时俱进

任何制度都是在一定的文化背景下进行制定设计和变化变更的。在党领导甘肃人民百余年的奋斗中，随着红色文化的不断发展变迁，甘肃红色制度文化也不断地产生和发展、丰富和变更。有组织必有组织制度，在甘肃特支等党的组织建设之初，积极推进各地党的组织建设，推动成立青年社、工会、农会等群众组织，与组织建设相协调推进制度建设。南梁陕甘边苏维埃政府成立及下设土地、劳动、财政、粮食、肃反、工农监察、文化、妇女等委员会，进行了根据地治理架构的积极实践，并根据中央苏区《中华苏维埃共和国土地法》和陕甘边区工农兵代表大会通过的《土地议案》，制定一系列有关土地革命的政策、法令，并制定了各种战斗动员条例和一系列军事政策、苏区金融货币政策、文化教育、统一战线的政策和制度等。[1]红 25 军长征到达静宁时为执行好党的民族政策制定了《三大禁令四项注意》，受到毛主席盛赞："民族政策执行得很好，水平很高。"[2]中央红军长征到达陇南哈达铺时及时制定了《回民地区守则》，为红军进入回民区域做好了充分的思想准备。

---

[1] 中共甘肃省委党史研究室著:《中国共产党甘肃历史》(第一卷)，中共党史出版社，2009 年，第 165—174 页。

[2] 中共甘肃省委党史研究室著:《中国共产党甘肃历史》(第一卷)，中共党史出版社，2009 年，第 203 页。

1948 年 7 月 26 日，中共中央和西北局决定组建中共甘肃省委，任命张德生为书记。8 月 19 日，中共甘肃省委在定西召开第一次会议，中共甘肃省委成立。8 月底，新成立的中共甘肃省委、甘肃省行政公署、兰州市军管会等领导机关进驻兰州，迅速展开对国民党政权的接管改造和建立各级人民民主政权的工作。1950 年 1 月 8 日，经中央人民政府批准，甘肃省人民政府成立，邓宝珊为主席。党所领导的人民民主政权陆续在甘肃这片古老的大地上建立起各级政权机构。在历经社会主义革命和建设、改革开放和社会主义现代化建设新时期、中国特色社会主义新时代，甘肃人民在党的领导下，使系统完备、科学规范、运行有效的党的领导体系和领导制度，社会主义的根本制度、基本制度、重要制度，在陇原大地落地生根，建立起相应的政治、经济、文化、科技、教育等方面的法律、制度和政策体系，保障了甘肃取得社会主义革命和建设、改革开放和社会主义新时期、中国特色社会主义新时代不断取得新胜利，红色制度文化在新时代被赋予了新的丰富内涵。

任何一种制度，只有在实施的过程中，内化为人们自觉认同的心理倾向和价值取向，内化为人们自觉遵守的行为习惯，才能形成一种制度文化，真正发挥作用。[1]多年来，特别是党的十八大以来，甘肃坚持马克思主义在意识形态领域根本指导地位，巩固社会主义制度，始终保持红色江山不改色、不变质、不变味。江山就是人民，人民就是江山，坚持以人民为中心导向，举旗帜、聚民心、育新人、兴文化、展形象，牢牢掌握意识形态领导权，建设具有强大凝聚力和引领力的社会主义意识形态，构筑中国精神、中国价值、中国力量，巩固全党全国各族人民团结奋斗的共同思想基础。始终推动以党的最新理论成果武装全党、教育人民、指导实践。坚持以社会主义核心价值观引领文化建设，以红色文化、先进文化、中华优秀传统文化培根铸魂。强化文化自信，推进文化繁荣，开展革命文物认定和

---

① 车洪波：《中国当代制度文化建设》，中国商务出版社，2004 年，第 104、115 页。

保护传承，进行党史教育基地认定，推进红色文化保护。进行红色遗址遗迹保护，修建修复红色纪念设施，大批纪念馆、烈士陵园、纪念地、红色文物、红色遗址得到修缮保护和开放，积极推进了红色景区、红色旅游建设。大力树立英雄模范人物宣传，树立标杆典型，大力开展以党史、新中国史、改革开放史、社会主义发展史的教育，积极开展红色文化的研究、交流和宣传阐释，红色文化的利用、传承和发扬得到空前发展。

回顾以往，无数事实说明，正是有中国共产党的领导，正是有代代相传、生生不息的红色基因，及其伟大建党精神和共产党人的精神谱系，甘肃人民以红色精神为不竭动力，筚路蓝缕，栉风沐雨，传承红色基因，赓续红色血脉，推进甘肃发展，创造幸福生活，陇原大地发生了翻天覆地的变化，取得了历史性成就，发生了历史性变革，铸就了红色甘肃发展的辉煌成就。

二、传承红色基因，富民兴陇谱新篇

2022年10月召开的党的二十大，高举中国特色社会主义伟大旗帜，全面贯彻习近平新时代中国特色社会主义思想，对全面建设社会主义现代化国家、全面推进中华民族伟大复兴进行了战略谋划，对统筹推进"五位一体"总体布局、协调推进"四个全面"战略布局作出了全面部署，我们要认真学习领会坚决贯彻落实党的二十大精神，弘扬伟大建党精神，传承红色基因，赓续红色血脉，坚定信心、同心同德、埋头苦干、奋勇前进，为全面建设社会主义现代化幸福美好新甘肃努力奋斗！

27日，习近平总书记率领新当选的中央政治局常委，瞻仰延安革命纪念地，重温革命战争时期党中央在延安的峥嵘岁月，缅怀老一辈革命家的丰功伟绩，宣示新一届中央领导集体赓续红色血脉、传承奋斗精神，在新的赶考之路上向历史和人民交出新的优异答卷的坚定信念。习近平强调，要弘扬伟大建党精神，弘扬延安精神，坚定历史自信，增强历史主动，发扬斗争精神，为实现党的二十大提出的目标任务而团结奋斗。

新时代新征程，弘扬红色传统，接续奋斗。甘肃省第十四次党代表大会明确提出了甘肃省所处的历史方位，综合判断了未来一个时期甘肃发展的阶段性特征，根据发展方位和形势任务，对未来五年发展作出谋划和部署。甘肃将着眼整体发展、立足各地优势，推动构建"一核三带"区域发展格局，牵引带动全省协同联动发展；实施强科技、强工业、强省会、强县域"四强"行动，以重点地区和关键领域为突破口，推动综合实力和发展质量整体跃升，全方位推进中国式现代化甘肃实践。①

三、赓续红色血脉，争做新时代好青年②

习近平总书记在党的二十大报告殷切寄语广大青年，"要坚定不移听党话、跟党走，怀抱梦想又脚踏实地，敢想敢为又善作善成，立志做有理想、敢担当、能吃苦、肯奋斗的新时代好青年，让青春在全面建设社会主义现代化国家的火热实践中绽放绚丽之花"。③为新时代培养担当民族复兴大任的时代新人进一步指明了方向。大学生是青年的主力军，是国家未来建设的主要力量。幸福美好新甘肃建设的伟大事业需要一代代青年接续奋斗。甘肃是一片红色热土，红色文化厚重，红色资源富集，红色精神代代相传，蕴含极其丰富的育人功能、红色基因和光荣传统，利用好、发扬好、传承好红色文化，对于把广大学生培养为有理想、敢担当、能吃苦、肯奋斗的新时代好青年具有重要意义。

（一）突出"有理想"的政治要求

理想信念是立人之基，也是人的安身立命之本，最重要的是坚持信仰、为远大理想和共同理想而奋斗。只有胸怀天下、志存高远，不忘初心使命，把人生理想融入自身事业和社会发展建设之中，把为社会建设得更

---

① 《继往开来奋进伟大新时代富民兴陇谱写发展新篇章为全面建设社会主义现代化幸福美好新甘肃而努力奋斗》，《甘肃日报》2022年6月2日，第1版。

② 李正元：《以红色文化厚植新时代大学生培养根基》，《甘肃日报》（理论版）2023年4月25日。

③ 习近平：《高举中国特色社会主义伟大旗帜为全面建设社会主义现代化国家而团结奋斗，党的二十大报告辅导读本》，人民出版社，2022年，第64页。

幸福而奋斗作为自己最大的幸福，才能拥有高尚的、充实的人生。新时代的广大青年学生生逢其时，在中华民族伟大复兴的征程上要有所作为、堪当大任，就必须树立坚定的理想信念，争做有理想的新时代好青年。

"功崇惟志，业广惟勤"。理想指引人生方向，信念决定事业成败。一百余年来，一代代中国共产党人把青春奋斗融入党和人民事业，前仆后继、接续奋斗，用青春之火、生命热血铸就了百年红色历史，最根本的就在于心中始终具有为中国人民谋幸福、为中华民族谋复兴的坚定理想信念。进入新时代，中华民族伟大复兴进入不可逆转的历史时期，当代青年学生注定要成为实现伟大复兴的参与者、奋斗者、见证者，我们要善于不断从党的百余年奋斗史中汲取智慧力量，从共产党人可歌可泣的故事中涵养正气，赓续红色血脉，接续努力奋斗，始终把自己的理想与国家与民族的命运熔铸在一起，始终忠诚党和人民，争做新时代的好青年。

心中有信仰，脚下才有力量。理想信念需要科学理论的武装和指引。中国共产党的百余年奋斗史就是马克思主义中国化时代化的历史，是马克思主义与中国具体实践相结合、与中华优秀传统文化相结合的历史。伟大的实践需要伟大的理论。习近平新时代中国特色社会主义思想就是当代的马克思主义、21 世纪的马克思主义，也是被实践证明了的科学思想。实现伟大梦想、奋进新的征程，就必须始终以习近平新时代中国特色社会主义思想铸魂育人、指引航向，教育引导学生把握其中的世界观和方法论，贯穿其中的立场观点方法，以科学理论涵养理想，以真理伟力坚定信念，砥砺对党的赤诚忠心，坚定不移听党话、跟党走。

（二）突出"敢担当"的时代特征

敢担当是青年的本质特征。广大青年视野开阔，思维活跃，富有创新创造精神，历来是敢做敢当、推进社会发展的生力军。青年兴则国家兴，青年强则国家强，青年代表国家的未来，是民族的希望。

中国青年具有担当作为的光荣传统和辉煌历史。"五四运动"，一帮热血青年以民族独立、人民解放为己任，高举爱国进步、科学民主旗号，掀起了席卷全国的新文化运动，为新民主主义革命的蓬勃兴起奠定了思想基础。1921 年，13 名平均只有 28 岁的年轻人集聚上海石库门，成立了中国共产党，成为中国革命和中华民族历史上开天辟地的大事件，从此中国革命迎来了新曙光、中华民族开启了新纪元。

敢于担当是中国共产党人红色血脉的鲜明特征。革命年代，一代代青年为民族独立、人民解放前仆后继、浴血奋战。在建设与改革时期，一代代青年为国家富强、人民幸福孜孜不倦、不懈奋斗。历史进入新时代，在新的征程上，一批批热血青年在科技攻关领域勇攀高峰，在抗疫战斗一线披甲出征，在脱贫攻坚战场砥砺前行，在抢险救灾前线浴血奋战，在祖国边疆哨所爬雪卧冰，用青春之火书写新时代红色故事，以实际行动诠释对党和人民的忠诚担当，续写新时代中华儿女红色华章，为我们新时代的大学生树立了标杆、作出了榜样。新时代青年学生要从百余年红色历史中汲取营养、传承血脉，深切感悟百余年红色辉煌历史、体悟十年伟大变革伟大成就、领悟新思想的真理魅力，涵养初心，凝心铸魂，赓续敢于担当的红色血脉。

敢于担当是新时代对青年的使命要求。青年强，则国家强。青年有担当，是一个国家兴旺发达的希望所在。当代中国青年生逢其时，施展才干的舞台无比广阔，实现梦想的前景无比光明。党的二十大制定了当前和今后一个时期党和国家的大政方针，描绘了以中国式现代化全面推进中华民族伟大复兴的宏伟蓝图。中华民族伟大复兴的接力棒传到新时代青年一代的手上，踏着先辈们的足迹，接续奋进，埋头苦干，砥砺前行，是当代青年的历史使命。

新征程呼唤新担当、新使命激励新作为。当代大学生尤其要发扬担当精神，锤炼敢作敢为、善作善成的坚毅品格和坚强意志，始终在党和人民最需要的时刻冲得出来、顶得上去，主动担苦、担难、担重、担险，不断增强担当的意志和韧劲，提高担当的能力和本领，努力创造无愧于党、无愧于人民、无愧于时代的业绩。

（三）突出"能吃苦"的意志品质

党的百余年奋斗史也是一部苦难辉煌史，是我们永远取之不竭、照亮前行之路的精神源泉。苦难成就辉煌，困难磨砺青春。青年选择吃苦也就选择了收获，选择奉献也就选择了高尚。强国之路必定充满艰辛，广大青年学生要苦其心志、劳其筋骨，增强志气、骨气、底气，怀抱梦想，脚踏实地，在担当中历练，在尽责中成长，把艰苦环境、艰巨任务作为磨炼自己的机遇，以"能吃苦"的劲头把奋斗的足迹印在实现中华民族伟大复兴的征途上。

艰苦奋斗是党的优良传统和作风，也是中华民族的传统美德。我们靠艰苦奋斗取得革命、建设和改革的一个个胜利，把中国特色社会主义事业推进到新时代。百余年党的红色历史也涌现出一批批一代代"能吃苦"的先进人和事。1949 年，在中国革命即将取得全国胜利的时刻，毛泽东同志告诫全党，"务必使同志们继续地保持艰苦奋斗的作风"。在我们党完成第一个百年奋斗目标，意气风发向第二个百年奋斗目标迈进之际，习近平总书记告诫全党，"务必谦虚谨慎、艰苦奋斗"。强调走得再远，都不要忘记来时的路，不忘我们党艰苦奋斗的红色传统。

甘肃落后的环境和艰苦的自然条件，练就了甘肃人民特别能吃苦的优良品质。从"两弹一星"的开拓者们在物质资源及其匮乏、环境及其艰苦的条件下，顽强拼搏、发愤图强，以惊人的毅力、勇气、担当，突破了一个个技术难关，克服了一个个极限考验，完成了"两弹一星"艰巨研制任务，到莫高窟群体一代代科研工作者们坚守西部大漠、甘坐"冷门绝学"冷板凳，持之以恒做好"敦煌学"文章，再到八步沙"六老汉"三代人几十年如一日坚持防沙治沙、绿化沙漠，以实际行动践行"绿水青山就是金山银山"理念，等等，展示了甘肃人民特别能吃苦、特别能奉献、特别能战斗的传统品质，书写了伟大建党精神及其精神谱系在陇原大地的生动篇章。

青年学生要勇于在实践中锤炼"能吃苦"的意志品质。成长于改革开放时期的青年学生缺少艰苦生活的磨炼，要担负起民族复兴大任，做新时代的好青年，就必须勇于在中国式现代化强国建设的伟大实践中千锤百炼、砥砺品性，练就吃苦耐劳的意志品质、艰苦奋斗的气魄魅力，传承伟大建党精神及其精神谱系和红色优良传统作风，始终胸怀"国之大者"，树立历史自信，坚定青春自信，发扬"能吃苦"的精神，时刻准备进行具有许多新的历史特点的伟大斗争。

（四）突出"肯奋斗"的精神作风

团结奋斗是中国共产党和中国人民最显著的精神标识。奋斗是青春最亮丽的底色。新时代是奋斗者的时代。广大青年学生要懂得幸福是奋斗出来的、奋斗的青春最美丽的道理。我们要引导青年学生衣食无忧而不忘艰苦、岁月静好而不丢奋斗，把青春的奋斗热情激发出来，做永不停歇的奋斗者，在青春的赛道上奋力奔跑、跑出最好成绩，争当肯奋斗的新时代好青年。同时要教育引导青年学生实事求是，讲真话、讲实话，干实事、求实效。奋斗就要真抓实干、埋头苦干，决不能坐而论道、光说不练，只有豁得出去、敢闯敢干，事不避难、义不逃责，不懈奋斗，才能创造幸福美好新生活。

用红色资源教育引导青年学生。甘肃红色资源富集，红色文化多样，红色特质突出，要重视并加大红色文化对青年学生教育的力度，使学生在浩瀚博大的红色文化中涵养理想信念、坚毅品德修养、传承红色基因、赓续红色血脉。高校要积极组织力量，推进红色资源教材化、课程化、学理化，有针对性地推进红色文化"进教材""进课堂""进头脑"。要以系统思维推进大中小学红色文化"三进"一体化建设，利用好发扬好传承好红色育人资源。要开展红色文化的深度研究，以不断深化的科研成果促进红色教育的深度融合。

一个时代有一个时代的主题，一代人有一代人的使命。当代中国比历史上任何时期都更接近中华民族伟大复兴的目标，也比历史上任何时期都更加需要各类人才。广大青年学生生逢其时，重任在肩，要在披荆斩棘中勇往直前，在砥砺奋斗中锤炼本领，在攻坚克难中奉献人民，就要不断深入社会主义建设的伟大事业中、广阔天地里，修身明理、淬炼成钢，坚定理想信念、厚植爱国情怀、加强品德修养、增长知识见识、培养奋斗精神、增强综合素质，铸就家国情怀，练就过硬本领，面对百年未有之大变局，面对前行道路上的荆棘坎坷、风险挑战，敢于斗争、敢于胜利，始终以奋斗姿态做中国特色社会主义的坚定信仰者、坚决拥护者、忠实践行者、接续奋斗者，以青春之歌实现青春梦想，以实际行动诠释青春是用来奋斗的，践行请党放心、强国有我的铮铮誓言，把青春奋斗融入党和人民事业，不负时代，不负韶华，不负党和人民的殷切期望！

　　党的二十大绘就了未来发展的美好蓝图。甘肃省第十四次党代会提出了幸福美好新甘肃的奋斗目标和实现路径。当代青年施展才干的舞台无比广阔，实现梦想的前景无比光明。新时代广大青年学生要坚定历史自信，增强历史主动，在理想信念的指引下，踔厉奋发，拼搏奋斗，成为实现中华民族伟大复兴征程上的先锋力量，争当有理想敢担当能吃苦肯奉献的新时代好青年，让青春在全面建设社会主义现代化国家幸福美好新甘肃的火热实践中绽放绚丽之花。

参考文献

1.《毛泽东选集》（第一卷），人民出版社，1991年。

2.《毛泽东选集》（第三卷），人民出版社，1991年。

3.《习近平谈治国理政》（第三卷），外文出版社，2020年。

4.《习近平谈治国理政》（第四卷），外文出版社，2022年。

5. 习近平：《论中国共产党历史》，中央文献出版社，2021年。

6.《习仲勋文选》编委会编：《习仲勋文选》，中央文献出版社，1995年。

7.《习仲勋传》编委会编：《习仲勋传》（上卷），中央文献出版社，2008年。

8.《习仲勋在陕甘宁边区》编委会编：《习仲勋在陕甘宁边区》，中国文史出版社，2009年。

9. 习仲勋：《历史的回顾（代序）》，中共陕西省委党史研究室、中共甘肃省委党史研究室编：《陕甘边革命根据地》，中共党史出版社，1997年。

10.《彭德怀自述》，人民出版社，1981年。

11. 徐向前：《历史的回顾》，人民出版社，2016年。

12. 杨成武：《忆长征》，解放军文艺出版社，1982年。

13. 王首道：《中央为刘志丹平反》，《刘志丹纪念文集》编委会编：《刘志丹纪念文集》，军事科学出版社，2003年。

14. 马锡五：《1930—1932年的革命活动》，中共陕西省委党史研究室、中共延安地委党史研究室编：《刘志丹》，陕西人民出版社，1993年。

15. 本书编写组编著：《党的二十大报告学习辅导百问》，学习出版社、党建读物出版社，2022年。

16. 本书编写组编著：《中共中央关于党的百年奋斗重大成就和历史经验的决议辅导读本》，人民出版社，2021年。

17. 中央档案馆编：《红军长征档案史料选编》，学习出版社，1996 年。

18. 中共中央文献研究室编：《任弼时年谱》，中央文献出版社，2004 年。

19. 中共甘肃省委党史研究室著：《中国共产党甘肃历史（第一卷）（1921—1949）》，中共党史出版社，2021 年。

20. 中共甘肃省委党史研究室著：《中国共产党甘肃历史（第二卷）（1949—1978）》，中共党史出版社，2023 年。

21. 中共甘肃省委党史研究室编：《中国共产党甘肃历史知识简明读本》（一），甘肃文化出版社，2011 年。

22. 中共甘肃省委党史研究室编：《中国共产党甘肃历史知识简明读本》（二），中共党史出版社，2019 年。

23. 甘肃省军区党史资料征集办公室编：《三军大会师》，甘肃人民出版社，1987 年。

24. 甘肃省延安精神研究会著：《甘肃是一片红色土地》，甘肃人民出版社，2022 年。

25. 中共陕西省委党史研究室、中共延安地委党史研究室编：《刘志丹》，陕西人民出版社，1993 年。

26. 教育部高教司组编：《中国文化概论》，北京师范大学出版社，2004 年。

27. 黄道炫：《张力与限界——中央苏区的革命（1933—1934)》，社会科学文献出版社，2011 年。

28. 张忠家、曾成等著：《红色文化学概论》，人民出版社，2022 年。

29. 秦生：《红军长征在西北》，兰州大学出版社，1991 年。

30. 杨元忠、李荣珍：《陕甘边革命根据地历史问题研究》，中共党史出版社，2013 年。

31. 王建南主编：《福建红色文化读本》（大学版），海峡出版发行集团福建人民出版社，2020 年。

32. 崔晓民等：《习仲勋的故事》，陕西人民出版社，2009 年。

33. 秦生、周永刚：《红军长征在甘肃的概述》，《社会科学》1983 年第 4 期。

34. 刘婉婷、刘金：《习仲勋：让毛泽东五次盛赞的人》，《党史纵横》2010 年第 10 期。

35. 秦开风：《陕西地域文化与中华文化复兴研究》，《西安财经学院学报》2013 年 9 月第 5 期。

36. 李振民、张守宪、梁星亮，等：《谢子长传略》，《西北大学学报》1980 年第 4 期。

后 记

在中共甘肃省委宣传部和甘肃省委教育工委的指导支持下，天水师范学院马克思主义学院和红色文化研究院，联合兰州大学马克思主义学院和红色文化传承研究中心，经过一段时间的筹备，于2022年9月在天水师范学院面向马克思主义学院思想政治教育专业本科生开设了《甘肃红色文化概论》专题课程，并就有关甘肃红色文化展开研究。2023年4月，该课程和甘肃红色文化研究获得甘肃省哲学社会科学规划重点委托项目（批准号2023ZD018）、甘肃省委教育工委重点委托项目的支持，本书即是在教学实践基础上研究该课题的成果。

本书是集体智慧的结晶。李正元承担了大纲拟定、审稿和审定工作，张新平、刘建军承担了组织和统稿工作。各章具体分工如下：李正元负责绪论、结语；刘建军负责第二讲、第五讲、第六讲；汪玉峰负责第三讲、第四讲；刘继华负责第七讲、第八讲；崔明负责第九讲、第十讲；李一亨负责第一讲。

在课程实施和书稿编著期间，甘肃省委党史研究室主任刘正平、甘肃省委宣传部副部长王成勇、理论处处长李庆武，甘肃省委教育工委原副书记张晓东、思政处处长焦鹏宁，天水师范学院校长汪聚应，以及甘肃人民出版社社长原彦平、编辑部主任王建华，兰州大学马克思主义学院教授倪国良等，提出了许多建设性意见和建议，给予大力支持和帮助，在此一并表示衷心的感谢。

作者

2023 年 10 月 27 日